Avec John F. Kennedy

Jacqueline Kennedy

Jacqueline Kennedy

Avec John F. Kennedy

Conversations inédites avec Arthur M. Schlesinger, 1964

Avant-propos de Caroline Kennedy

Introduction et annotations de Michael Beschloss

Traduit de l'anglais (États-Unis)
par Laurent Bury et Cécile Dutheil de La Rochère

Flammarion

Originally published in the United States and Canada by Hyperion as :
Jacqueline Kennedy, *Historic Conversations on Life with John F. Kennedy*
This translated edition published by arrangement Hyperion

ISBN : 978-2-0812-6246-1

Avant-propos

En 1964, dans le cadre d'un projet d'histoire orale consacré à la vie de John F. Kennedy, ma mère a accepté de s'asseoir face à Arthur M. Schlesinger pour lui faire part de ses souvenirs et de ses réflexions. Enregistrés moins de quatre mois après la mort de son mari, ces entretiens sont à la fois un don à l'histoire et une preuve d'amour de sa part. Afin d'en user avec le respect qu'il se doit, mes enfants et moi-même avons décidé de les publier aujourd'hui, à l'heure du cinquantième anniversaire de la présidence de mon père. La date nous semblait la bonne : assez de temps s'est écoulé pour que leur exceptionnelle clairvoyance puisse être appréciée, néanmoins la période est présente dans la mémoire de beaucoup, qui seront sensibles à l'intelligence des remarques de ma mère. J'espère aussi que les jeunes générations qui découvrent les années 1960 y verront la façon dont l'histoire se fait, et que ces entretiens susciteront chez eux l'envie de rendre à notre pays tout ce qu'il nous a donné.

Plus jeune, j'ai vu ma mère consacrer beaucoup de temps à discuter en privé avec d'anciens collaborateurs de mon père pour déterminer l'aspect de sa pierre tombale au cimetière national d'Arlington, s'assurer que le John F. Kennedy Center for the Performing Arts reflète son engagement en faveur du patrimoine culturel de notre pays, exécuter ses vœux pour la bibliothèque et l'Institut d'études politiques John F. Kennedy, prendre un nombre incalculable de décisions pour archiver ses papiers, ses affaires, ses souvenirs, ses objets personnels. Elle tenait à ce que la bibliothèque Kennedy soit un lieu de mémoire ouvert aux étudiants suffisamment inspirés pour vouloir embrasser une carrière au service de l'État, aux chercheurs qui auraient accès aux archives, aux familles qui découvriraient les idéaux qui ont animé la vie de mon père et sa vision pour l'Amérique. Les rendez-vous de notre mère avaient beau être voilés de mystère, mon frère et moi, nous sentions que rien ne valait cette « histoire orale » dont nous entendions parler çà et là.

Mes parents partageaient la passion de l'histoire. À leurs yeux, le passé n'était pas un domaine réservé aux universitaires, mais le rassemblement des personnalités les plus fascinantes au monde. Chez mon père, cet intérêt était d'ordre politique – je possède toujours ses livres consacrés à la guerre de Sécession et à l'histoire parlementaire anglaise, de même que son exemplaire annoté des *Federalist Papers* [1]. Ma mère, elle, estimait que l'histoire américaine manquait de femmes, elle préférait les romans et les mémoires liés aux cours européennes. Pendant les primaires du Wisconsin, elle lisait *Guerre et Paix*, et elle a toujours dit que rien ne l'avait mieux préparée à vivre à la Maison Blanche que la lecture des *Mémoires* du duc de Saint-Simon.

Après la mort de mon père, elle a décidé de tout faire pour préserver son souvenir. Non seulement elle était persuadée que ses choix survivraient à l'épreuve du temps, mais elle tenait à ce que les nouvelles générations mesurent la qualité de l'homme. Ainsi a-t-elle contribué à mettre en place l'un des projets d'histoire orale les plus importants jamais entrepris, pour lequel plus d'un millier de personnes ayant connu

1. Série d'articles publiés en 1787 et 1788, qui forment une défense et illustration de la constitution des États-Unis.

ou travaillé avec John F. Kennedy furent interrogées. Elle-même a choisi d'être interviewée par Arthur M. Schlesinger, historien, lauréat du prix Pulitzer, ancien professeur de Harvard et conseiller personnel du président Kennedy, en pensant aux générations à venir. C'est pourquoi elle a caché les cassettes de ces entretiens dans un coffre, sous scellé, pour une durée de cinquante ans.

J'ai découvert la transcription de ces entretiens quelques semaines après sa mort, en 1994, lorsque le coffre a été ouvert et que son avocat m'en a remis un exemplaire. J'étais d'autant plus bouleversée que face aux affaires de ma mère j'avais les mêmes décisions à prendre qu'elle-même face à celles de mon père, trente ans plus tôt. Heureusement, en 1994, il était encore trop tôt pour publier ces conversations, et même si je les ai trouvées passionnantes, j'ai remis le tout dans le coffre en attendant que l'heure vienne.

Il y a quelques années, nous avons commencé à réfléchir à la meilleure façon de fêter le cinquantième anniversaire de la présidence de mon père. Nous avons décidé de nous concentrer sur des projets permettant de diffuser son héritage dans le monde. Mon mari s'est associé avec le personnel de la bibliothèque et de la fondation John F. Kennedy et avec des partenaires privés pour créer les archives présidentielles numérisées les plus importantes à ce jour, de même que des programmes d'études en ligne, des expositions téléchargeables, et un site – www.jfk50.org.

La publication de ces entretiens s'inscrit dans le cadre de cette commémoration, mais elle a sa propre histoire. La première fois que le directeur de la bibliothèque Kennedy m'en a soumis l'idée, je lui ai demandé de consulter les archives afin de confirmer les vœux de ma mère quant à la date de leur publication. Curieusement, il n'y avait pas d'acte de donation ni de transfert, ni de lettre indiquant la date à laquelle ces entretiens devaient être rendus publics. Il n'y avait qu'une note rédigée par un ancien archiviste du gouvernement disant qu'ils étaient

« soumis aux mêmes restrictions que les entretiens de Manchester ».

J'en profite pour rappeler que ma mère a accordé trois entretiens significatifs après la mort de mon père. Le premier à Theodore H. White, à Hyannis Port, le 29 novembre 1963, quelques jours à peine après les obsèques de mon père. C'est là qu'elle a dit à White qu'elle et mon père écoutaient souvent *Camelot*, la comédie musicale de Broadway, le soir avant de se coucher. L'article de White fut publié par le magazine *Life* une semaine plus tard, mais les notes prises au cours de l'entretien ont été mises sous scellé jusqu'en 1995, un an après la mort de ma mère. Elles sont aujourd'hui accessibles à la bibliothèque Kennedy, à Boston.

La deuxième série d'entretiens a eu lieu avec l'historien William Manchester quand il préparait son livre, *Mort d'un président : 20-25 novembre 1963*. Hélas, ma mère en a dit plus sur l'assassinat de mon père qu'elle n'en avait l'intention. Déstabilisée par l'idée que ses souvenirs personnels soient livrés au public, elle a poursuivi l'auteur et l'éditeur en justice afin qu'ils les retirent du livre. Un accord a été conclu, et même si une grande partie de ces entretiens a été publiée, les notes de Manchester ont été mises sous scellé pour une période de cent ans, autrement dit jusqu'en 2067.

Enfin, et c'est de loin la plus importante, il existait cette série de conversations avec Arthur Schlesinger, au cours desquelles ma mère revient sur sa vie de femme mariée et fait part de ce qu'elle pensait de la personnalité de mon père. En revanche, la note de l'archiviste à propos de la date de publication ne correspondait pas avec ce que j'avais en mémoire, pas plus qu'elle ne semblait répondre aux vœux de ma mère. J'ai interrogé d'anciens membres de son équipe à la Maison Blanche, de même que des amis et des avocats. Tous étaient du même avis que moi, et très enthousiastes à l'idée de publier ces entretiens.

J'étais donc face à un dilemme, car ma mère était connue pour protéger sa vie privée : elle n'a accordé aucune interview enregistrée (sauf les trois que j'ai mentionnées) sur sa vie à la Maison Blanche, et dans son testament elle nous a demandé, à mon frère et moi, de ne publier ni ses notes, ni ses lettres, aucun de ses écrits.

Cependant, elle conservait le moindre bout de papier qui lui tombait sous la main – cartes d'anniversaire, télégrammes, lettres de ses parents, journaux, agendas, brouillons de courriers, billets. Un jour, elle a surpris l'une de ses secrétaires en train de jeter des notes et des courriers internes témoignant de la vie à la Maison Blanche ; elle lui a envoyé un mot cuisant pour la réprimander avant de donner l'ordre à tout le personnel de conserver le moindre gribouillis. Est-ce parce qu'elle avait lu tant de mémorialistes ? En tout cas elle était convaincue qu'il lui appartenait de préserver tout ce qui se passait à la Maison Blanche de son temps.

Depuis sa disparition, je me pose souvent la question : à partir de quand telle ou telle personne cesse-t-elle de vous appartenir pour entrer dans l'histoire ? Ma mère est une des personnalités sur laquelle on a le plus écrit, et j'ai grandi avec l'impression qu'il fallait que je la protège – comme elle m'avait protégée. Au début je pensais qu'il valait mieux conserver ces entretiens sous scellé pendant cinquante ans encore plutôt que de livrer sa mémoire à une nouvelle vague de rumeurs et de spéculations. Pourtant je sais que l'intérêt qu'elle suscite est synonyme d'admiration et de bonne volonté, et je crois que la possibilité d'avoir accès à ceux qui nous gouvernent est une valeur américaine fondamentale.

On m'a souvent demandé de publier les notes et la correspondance de ma mère. J'ai parfois du mal à trouver le juste équilibre entre sa volonté de préserver sa vie privée et son personnage public, à respecter l'une et l'autre. Heureusement, plus les années passent, moins il est douloureux de la partager avec autrui, je dirais même que c'est un privilège. Pour moi, sa fille, il fut parfois difficile d'admettre l'idée que la majorité des gens sont capables d'identifier ma mère sur-le-champ, alors qu'ils ne savent rien d'elle. Certes, ils reconnaissent son style ou son personnage empreint de dignité, mais ils apprécient rarement sa curiosité intellectuelle, son sens du ridicule, son goût de l'aventure et l'intuition qu'elle avait du bien. J'ai toujours essayé de maintenir une ligne entre sa vie publique et sa vie privée. J'essaie de satisfaire aux demandes qui sont liées à la carrière politique de mon père, à leur vie à la Maison Blanche, aux événements historiques, tout en refusant que soit publié ce qu'elle a écrit en tant que simple femme.

Ces entretiens ne sont pas du même ordre que ses écrits personnels parce qu'ils ont été enregistrés pour être accessibles un jour. La question n'était pas de savoir s'il fallait les publier mais quand, et c'était à moi de le décider. Vu le nombre de demandes auxquelles j'ai dû répondre dans ma vie, j'ai une certaine expérience, qui m'a permis de juger que le moment était le bon.

Je me suis aussi décidée parce que je me souvenais du contexte dans lequel ces entretiens ont été menés, et de la date à laquelle ils ont eu lieu. Le but était de témoigner de la vie de mon père à partir des souvenirs de ceux qui l'avaient connu et avaient travaillé avec lui. Les questions suivent un ordre plus ou moins chronologique en commençant par ses premières batailles politiques dans le Massachusetts, sa lutte pour la nomination à la vice-présidence en 1956, la transition jusqu'à la présidence, son investiture, la baie des Cochons, la crise des missiles de Cuba, la vie officielle et la vie familiale à la Maison Blanche, enfin ses projets pour la campagne de 1964 et un second mandat.

Bien entendu, je savais que si ma mère avait relu ces entretiens elle y aurait apporté des modifications. Ces interviews ont eu lieu alors qu'elle avait perdu son mari quatre mois plus tôt à peine, se retrouvant seule avec deux jeunes enfants à élever. Elle aurait sûrement jugé certaines de ses déclarations trop personnelles, et d'autres trop sévères. En outre ses idées ont évolué avec le temps. J'ai beaucoup hésité à couper certaines phrases qui pourraient être isolées de leur contexte. Hélas, mon intervention aurait pu être interprétée à tort, même si cette version éditée aurait été plus proche de la vérité. Finalement j'ai décidé de conserver l'intégralité de ces entretiens comme une source primaire, tout en modifiant légèrement le texte pour des raisons de lisibilité, non pas de contenu.

Le caractère informel et immédiat de ces conversations m'a également permis de surmonter mes réserves. Dès que je lis les propos de ma mère, j'entends sa voix. Je sais quand elle est émue, joueuse, ennuyée – en dépit de sa politesse, toujours irréprochable. Son ton est très révélateur, de même que ses pauses et ses déclarations. Je fais confiance aux lecteurs et aux auditeurs pour replacer ses propos dans leur contexte et se faire une représentation juste et nuancée d'une personnalité et d'un moment donné. J'espère que son dévouement à son mari en impressionnera d'autres, comme il m'impressionne, moi.

Outre leur passion pour l'histoire, mes parents partageaient la conviction que la civilisation américaine était arrivée à maturité. Aujourd'hui, l'idée peut sembler banale mais à l'époque, les États-Unis s'imposaient à peine en tant que puissance mondiale, et les pays en quête de sens et de *leadership* avaient tendance à se tourner vers l'Europe. Pour mes parents, l'Amérique devait mener le monde en vertu des idéaux qu'elle incarne, pas seulement en vertu de son pouvoir économique ou militaire. Tous deux souhaitaient que notre vie artistique et culturelle rayonne dans le monde. Ma mère a joué un rôle critique dans l'histoire de ce que l'on appelle aujourd'hui la « soft diplomatie ». Elle a voyagé avec mon père, mais aussi seule, parlant souvent la langue du pays où elle se rendait. C'était une icône d'envergure internationale.

Elle avait compris que la Maison Blanche est un symbole puissant de notre démocratie, et a tout fait pour que ce lieu soit la meilleure vitrine de l'Amérique aux yeux des visiteurs, de même qu'aux yeux des chefs d'État qui y étaient reçus. Elle a beaucoup œuvré, non pas pour « redécorer », un mot dont elle avait horreur, mais « restaurer » la Maison Blanche, afin que l'héritage de John Adams, Thomas Jefferson, James Madison et Abraham Lincoln soit visible. Elle a réorganisé la bibliothèque de la Maison Blanche pour mettre en valeur les classiques de l'histoire et de la littérature américaines. Elle a mis en place le Comité des beaux-arts et l'Association historique de la Maison Blanche afin de créer une collection permanente de peintures et d'arts décoratifs américains. Elle a transformé la Maison Blanche pour en faire la scène la plus brillante du monde et invité les plus grands artistes à s'y exprimer. Elle a accueilli de jeunes musiciens, de nouveaux talents lyriques afro-américains, des musiciens de jazz, des danseurs modernes – son but était de susciter et cultiver le goût pour la culture et les arts américains.

À ses yeux, la ville de Washington, capitale du pays, devait se mettre au diapason du premier rang que l'Amérique avait désormais dans le monde. Elle s'est battue pour préserver le parc de Lafayette Square et elle a lancé les travaux de réhabilitation de la Pennsylvania Avenue. Elle savait que le passé est une source de fierté partout dans le monde, et elle a réussi à convaincre mon père que l'Amérique pouvait contribuer à renforcer le bon vouloir de pays comme l'Égypte, avec lequel nous avions des différends politiques, en participant aux efforts de préservation de son patrimoine. Son opiniâtreté a donné lieu à une généreuse contribution américaine à l'entreprise de l'UNESCO destinée à sauver le temple d'Abou Simbel menacé par la construction du barrage d'Assouan, et le régime de Nasser fut impressionné. Autre exemple de diplomatie culturelle : c'est grâce à ma mère que la *Joconde* a été exposée aux États-Unis, la seule fois où ce chef-d'œuvre a quitté le Louvre.

Plus que tout, elle estimait que son rôle était de soutenir mon père. Elle a eu beau devenir un enjeu diplomatique, voire politique, elle a toujours pensé qu'elle ne méritait pas le titre de « Première Dame », que de toute façon elle n'aimait pas, déclarant qu'on aurait dit le nom d'un cheval de course. Elle était profondément patriote et fière de ce qu'elle avait accompli. Mon père aussi était fier d'elle, et l'époque où ils ont vécu à la Maison Blanche fut la plus heureuse de leur vie.

Vu l'importance de son rôle, il aurait donc été fâcheux d'exclure son point de vue des débats publics et des discussions de chercheurs accompagnant le cinquantième anniversaire du gouvernement Kennedy. Cinquante années, c'est assez long pour que les passions s'apaisent, mais assez court pour que ce monde-là ait encore beaucoup à nous apprendre. Je suis d'autant plus sensible au temps qui passe que j'ai successivement perdu mon oncle Teddy et ma tante Eunice en 2009, Ted Sorensen en 2010, et mon oncle Sarge en janvier 2011.

Cependant, avant d'arrêter ma décision, j'ai demandé à mes enfants de lire les transcriptions et de me dire ce qu'ils en pensaient. Leurs réactions furent très différentes de la mienne. Même s'ils étaient fascinés, ces entretiens leur semblaient datés. Ils ont adoré les anecdotes sur leur grand-père et apprécié la perspicacité mâtinée d'irrévérence de leur grand-mère. Ils ont été intrigués par certaines des questions d'Arthur Schlesinger – à propos de rivalités de personnes et de problématiques qui n'ont plus cours aujourd'hui. Ils auraient aimé qu'il lui pose plus de questions sur elle.

Finalement ils en sont arrivés à la même conclusion que moi : il n'y avait plus de raisons pour retarder la publication de ces entretiens, et personne ne parle mieux au nom de ma mère qu'elle-même.

Caroline KENNEDY
New York, 2011

Introduction

Plongez-vous dans les milliers d'ouvrages consacrés à John Fitzgerald Kennedy, vous verrez qu'il y manque la voix d'un témoin crucial, virtuellement absent : Jacqueline Kennedy. Comme le soulignait la notice nécrologique publiée par le *New York Times* le lendemain de sa mort, le 19 mai 1994 : « Son silence sur son passé, surtout sur les années Kennedy et son mariage avec le Président, a toujours été voilé de mystère. » Elle n'a écrit ni autobiographie ni Mémoires.

Jacqueline Lee Bouvier est née le 28 juillet 1929 dans l'État de New York, à Southampton, villégiature d'été de ses deux familles, paternelle et maternelle. Son père, John V. Bouvier III, ancien élève de Yale, franco-américain, avait suivi les pas de ses ancêtres à Wall Street, mais il ne s'était jamais remis de la crise boursière de 1929. Sa mère, Janet Norton Lee, était la fille d'un magnat irlando-américain, autodidacte, qui avait fait fortune dans la banque et l'immobilier. Jackie (elle préférait « Jacqueline » mais ses amis et ses proches l'appelaient rarement par son vrai prénom) grandit entre Park Avenue et Long Island ; de son enfance, elle conserva un goût profond pour le cheval, le dessin et la lecture. Elle avait douze ans quand ses parents divorcèrent, dans un climat amer. Sa mère épousa ensuite Hugh D. Auchincloss Jr, héritier de la Standard Oil, qui accueillit Jackie et sa sœur cadette, Lee, sur ses superbes terres à McLean, en Virginie, et à Newport, dans le Rhode Island. Adolescente, ses professeurs la jugeaient déterminée, insolente et très intelligente.

Après deux années peu convaincantes à l'université de Vassar, la jeune femme s'éveilla à la vie en France, au cours d'une année passée entre la Sorbonne et l'université de Grenoble. Puis elle revint et sortit diplômée de l'université George Washington en 1951. Elle l'emporta alors sur douze cents étudiantes en raflant le Prix de Paris attribué par le magazine *Vogue*, pour lequel elle avait conçu un numéro zéro et écrit un essai intitulé « Les personnalités que j'aurais aimé rencontrer » (Oscar Wilde, Charles Baudelaire, Serge de Diaghilev). La récompense offerte par *Vogue* était un poste de secrétaire de rédaction entre Paris et New York pour une durée d'un an. Jacqueline refusa – au grand soulagement de sa mère qui avait tendance à interpréter l'intérêt de sa fille pour la France comme un signe d'allégeance à John Bouvier, son père. Elle préféra devenir « photographe enquêtrice » pour le *Washington Times-Herald*, et c'est sous cette étiquette qu'elle fit la connaissance de celui qui deviendrait son mari.

Jacqueline Bouvier rencontra John Kennedy une première fois en 1948, dans un train entre Washington et New York. Elle se rappellerait qu'elle bavarda quelques instants avec ce « jeune membre du Congrès grand et mince qui avait de longs cheveux tirant sur le roux [1] » et se montra attentif. Mais ce premier échange s'arrêta là. Plus tard dans l'année, un ami de sa famille, Charles Bartlett, l'escorta « à travers une immense foule » le jour du mariage de son frère à Long Island pour lui présenter John Kennedy, mais « le temps que je la fasse traverser, il avait disparu » [2]. Finalement, c'est au printemps 1951, chez Charles

1. Carl Sferazza Anthony, *As We Remember Her* (HarperCollins, 1997), p. 37.
2. Charles Bartlett, enregistrement, bibliothèque Kennedy.

Bartlett et sa femme, à Georgetown, que les présentations officielles de John et Jackie eurent lieu. Après lui avoir « fait une cour intermittente [3] », selon ses termes à elle, le sénateur du Massachusetts épousa notre jeune esthète francophile à Newport, le 12 septembre 1953.

Au cours des mois qui suivirent l'assassinat de John Kennedy, Jackie, veuve, âgée de trente-quatre ans, avait tant de mal à supporter le souvenir de sa vie à la Maison Blanche – « nos années les plus heureuses », affirme-t-elle dans ces pages – qu'elle demandait aux chauffeurs du service de sécurité présidentielle de choisir des trajets lui évitant le moindre aperçu de son ancienne résidence. Elle prit la décision de se tenir éloignée de la Maison Blanche pour le restant de ses jours, et s'y tint, à une exception près : en 1971, alors qu'Aaron Shikler venait de finir les portraits officiels du trente-cinquième président des États-Unis et de son épouse, elle accepta d'y retourner avec ses enfants pour voir les tableaux et dîner avec Richard Nixon et les siens. Cependant, dès la fin de l'année 1963, elle était déterminée à faire entendre la voix de John Kennedy auprès des historiens. Dans la mesure où celui-ci avait été privé de l'occasion de défendre son action dans un livre, des échanges écrits ou au cours de débats, contrairement aux autres présidents, elle sentait qu'il était de son devoir de faire ce qu'elle pouvait de son côté. Quelques jours à peine après le drame de Dallas, elle commença à imaginer l'architecture de la future bibliothèque Kennedy prévue à Harvard, le long de la Charles River, sur un site que le Président avait choisi un mois avant sa mort.

En décembre 1963, alors que Jackie n'avait pas encore quitté ses appartements de la Maison Blanche, Arthur Schlesinger Jr, conseiller personnel de son mari, rassembla plusieurs lettres de condoléances particulièrement émouvantes et les lui fit parvenir. Connu pour son humour grinçant et son

---

3. Robert Dallek, *An Unfinished Life* (Little, Brown, 2003), p. 193.

nœud papillon [4], Schlesinger était professeur d'histoire à Harvard et l'un des chercheurs les plus respectés du pays, auteur d'ouvrages remarqués sur les années Andrew Jackson et Franklin Roosevelt, et rédacteur des discours d'Adlai Stevenson pendant ses deux campagnes présidentielles. S'il connaissait John Kennedy depuis Harvard, son amitié avec Jackie datait de la campagne de 1960, lorsque John, qui ne voulait pas qu'on le voie entouré d'universitaires réputés de gauche, demanda à Schlesinger de lui fournir ses conseils tactiques par son intermédiaire. Au moment qui nous intéresse, après l'assassinat, Schlesinger était déjà en train de préparer la rédaction de son livre, *Les Mille Jours de Kennedy*.

Jackie répondit ainsi au mot de Schlesinger accompagnant les lettres de condoléance : « Je vous rends vos lettres – je suis extrêmement heureuse de les avoir vues – je n'ai pas eu le temps de les lire. » Elle précisait pourtant que l'un des auteurs de ces lettres insistait pour que la bibliothèque Kennedy maintienne la flamme de l'influence de son mari sur la jeunesse : « Je ne vois pas comment poursuivre cette flamme sans lui – mais peut-être aurez-vous une idée – ce serait bien d'essayer. » Elle avouait à Schlesinger qu'elle avait été « très impressionnée » par une des allocutions qu'il avait données sur son mari : « Ça correspondait vraiment à ce que je pensais sur Jack [5] – même s'il n'a pas vécu assez longtemps pour voir ses rêves réalisés – il tenait tellement à être un grand président – je crois qu'il peut encore le devenir – parce que c'est lui qui a initié ces idées – c'est ce que vous disiez. Ne serait-ce que pour ça il mérite de figurer parmi les grands hommes [6]. »

---

4. *New York Times*, 1er mars 2007.
5. Surnom de John F. Kennedy.
6. Jacqueline Bouvier-Kennedy à Arthur M. Schlesinger Jr, 3 décembre 1963. Les lettres de Jacqueline Bouvier-Kennedy citées ici et plus loin se trouvent dans les documents encore sous scellé à la bibliothèque Kennedy et, dans la plupart des cas, dans les archives de leurs destinataires.

Elle encourageait Schlesinger à écrire sur son mari « pendant que tout est encore frais – que vous vous rappelez ses paroles au mot près ».

Plus tard, Schlesinger rappela que Robert Kennedy et lui avaient un projet d'histoire orale « qui leur trottait dans la tête depuis Dallas [7] ». Le fait est que lorsqu'il était professeur à Harvard, Schlesinger était un ardent défenseur de cette nouvelle méthode de recherche. En 1963, pour « souligner l'urgence [8] », Schlesinger fit remarquer à Jacqueline Kennedy que, contrairement à Truman et Eisenhower qui tenaient un journal et rédigèrent des lettres étonnamment révélatrices, John Kennedy opérait beaucoup au téléphone ou en face-à-face [9]. Une grande partie de l'histoire de Kennedy risquait de disparaître. En janvier 1964, Jacqueline et Robert Kennedy donnèrent leur accord pour que soit mis en place un programme permettant aux chercheurs d'enregistrer les souvenirs de « milliers » de personnes ayant connu le Président – proches, amis, membres de cabinet, politiciens du Massachusetts, dirigeants étrangers, et tous ceux qui avaient eu une relation « autre que superficielle » avec lui [10]. Outre le témoignage de Robert F. Kennedy, le cœur de ce projet devait être une série d'entretiens avec la veuve de John Kennedy, menés par Schlesinger.

C'est ainsi que le lundi 2 mars 1964, l'historien se rendit chez Jacqueline Kennedy, 3017 N Street, à Georgetown, pour

---

7. *American Archivist*, automne 1980.

8. *Ibid.*

9. Au début de l'année 1963, Schlesinger avait vivement encouragé le Président à garder une trace de ses impressions personnelles après les « épisodes majeurs ». Le Président avait refusé, se contentant de dicter et d'enregistrer quelques notes. Il fallut attendre 1982 pour que Schlesinger apprenne qu'au cours de l'été 1962, Kennedy avait discrètement ordonné l'enregistrement de centaines d'heures de réunions et d'appels téléphoniques de la Maison Blanche. Hélas, cette entreprise ne couvrait qu'une petite partie de l'exercice du rôle présidentiel.

10. *New York Times*, 6 avril 1964.

entamer la première de sept interviews. L'ex-Première Dame venait d'acheter une maison qui datait de 1794 et se trouvait en face de celle de Robert Todd Lincoln, le fils aîné d'Abraham Lincoln. Son but était d'offrir à Caroline, âgée de six ans, et John, âgé de trois ans, une vie normale. Toute la journée des cars de touristes s'arrêtaient devant chez eux et déversaient des hordes de badauds qui envahissaient les marches, brandissaient leur Instamatic sous les fenêtres et appelaient les enfants par leur prénom, l'obligeant à garder les rideaux fermés.

À l'intérieur, Schlesinger avait rendez-vous avec Jacqueline dans un salon dont les étagères étaient couvertes des bibelots romains, égyptiens et grecs que le Président lui avait offerts au fil des ans. Tournant le dos aux fenêtres côté rue, elle était assise sur un canapé tapissé de panne de velours. À ses côtés, sur une table à trois plateaux, trônaient deux photos encadrées : Kennedy souriant et applaudissant derrière son bureau ses enfants qui gambadent, et Kennedy en campagne au milieu d'une foule. Schlesinger déposait son magnétophone à côté d'une boîte à cigarettes en argent sur une table basse noire, puis s'installait à droite de Jacqueline Kennedy. Il l'encourageait à parler comme à « un historien du XXIe siècle ». Comme il le rappela plus tard, « de temps en temps, elle me demandait d'éteindre mon appareil avant de dire ce qu'elle avait à dire, puis elle ajoutait : "Vous pensez que je devrais y aller devant le magnétophone ?..." En général je répondais : "Pourquoi pas ?... C'est vous qui aurez le dernier mot sur les transcriptions [11]". » Au cours de ces sept entretiens, Jacqueline commence d'une voix hésitante, puis s'affirme peu à peu à mesure que l'appareil enregistre le bruissement des cigarettes qu'elle allume, le cliquetis des glaçons dans les verres, les chiens qui aboient au loin, les camions qui dévalent la N Street et les avions qui vrombissent dans les airs.

---

11. *American Archivist*, automne 1980.

Arthur M. Schlesinger Jr

Le président John F. Kennedy avec Caroline et John
dans le Bureau ovale

Notons qu'au cours de ces mois de deuil, Jacqueline Kennedy s'obligea à revenir en détail sur toute une partie de sa vie disparue. Car Schlesinger n'était pas son seul interlocuteur. En avril 1964, elle passa des soirées entières face à William Manchester qui préparait la rédaction de son livre autorisé sur l'assassinat de son mari. Afin d'épargner à Jacqueline le calvaire d'avoir à revenir deux fois sur ce drame, Schlesinger laissa cette partie à Manchester. En outre, après son dernier entretien avec Schlesinger, en juin 1964, l'ancienne Première Dame fut obligée de rester sur place pour être interrogée par des membres de la commission Warren au sujet de l'ultime cortège automobile de son mari.

Près de cinquante ans plus tard, ces entretiens reviennent pas à pas sur l'histoire américaine des années 1950 et du début des années 1960, histoire que nous croyions connaître. Ils offrent un nouveau point de vue, intérieur, sur la vie de John Kennedy, et sur l'expérience de son épouse. Ils apportent des informations inédites sur ce que Kennedy et sa femme se disaient en privé, sur le rôle qu'elle a joué en coulisses. Tout chercheur un tant soit peu sérieux sait que Jackie a contribué à élargir l'univers de son mari grâce à sa culture et à sa connaissance du français, de l'espagnol, et de l'histoire de l'Europe et de ses colonies. Pourtant beaucoup s'imaginent encore qu'elle était relativement indifférente à la vie politique. Quand Schlesinger fit sa connaissance en 1959, à Hyannis Port, il la jugea « légère sur la politique », ajoutant qu'elle lui posait des questions élémentaires « avec naïveté et les yeux écarquillés »[12]. Comportement peu surprenant quand on sait que les jeunes filles bien nées de sa génération étaient rarement encouragées à manifester leur intelligence. Son mari n'avait pas non plus avantage à ce qu'elle fasse part de ses points de vue caustiques à quiconque, si ce n'est à leurs amis les plus sûrs. Comme ce témoignage le prouve, elle en savait beaucoup plus sur la vie politique de John Kennedy qu'elle ne voulait bien l'avouer, et son influence sur ses relations professionnelles fut réelle.

Jamais il ne lui serait venu à l'esprit d'insinuer – ni au cours de ces entretiens ni après – qu'elle était une sorte de gourou secret de la Maison Blanche. Elle considérait que son rôle était, non pas de harceler son mari sur la sécurité au travail ou le droit international, contrairement à Eleanor Roosevelt, mais de créer autour de Kennedy un « climat d'affection » en conviant des invités inattendus à dîner, en servant de bons petits plats et en lui présentant des « enfants de bonne humeur » pour lui permettre d'échapper à la pression liée à sa position de leader du monde libre à un moment particulièrement dangereux de la guerre froide. Cependant, alors que tous deux avaient peur que les électeurs trouvent Jacqueline un peu inconsistante, celle-ci devint, grâce à sa beauté et son aura de star, un atout politique considérable.

12. Journal d'Arthur M. Schlesinger Jr, 19 juillet 1959, Documents Schlesinger, New York Public Library.

On ne compte plus les Américaines qui essayaient de marcher, parler, s'habiller, se coiffer, décorer leur intérieur comme Jackie. Ce n'est pas par hasard que le Président insista pour qu'elle l'accompagne au cours de ses déplacements de campagne au Texas et en Californie. À l'aube de sa dernière journée, il plaisantait au sujet de la popularité de sa femme, faisant mine de se plaindre que « personne ne se fiche de savoir ce que Lyndon et moi nous portons [13] ! »

À l'époque où elle était Première Dame, Jacqueline Kennedy n'avait rien d'une féministe, en tout cas pas dans le sens où nous l'entendons aujourd'hui. Certes, l'essai révolutionnaire de Betty Friedan, *La Femme mystifiée*, parut en 1963, mais il fallut attendre près de dix ans pour que le mouvement se déploie. Dans les entretiens qui suivent, Jackie Kennedy explique que les femmes devraient trouver le sens de leur vie à travers celle de leur mari, et que le mariage à l'ancienne est ce qui se fait de mieux. Elle juge la première secrétaire particulière qu'elle eut à la Maison Blanche « plus ou moins féministe », donc « tellement différente de moi », et alla jusqu'à ajouter que les femmes devraient se tenir à l'écart de la politique parce qu'elles sont trop « émotives » (opinions qu'elle renia ostensiblement dans les années 1970). Pourtant personne ne peut nier que Jacqueline Kennedy fit dans sa vie, privée et publique, des choix personnels et clairvoyants. Résistant face à ceux qui lui conseillaient de prendre exemple sur les anciennes Premières Dames, elle fut tout de suite très claire : son rôle n'était pas d'assister à des dîners de charité ni à des banquets politiques, mais d'élever convenablement ses enfants en dépit de l'attention démentielle dont ils étaient l'objet. En outre, elle a entrepris plusieurs grands projets de

13. John F. Kennedy lors d'un petit déjeuner à la Chambre de commerce de Fort Worth, 22 novembre 1963. Plusieurs décennies après sa mort, le phénomène persiste. Un demi-million de personnes se sont précipitées au Metropolitan Museum de New York pour la première exposition publique de la garde-robe de Jacqueline à la Maison Blanche.

son propre chef : si elle les mentionne à peine ici, c'est sans doute parce que Schlesinger l'amenait à se concentrer sur son mari. En 1964, même un intellectuel aussi savant que lui considérait l'histoire de l'épouse du Président comme secondaire. C'est dommage, car il est probable que seule Eleanor Roosevelt eut plus d'influence sur ses contemporains américains que Jacqueline Kennedy.

Une de ses principales contributions est d'avoir su défendre l'idée de conservation du patrimoine. Rappelons que dans les années 1950 et 1960, les architectes et les urbanistes américains rêvaient de raser les quartiers et les monuments qui leur semblaient datés afin de créer de l'espace pour construire des autoroutes, des immeubles de bureaux, des stades et des logements sociaux. Sans l'intervention personnelle de Jacqueline Kennedy, certains des joyaux de Washington auraient disparu – dont Lafayette Square, en face de la Maison Blanche, que Pierre L'Enfant, architecte original de la ville, avait conçu pour devenir « le parc du Président ». Un plan prévoyait la destruction rapide de la majorité des maisons et des bâtiments qui longent le parc des côtés est et ouest, y compris la demeure où vécut Dolley Madison, veuve du président James Madison, et l'édifice de 1861 qui abrita le premier musée des Beaux-Arts de la ville. Pour les remplacer, on avait prévu plusieurs tours de bureaux administratifs en marbre blanc, « modernes », qui auraient écrasé la Maison Blanche.

Lors de son séjour d'étudiante à Paris, Jacqueline avait été frappée par l'attention que les Français portent à leurs monuments publics les plus importants. Elle se mobilisa pour que la Chambre des représentants et le Sénat fassent « passer une loi établissant l'équivalent des Monuments historiques en France [14] » (ce que le Congrès fit en 1966). Comme elle l'écrivit un jour dans un courrier, il était hors de question

14. David Finley, note sur une conversation, 19 février 1962, Documents Finley, archives de la National Gallery of Art.

qu'elle reste assise à se tourner les pouces alors que les plus grands monuments de l'Amérique étaient « massacrés pour être remplacés par des horreurs. L'idée me panique et j'ai décidé de lancer un appel au dernier moment [15] ». Un éminent architecte américain réagit en affirmant qu'il n'y avait « presque rien » du côté ouest du parc qui vaille la peine d'être conservé : « J'espère que Jacqueline Kennedy va enfin se réveiller et comprendre qu'elle vit au XXe siècle [16] », disait-il. Le point de vue de la Première Dame l'emporta. « Vous allez voir ce que vous allez voir, annonça-t-elle à l'un de ses complices. Tous vos rêves les plus fous réalisés [...]. Les maisons de Dolley Madison et de Tayloe vont être sauvées [17] ! » Sans son intervention, gageons que la perspective que l'on voit depuis les fenêtres nord de la résidence présidentielle aurait été sinistre [18]. Autre monument public qu'elle a réussi à protéger, le vieux bâtiment du bureau exécutif, construit dans les années 1870 à côté de la Maison Blanche, qui avait abrité les Départements d'État, de la Guerre et de la Marine.

Parfois, en pleine nuit, ni vue ni connue, Jackie remontait « à mi-chemin » vers le Capitole avec son mari, mais, comme elle l'écrivit à son beau-frère, le sénateur Edward Kennedy : « Le mauvais goût de tout ce qui empiétait sur la résidence présidentielle le déprimait. Il regrettait l'absence d'architecture digne de ce nom le long de cette avenue [...]. Il aurait voulu prendre exemple sur Thomas Jefferson avec qui il se sentait tant d'affinités [...]. Je voulais te dire en toute

---

15. Jacqueline Bouvier-Kennedy à Bernard Boutin, 6 mars 1962.
16. *White House History*, n° 13, 2004.
17. Jacqueline Bouvier-Kennedy à David Finley, 18 avril 1962.
18. Kennedy fit remarquer, non sans ironie, que le sauvetage de Lafayette Park « est peut-être le seul monument que nous laisserons » (*Time*, 20 novembre 1964). En octobre 1963, un jour où il inaugurait une bibliothèque dédiée au poète Robert Frost à l'université d'Amherst, il déclara vouloir une Amérique « sachant préserver les vieilles demeures américaines, les parcs et les places qui appartiennent au passé de la nation ».

sincérité que c'est un point auquel Jack était vraiment attaché[19]. » De fait, le Président créa une commission destinée à superviser le redéploiement de cette avenue, dont il surveilla attentivement les travaux avec sa femme. À la fin de cette lettre, Jacqueline rappelait à Ted Kennedy que la Pennsylvania Avenue était un des derniers sujets « dont je me souviens que Jack parlait avec émotion » avant qu'ils ne partent pour le Texas en novembre 1963.

Jacqueline Kennedy a transformé la Maison Blanche pour en faire une vitrine du mobilier, de la peinture, de la sculpture et des arts et traditions populaires américains pouvant rivaliser avec des musées d'envergure internationale. Depuis Abigail et John Adams, premiers résidents de la Maison Blanche, cent soixante ans plus tôt, les salles ouvertes au public étaient décorées suivant les caprices de l'entourage proche du Président. Le jour où Jacqueline Kennedy vit ces salles, elle eut un haut-le-cœur. Les vieux papiers peints et les reproductions de tableaux lui rappelaient la décoration des hôtels du début de siècle, dépourvue de la moindre référence à l'histoire américaine[20]. Aussitôt, elle mit au point un plan pour persuader les plus grands collectionneurs (en exploitant ses « instincts de prédateur[21] », disait-elle en riant et en privé) de donner certains chefs-d'œuvre du patrimoine américain pour restituer aux salles ouvertes leur dimension historique et pour créer une association historique de la Maison Blanche, destinée à empêcher qu'une future Première Dame dont la vieille tante aurait une « boutique de broc[22] » ne retape le tout sans le moindre sens de l'histoire. Ce projet fut

---

19. Jacqueline Bouvier-Kennedy à Edward Kennedy, 17 septembre 1970.

20. Mary Van Rensselaer Thayer, *Jacqueline Kennedy : The White House Years* (Little, Brown, 1971), p. 93.

21. Jacqueline Bouvier-Kennedy à Adlai Stevenson, 24 juillet 1961.

22. Jacqueline Bouvier-Kennedy à Lady Bird Johnson, 1er décembre 1963.

couronné par la visite filmée de la Maison Blanche restaurée en février 1962, suivie par 56 millions de téléspectateurs dans le pays. Il permit à beaucoup d'Américains de prendre conscience de leur patrimoine artistique. Autre intervention significative de Jacqueline Kennedy : le renouvellement du « cadre dans lequel la présidence s'exerce aux yeux du monde [23] », notamment les dîners officiels et autres cérémonies protocolaires. C'est encore elle qui a transformé l'austère Bureau ovale en « salon Nouvelle-Angleterre [24] », faisant dégager la cheminée, installer des canapés, des fauteuils, et l'impressionnant bureau fabriqué à partir du bois du navire anglais, le *H.M.S. Resolute*, connu sous le nom de *Resolute Desk*, que cinq des successeurs de son mari ont utilisé depuis. Enfin, c'est à la demande de Jacqueline que le dessinateur industriel Raymond Lœwy a conçu le graphisme bleu ciel et blanc de la flotte aérienne présidentielle telle que nous la connaissons.

Jacqueline Kennedy a transformé le rôle de Première Dame. Depuis qu'elle a fait restaurer la Maison Blanche, toute nouvelle épouse de président se sent tenue de s'investir dans un projet public significatif. À trente et un ans, Jackie affirmait très sérieusement que son rôle principal était d'être mère et épouse, cependant, comme le rappellerait Lady Bird Johnson : « C'était une bûcheuse, ce qui n'a pas toujours été entièrement reconnu [25]. » À peine diplômée de l'université, elle avait accepté un emploi à plein temps, chose peu courante dans son univers, et en 1975, après la mort de son second mari, Aristote Onassis, une fois ses deux enfants partis poursuivre leurs études, elle accepta un vrai poste d'éditrice de beaux livres chez Viking et Doubleday, où elle mit à profit son goût, son expérience et son expertise.

23. *A Tour of the White House*, CBS-TV, 14 février 1962.
24. *New York Times*, 29 janvier 1961.
25. Lady Bird Johnson, enregistrement, bibliothèque Kennedy.

Sa capacité d'adaptation et son intelligence se manifestèrent aussi dans les années 1970 quand elle épousa le mouvement de libération des femmes. Elle avoua à une amie avoir compris qu'elle ne pouvait plus envisager de vivre par et pour son mari. Elle encouragea plusieurs entreprises féministes, dont le magazine de Gloria Steinem, *Ms*, et malgré sa répugnance à accorder des entretiens, elle fit une exception pour rendre hommage aux femmes qui travaillent dans un numéro de *Ms* daté de 1979, affirmant ainsi : « Le plus désolant pour beaucoup de femmes de ma génération, c'est qu'elles n'étaient plus censées travailler une fois qu'elles avaient une famille[26]. »

Mais revenons au début des années 1960, à l'époque où elle s'engagea en faveur du sauvetage d'Abou Simbel. En 1962, catastrophée d'apprendre que les inondations menaçaient ce trésor du patrimoine égyptien, elle écrivit à Kennedy : « C'est le plus beau temple du Nil – il date du XIIIe siècle avant J.-C. C'est comme si on laissait le Parthénon être inondé [...]. Abou Simbel est exceptionnel. Jamais on ne trouvera un temple équivalent[27]. » En dépit de la réponse de Kennedy rappelant que les membres du Congrès considéraient Abou Simbel comme de la « pierraille égyptienne[28] », son intervention au Capitole permit à l'Égypte d'obtenir les fonds nécessaires pour sauver le temple. Le président égyptien, Gamal Abdel Nasser, proposa alors d'envoyer aux États-Unis un cadeau de remerciement : elle choisit le temple de Dendour, qu'elle et son mari voulaient installer à Washington pour rappeler que « les sentiments nés de l'esprit permettent d'éviter les guerres[29] ».

---

26. *Ms* magazine, mars 1979.

27. Jacqueline Bouvier-Kennedy à John F. Kennedy, note manuscrite, non datée, 1962.

28. Richard Goodwin, Kennedy Library Forum, 4 novembre 2007.

29. Jacqueline Bouvier-Kennedy à John F. Kennedy, rapport intitulé « Abou Simbel », manuscrit, non daté.

John Kennedy aurait été un des premiers à reconnaître que les manifestations culturelles qui ont marqué son mandat – Pablo Casals et l'American Ballet Theatre dans le salon Est, l'exposition de la *Joconde* aux États-Unis, le dîner pour les lauréats du prix Nobel, les efforts pour la création d'un théâtre national (aujourd'hui le John F. Kennedy Center for the Performing Arts)… – n'auraient jamais vu le jour s'il n'avait pas épousé Jacqueline Bouvier. Les époux Kennedy ont toujours défendu l'idée que les arts sont une partie intégrante de la vie de l'Amérique. La société d'abondance du début des années 1960 était idéale pour défendre un tel parti pris : beaucoup d'Américains bénéficiant de la prospérité d'après-guerre investissaient dans des heures de loisirs dont leurs courageux ancêtres n'auraient jamais osé rêver.

Jacqueline Kennedy avait un sens inné de la façon dont les symboles et les rituels façonnent l'histoire américaine : elle le prouva particulièrement au cours de l'interminable week-end qui suivit l'assassinat de son mari. S'inspirant de ce qu'elle avait lu sur les funérailles d'Abraham Lincoln, les plus fastueuses de l'histoire de l'Amérique, elle improvisa trois jours de cérémonies inoubliables sans le moindre faux pas : le rituel dans le salon Est et la rotonde du Capitole, les dirigeants étrangers dans la vieille cathédrale curieusement intime, l'avion *Air Force One*, que Kennedy adorait, survolant l'enterrement comme un ultime salut, la flamme éternelle (comme celle qu'elle avait vue à Paris). Après le choc de Dallas, voilà qui permit aux Américains de retrouver un minimum d'estime de soi. Jusqu'au dernier moment, la maîtrise de la geste officielle qu'eut Jacqueline Kennedy fut impressionnante : le jour où ses enfants et elle quittèrent définitivement la Maison Blanche, elle fit en sorte que son fils John brandisse un drapeau américain.

En été 1964, à la fin des entretiens avec Arthur Schlesinger, elle confia à une amie que le récit de sa vie disparue avait été « une épreuve [30] ». Ne supportant plus l'agitation autour de sa maison à Georgetown et tout ce qui lui rappelait des jours heureux, elle partit s'installer à New York dans un appartement du nord de la Cinquième Avenue, à la recherche d'une « nouvelle vie dans une nouvelle ville [31] ». Les fenêtres de sa chambre donnaient sur le Metropolitan Museum of Art, où avait été remonté le temple de Dendour, contre son gré puisqu'elle aurait préféré Washington, et le soir, la lumière des projecteurs la dérangeait. Un an après l'assassinat de son mari, elle écrivait à son propos dans le magazine *Look* : « À présent c'est une légende, alors qu'il aurait préféré être un homme. […] Au moins ne connaîtra-t-il jamais la tristesse qui fut la nôtre. » Comme pour s'en convaincre, elle ajoutait : « Il est libre et nous devons continuer de vivre [32]. »

Jacqueline Kennedy ne fit plus jamais part de ses réflexions sur son mari en public. Ni en 1965, lorsque la reine Élisabeth II inaugura un arpent de terre en son nom sur le lieu de naissance de la Grande Charte, ni en 1979 lorsqu'elle assista à l'inauguration de la bibliothèque Kennedy – jamais [33]. Elle

---

30. *Look*, 17 novembre 1964.

31. Jacqueline Bouvier-Kennedy à David Finley, 22 août 1964.

32. *Look*, 17 novembre 1964.

33. Lorsque la famille Kennedy fut invitée à une cérémonie à la cour d'Angleterre en 1965, le président Johnson proposa un avion présidentiel. Se rappelant son retour de Dallas à bord de l'*Air Force One*, Jacqueline répondit à Lyndon B. Johnson qu'elle n'était pas sûre « de trouver le courage de monter à nouveau dans l'un de ces avions ». Néanmoins, pour honorer la mémoire de son mari, elle accepta : « Mais s'il vous plaît, que ce ne soit pas l'*Air Force One*. Et s'il vous plaît, que ce soit le 707 dont l'intérieur ressemble le moins possible à l'*Air Force One* » (Jacqueline Bouvier-Kennedy à Lyndon B. Johnson, 28 mars 1965). En 1968, avant d'embarquer dans un jet présidentiel qui emmenait le cercueil de Robert Kennedy de Los Angeles vers New York, elle exigea qu'on lui confirme que ce n'était pas l'*Air Force One* de 1963. Malgré cette sensibilité douloureuse qu'elle conserva toute sa vie, Jacqueline avait la chance d'avoir des enfants aimants qui la protégeaient. Un jour où John lisait un livre pour enfants concernant son père, il cria : « Ferme les yeux, Maman ! » et il arracha une photographie représentant la voiture présidentielle à Dallas

revendiquait le droit au respect de sa vie privée, estimant que les conversations qui forment ce livre étaient sa principale contribution à l'historiographie Kennedy. Au printemps 1965, elle lut une première version de l'ouvrage d'Arthur Schlesinger, *Les Mille Jours de Kennedy*, et fut troublée de voir que l'auteur avait exploité certains éléments de leurs entretiens mis sous scellé pour décrire les relations du Président avec elle et leurs enfants. Elle lui écrivit pour le supplier de retirer « des informations qui à mon sens sont trop personnelles. [...] Le monde n'a aucun droit sur sa vie intime avec moi – j'ai partagé ces pièces avec lui – pas avec les lecteurs du Grand Livre du Mois – je n'ai aucune envie qu'ils fouillent dans ses pièces aujourd'hui – même la baignoire – avec les enfants [34] ». Schlesinger s'inclina et leur amitié fut préservée.

Pour autant, Jacqueline Kennedy n'a jamais négligé ses devoirs vis-à-vis de la postérité. Elle savait que le jour où ces entretiens seraient publiés, après sa mort, c'est elle qui aurait le dernier mot ou presque sur sa vie avec John Kennedy. Et, là encore, elle innovait. En livrant ses souvenirs, elle fut la première épouse de président américain à accepter de se soumettre à des heures d'interviews enregistrées sur sa vie publique et sa vie privée.

Aujourd'hui, alors que tant d'autres se sont emparés de son histoire, écoutons ce qu'elle a à nous dire.

Michael BESCHLOSS

---

avant de lui montrer l'ouvrage (*U.S. News & World Report*, 26 juillet 1999).

34. Jacqueline Bouvier-Kennedy à Arthur M. Schlesinger Jr, note manuscrite, non datée, 1965.

Première conversation

LUNDI 2 MARS 1964

Jackie, quand pensez-vous que le Président a commencé à envisager sérieusement la présidence et à agir en conséquence ? Quand a-t-il commencé à se voir, selon vous, comme un éventuel président ?

Il devait y penser depuis longtemps, bien avant que je fasse sa connaissance. Je me souviens que la première année de notre mariage, je l'ai surpris à Cape Cod discutant dans une pièce avec son père. Tout à coup je suis entrée, et ils parlaient d'un sujet bien précis – la vice-présidence. C'était un an exactement après son élection en tant que sénateur.

En 1953 ?

Oui. Je lui ai demandé : « Tu étais en train de parler de la vice-présidence ? » et il a vaguement ri. C'était son tempérament – il ne s'arrêtait jamais à telle ou telle étape, il mettait toujours la barre plus haut. Alors, évidemment, après cette histoire de vice-présidence, oui, il visait sûrement la présidence [1]. Cela dit

1. Adlai Ewing Stevenson (1900-1965) fut gouverneur de l'Illinois de 1949 à 1953, candidat démocrate aux élections présidentielles de 1952 et de 1956. Lors de la convention des démocrates de 1956 à Chicago, Stevenson rompit soudain avec la tradition en permettant aux délégués de décider eux-mêmes qui devrait être vice-président. Dans la compétition qui s'ensuivit, John F. Kennedy fut vaincu de justesse par Estes Kefauver, sénateur du Tennessee.

Joseph P. Kennedy Jr, Joseph P. Kennedy Sr et John F. Kennedy
arrivant en Angleterre, à Southampton, juillet 1938

à l'origine, il a dû y penser la première fois qu'il s'est présenté pour être sénateur. En tout cas certainement avant que je le rencontre.

Je suis sûr que d'une manière ou d'une autre il a toujours visé la fonction suprême. Est-ce que c'est vrai, comme on l'a parfois écrit, qu'au début, son père, l'ambassadeur, comptait sur Joe pour devenir le grand homme politique de la famille[2] *?*

C'est le genre de lieu commun que tous ceux qui interviewaient M. Kennedy, friands d'anecdotes, lui resservaient toujours à propos de Joe. À vrai dire, je n'ai pas connu Joe. Mais c'est évident, il aurait sûrement aimé faire de la politique, et Jack, qui était tellement proche de lui, n'aurait pas pu se présenter en le talonnant dans le Massachusetts. Peut-être que Jack aurait choisi un parcours littéraire. Mais l'histoire ne dit pas tout. Le jour où Joe est mort, M. Kennedy n'a pas eu de réaction inattendue ni encouragé brusquement Jack sur le mode : « Allez, maintenant à toi de te présenter. » Simplement les choses ont évolué – ils sont rentrés de la guerre...

Cette histoire m'a toujours paru un peu artificielle et facile. Joe était avec moi à Harvard, mais...

J'ai l'impression, d'après ce que j'ai entendu, que Joe manquait d'imagination, comparé à Jack. Il aurait pu être sénateur, mais pas beaucoup plus.

2. Joseph Patrick Kennedy (1888-1969), financier, premier président de la Commission des opérations de bourse, ambassadeur à la Cour de Saint-James avant la Seconde Guerre mondiale, sous l'administration Roosevelt, était père de neuf enfants, dont le trente-cinquième président des États-Unis. Le commentaire de Jacqueline fait référence aux déclarations répétées que Kennedy père formula devant plusieurs journalistes à la fin des années 1950 : à l'origine, il avait décidé que son fils aîné, Joseph Jr (1915-1944), devrait devenir président, mais il avait placé ses espoirs en Jack après que Joe Jr avait été tué durant la Seconde Guerre mondiale.

Certainement, je ne le connaissais pas plus que ça, mais il n'avait pas cette imagination, cette puissance ni cette curiosité intellectuelles. C'était un type extrêmement séduisant, charmant, et il aurait réussi en politique, mais je ne crois pas qu'il aurait été aussi loin que le Président. Kennedy avait donc à l'esprit la vice-présidence avant 1956 ?

Oui, ils en parlaient déjà en octobre-novembre 1953 à Cape Cod. Pourtant le soir où Jack s'est présenté pour la vice-présidence à Chicago, il y est allé à reculons. Il s'est décidé à la dernière minute, quand Stevenson a ouvert la convention, mais ça leur a beaucoup appris pour la Californie, en 1960, parce que personne n'était prêt. Je me souviens, j'étais dans le bureau et Bobby essayait de trouver quelqu'un pour peindre des pancartes[3].

C'est donc quand il est arrivé à Chicago en 1956, mais il n'y allait pas pour...

Non. Il n'y allait pas pour se présenter. Il pensait que Stevenson serait battu s'il avait un catholique sur son ticket. Puis la convention a été ouverte, et je ne sais pas qui a dit : « Lance-toi dans la course. » Ça s'est vraiment passé comme ça.

Il devait quand même avoir l'idée à l'esprit, parce que je me souviens que Ted Sorensen est venu me voir à Cape Cod avant

3. Robert Francis Kennedy (1925-1968) était le cinquième des neuf enfants de Joseph et Rose Kennedy. Juriste, conseiller de plusieurs commissions du Sénat, il dirigea la campagne de son frère en 1960, après quoi le président élu le nomma *attorney general*. Alors qu'il était officiellement à la tête du ministère de la Justice, Robert Francis Kennedy devint au cours du mandat de son frère le principal conseiller du Président et son homme de main pour pratiquement tous les problèmes qu'il eut à affronter. En 1964, après la mort de son frère, Robert Francis Kennedy fut élu sénateur de l'État de New York. Quatre ans plus tard, il fut assassiné alors qu'il était candidat aux primaires démocratiques.

Robert F. Kennedy pendant la campagne sénatoriale
de John F. Kennedy, Massachusetts, 1952

la convention pour en discuter. Je me revois en train de répondre à Ted que j'étais pour et que d'autres personnes de l'entourage de Stevenson étaient pour. Vous vous rappelez que Ted avait fait préparer une note sur le vote catholique[4].

---

4. Theodore Sorensen (1928-2010) était le fils de l'*attorney general* progressiste du Nebraska, d'origine danoise, et de son épouse juive russe. Ted Sorensen entra dans l'équipe de John F. Kennedy en 1953 ; en tant que rédacteur de discours, il contribua à façonner la voix personnelle du sénateur, son rythme martelé, ses formules en contrepoint, sa rhétorique ardente et ces références historiques qui lui valurent tant d'éloges. Plus tard, à la Maison Blanche, Sorensen fut conseiller spécial du Président. Au printemps 1956, Kennedy lui demanda de rédiger et de diffuser un mémorandum montrant combien de voix un colistier catholique pourrait rapporter au « ticket » démocrate en 1956. (Depuis la défaite écrasante

Le sénateur John F. Kennedy lors de la convention démocrate de 1956 à Chicago

Oui. J'avais oublié que c'était à ce moment-là. C'est curieux, et c'est pourquoi j'ai du mal à être cohérente, Jack ne parlait jamais de ses objectifs secrets ni de la moindre manœuvre. Avec lui tout allait très vite – seul comptait ce qu'on faisait chaque jour. À la maison il parlait de ce qu'il avait en tête, de certaines personnes. On dit qu'il ne parlait jamais de poli-

en 1928 d'Al Smith, le seul candidat catholique présenté par un grand parti, beaucoup craignaient que la religion catholique fût un handicap pour un candidat.) Mais Jacqueline Kennedy a raison de dire que son mari n'insista pas ouvertement auprès de Stevenson pour devenir son colistier. Quand le gouverneur de l'Illinois prit la décision étonnante d'ouvrir le « ticket » à tous les candidats, et que Kennedy entra aussitôt dans la course, Joseph Kennedy, alors en vacances au Cap d'Antibes, fut exaspéré de voir son fils se lancer dans une entreprise aussi mal préparée. John F. Kennedy déclara plus tard qu'il était heureux d'avoir perdu, car lorsque Stevenson fut vaincu par Dwight Eisenhower à l'automne suivant, certains démocrates auraient pu attribuer sa défaite à son colistier catholique.

tique avec moi, sauf que c'était son unique sujet de conversation. Mais il n'intriguait jamais pour obtenir tel petit objectif en vous disant quand il comptait y arriver. Soudain vous vous retourniez et vous compreniez ce qui s'était passé et quand.

Vivre avec ce type de personnalité est une expérience unique. Je ne pense pas que ces hommes aient des objectifs qu'ils manœuvrent pour atteindre. Ils ont en eux des forces organiques qui se déploient au fil de leur vie, qui sont implantées en eux, et non qu'ils luttent consciemment pour obtenir. Sinon, ça donne un comportement à la Nixon[5]*, repoussant. Le Président vivait chaque jour avec une telle intensité que l'idée était implicite dans son parcours, à la fois dans son type de pensée et dans sa destinée, plutôt qu'explicite dans son esprit, ou de l'ordre de quoi que ce soit dont il aurait parlé. Quand il a décidé de se présenter à la vice-présidence en 1956, l'occasion se serait donc brusquement imposée à lui ?*

J'étais avec lui à la convention de Chicago, mais j'étais enceinte et je logeais chez Eunice[6], alors que lui était à l'hôtel

5. Richard Milhous Nixon (1913-1994) siégea à la Chambre des représentants de 1947 à 1951, en même temps que John F. Kennedy, avec qui il avait alors des relations cordiales. Nixon était sénateur de Californie lorsqu'il fut choisi par Dwight Eisenhower pour le ticket républicain de 1952. Le 7 novembre 1960, le vice-président Nixon fut vaincu par Kennedy à l'élection présidentielle avec une marge infime de 112 827 voix. Par « comportement à la Nixon », Schlesinger désigne l'ambition flagrante d'un candidat.

6. Eunice Mary Kennedy Shriver (1921-2009) était la sœur de John F. Kennedy. En 1956, elle habitait Chicago avec son mari, Sargent Shriver, président du conseil d'éducation de la ville. Avant son mariage, elle avait partagé une maison avec son frère dans le quartier de Georgetown, à Washington. Infatigable, très pieuse, Mme Shriver œuvra pour l'intégration des handicapés mentaux dans la société et incita toujours Jack à agir davantage pour la cause. (Leur sœur Rosemary [1918-2005] avait été confiée à une institution spécialisée, dans le Wisconsin.) De fait, John F. Kennedy créa la première commission présidentielle sur le retard mental. Joseph Kennedy déclara un jour que si Eunice avait été un homme, elle aurait pu être président.

avec Torb[7]. Je le voyais dans la journée, nous dînions ensemble, mais vous n'imaginez pas la confusion. Il était épuisé, il n'arrêtait pas de travailler. Chaque jour réservait des surprises. La bataille la pire, sur laquelle vous devriez m'interroger plus tard, ça a été pour prendre le contrôle de la législature du Massachusetts. Il s'agissait de mener la délégation du Massachusetts sur place, n'est-ce pas ?

Oui, contre Bill Burke.

Contre Burke, surnommé « Monsieur Oignon[8] ». C'est la seule fois où je l'ai vu vraiment anxieux, incapable de parler

7. Torbert MacDonald (1917-1976) était un ami des Kennedy, capitaine de l'équipe de football de Harvard, l'un des compagnons de chambre de John F. Kennedy à Harvard. Il était marié à Phyllis Brooks, actrice de série B des années 1930. Au Congrès, dans le camp des démocrates, il représenta Malden, Massachusetts, de 1954 jusqu'à sa mort.

8. En 1956, le président du parti démocrate dans cet État était un conservateur exubérant nommé William « Onions » Burke (1906-1975), producteur d'oignon et de tabac, gérant de bar à Hatfield, Massachusetts. Lors de la convention de Chicago, Burke complota pour que la délégation de son État échappât aux mains d'Adlai Stevenson en soutenant le chef de la majorité à la Chambre, John McCormack, de Boston (1891-1980) comme « fils préféré ». McCormack fut ravi, mais John F. Kennedy y vit une véritable gifle. Comme il l'expliqua par la suite, il avait publiquement soutenu Stevenson et voulait tenir ses engagements (Ted Sorensen, *Kennedy*, Paris, Gallimard, 1966, p. 67). Kennedy ne voulait pas faire passer le parti du Massachusetts pour tyrannique, et il redoutait de paraître impuissant aux yeux de son propre État, au cas où Stevenson penserait à lui comme vice-président. En mai 1956, il entreprit d'obtenir l'éviction de Burke en faveur de l'ex-maire de Somerville, Pat Lynch. Le point culminant de cette affaire fut ce que Sorensen appela « une réunion orageuse, avec chahut, bousculades, injures – on faillit presque en venir aux mains » (*ibid.*). Depuis la première élection de Kennedy à la Chambre en 1946, McCormack voyait le jeune tigre comme une menace pour sa domination personnelle, et ses craintes se réalisaient. Burke fut éjecté, et John F. Kennedy prit le contrôle de son parti dans le Massachusetts. Le schisme Kennedy-McCormack divisa les démocrates de cet État jusqu'en 1962, lorsque Edward Kennedy vainquit Edward, le neveu de McCormack, alors président de la Chambre, et obtint le siège de sénateur laissé vacant par John F. Kennedy.

d'autre chose. C'était la grande affaire de ce printemps, de gagner cette bataille. Quoi qu'il en soit, il est allé à Chicago alors qu'il s'était déjà fait un nom, et il a dû avoir un ou deux rendez-vous peu satisfaisants avec Stevenson, puis soudain il y a eu cette soirée. Je me souviens, je suis restée toute la nuit sur place, et Bobby s'est précipité vers moi en me lançant : « On est dans le brouillard. Qu'est-ce qu'on fait pour le Nevada ? » J'étais en train de m'occuper d'enveloppes ou de demander à je ne sais qui de préparer des pancartes, et j'ai timidement répondu : « J'ai un oncle qui vit au Nevada. » Personne n'imaginait que je puisse avoir un parent dans la politique, or cet oncle était très lié à Pat McCarran [9]. Je me suis isolée avec Bobby et je l'ai appelé.

Qui était cet oncle ?

Norman Biltz [10]. Il a toujours fait de la politique au Nevada. Il est marié à la sœur de mon beau-père, Esther.

Norman Biltz est un démocrate ?

Pat McCarran et ce genre de types étaient tous… comment dire… je ne sais pas si je peux qualifier Norman de « louche », parce que je l'adore, en tout cas c'est quelqu'un à connaître dans le Nevada. Bobby m'a dit « d'accord » parce qu'ils n'avaient pas prévu le Nevada pour Jack, or le lendemain tous les votes du Nevada étaient en faveur de Jack.

---

9. Patrick McCarran (1876-1954) fut sénateur démocrate du Nevada de 1933 à sa mort en 1954. Ennemi de tout communiste potentiel au gouvernement, admirateur du dictateur espagnol Francisco Franco, il exerçait dans son État une influence bien supérieure à celle qui est ordinairement associée à son seul titre.

10. Norman Biltz (1902-1973) était surnommé « le duc du Nevada ». Ce républicain qui comptait de nombreux amis parmi les démocrates était l'un des plus puissants magnats et des plus grands propriétaires immobiliers de son État.

[*Schlesinger rit.*] Ce jour-là j'ai compris qu'il voulait se présenter pour la vice-présidence.

C'est bien ce que je pensais. Je me souviens du moment où Stevenson a ouvert la convention, Ted ou un des membres de l'équipe du Président m'a contacté à propos de différents points, je suis sûr que c'était dans l'esprit de plusieurs personnes. Jusque-là l'idée avait été mise en sourdine, et tout à coup elle a été relancée. Mais parlons de la bataille contre Bill Burke. Kenny et Larry [11] *étaient bien dans la bataille, n'est-ce pas ?*

Je crois, oui.

Si, ils l'étaient. Mais aucun ne faisait encore parti de l'équipe du Sénat.

C'est ça. Kenny m'en a parlé il y a tout juste deux semaines. Jack voyageait beaucoup à cette époque, mais je me souviens que tous les soirs ça discutait. Je me rappelle que la veille de son mariage, Jean [12] est venue dîner chez nous, mais à ce moment-là Jack était très occupé dans le Massachusetts. Pendant le dîner il n'arrêtait pas de s'agiter et de bavarder avec son père, Bobby, Torb, tout le monde. Toujours à ce propos,

11. Kenneth O'Donnell (1924-1977), fils de l'entraîneur de l'équipe de football de l'université Holy Cross. À Harvard, il avait été compagnon de chambre et membre de l'équipe de football de Robert Kennedy. Pendant la Seconde Guerre mondiale, il fut pilote de bombardier en Angleterre. Depuis la campagne sénatoriale de John F. Kennedy en 1952, c'était un membre clef de la « mafia irlandaise », le cercle des collaborateurs de Kennedy, en tant que *appointments secretary.* Lawrence O'Brien (1917-1990), de Springfield, Massachusetts, participa aux campagnes sénatoriale et présidentielle de John F. Kennedy, puis fut agent de liaison avec le Congrès.

12. Jean Ann Kennedy Smith (1928-) était la plus jeune sœur de John F. Kennedy. Son mari, Stephen Edward Smith (1927-1990), sut gérer habilement les finances de la famille Kennedy et servit les trois frères Kennedy comme stratège politique et comme médiateur en coulisses.

Le sénateur Kennedy avec Kenny O'Donnell, 1960

c'était son obsession, parce que ça allait se savoir. Jean s'est mariée le 6 mai et le vote a lieu quelques jours plus tard. C'est la seule fois de ma vie où j'ai trouvé Jack un peu léger. En même temps je le comprenais, il était soucieux. Tout le monde a levé son verre en l'honneur de Jean et il a eu un mot touchant pour elle. Mais il ne parlait que de la bataille à venir. Il n'avait que ça en tête, jamais je ne l'ai vu dans un tel état, ni pendant la première crise de Cuba, ni pendant la seconde [13], ni avant l'élection présidentielle. Au contraire, quand je pense à quel point il était calme ce soir-là, alors qu'on ne savait pas quel serait le résultat !

Je me doute que la bataille a dû être un moment très critique. C'était la première grande épreuve de force au sein du parti. Kenny me l'a plus ou moins laissé entendre. Il me disait souvent : « Untel était pour nous dans la bataille contre Burke », autrement dit, nous lui pardonnons tout le reste. Ou l'inverse : « Untel était contre nous dans la bataille contre Burke. » C'était devenu le seul critère. Des années plus tard, au cours des années présidentielles, ils s'en souvenaient tous encore.

Je me rappelle, tout ça me fascinait. À peine revenue de mon voyage de noces, on m'a embarquée à Boston pour que Patsy Mulkern, surnommé « la poupée de porcelaine » parce qu'il avait été boxeur professionnel, m'enregistre comme démocrate. Il m'a traînée dans la rue en m'expliquant que serrer des « paluches », ça voulait dire serrer la main des gens. Il y avait un autre type du côté de Burke, un certain Grenara, surnommé « le Juteux ». Tous ces noms, ce monde, ça m'intriguait aussi… Mais le soir nous allions dîner au Ritz. [*Jacqueline et Schlesinger rient.*] Nous faisions tout le temps nos valises, nous bougions, puis soudain nous allions deux jours à New York. Nous avons eu une maison à nous au bout de quatre ans de mariage seulement.

À Georgetown ou à McLean ?

---

13. Termes utilisés par de nombreux membres du cercle Kennedy pour désigner la tentative d'invasion de la baie des Cochons en 1961 et la crise des missiles de Cuba en 1962.

Vous avez raison. Nous en avons eu une, pendant trois ans, à Hickory Hill [14]. Mais à l'époque nous louions de janvier à juin, ensuite nous nous installions chez ma mère, en Virginie, pour l'été, parce que nous sommes restés sans enfants pendant quatre ans. Nous passions donc l'été chez elle, allant éventuellement à Cape Cod le week-end, puis en automne, chez son père... La vie chez les beaux-parents, vous voyez ce que je veux dire. Ensuite dans son appartement à Boston ou à New York pour deux ou trois jours. Une vraie vie de nomade. Et après Noël ou autre, on filait quelques jours en Jamaïque ou ailleurs. Quel rythme, quand j'y pense, jamais seuls, toujours en mouvement.

En politique, on n'est jamais seul. C'est terrible.

Plus tard, quand Teddy s'est marié et s'est acheté une maison, Jack m'a demandé : « Mais quel était mon problème ? Pourquoi est-ce que je n'ai pas acheté de maison plus tôt ? » Moi non plus je n'y avais pas pensé. Jusqu'au jour où nous avons acheté Hickory Hill, mais au fond c'était une erreur parce que c'était trop loin de Washington. C'était l'année qui a suivi les problèmes de dos de Jack [15]. Je pensais qu'il pourrait se reposer le week-end. Nous en avions discuté au moment de l'acheter. Là encore, ça montre qu'il ne me disait pas grand-chose, parce qu'une fois la maison achetée, il partait tous les week-ends. Ensuite, après avoir perdu mon bébé – j'avais prévu une nursery et tout ce qu'il fallait dans la

14. Cette propriété située à McLean, Virginie, fut brièvement occupée par George McClellan, commandant en chef de l'armée de l'Union pendant la guerre de Sécession. Jacqueline et son mari la vendirent à Robert et Ethel Kennedy en 1956 pour 125 000 dollars, le prix qu'ils avaient eux-mêmes payé. Par rapport à Georgetown, le trajet jusqu'au Capitole était considérablement ralenti par la circulation.

15. Allusion à l'opération chirurgicale que John F. Kennedy dut subir en 1954.

maison –, je n'avais plus le courage d'y rester. C'est là que nous avons déménagé [16]. L'année suivante nous avons loué une maison sur P Street, puis il y a eu Caroline et la maison que nous avons achetée en 1957 [17].

Certaines personnes estiment, et je l'ai moi-même écrit, que son opération et ses problèmes de dos ont été un tournant. Je me suis toujours demandé s'il fallait y voir un parallèle avec Franklin Roosevelt, un signe.

Je ne pense pas. C'est trop facile. Max Freedman [18] m'a demandé : « De quand datez-vous sa détermination à y aller ? » Franchement j'étais exaspérée. Il a toujours été déterminé. L'hiver de son dos a été un cauchemar. Il devenait fou, à force de rester allongé, avec des douleurs, des élancements, de se retourner d'un côté et de l'autre toutes les vingt minutes ou presque. Dès qu'il commençait à marcher avec des béquilles, une des béquilles cassait, et c'était reparti. C'est là qu'il a commencé à écrire le livre qu'il avait en tête depuis

16. Le 23 août 1956, Jacqueline donna naissance à son premier enfant, une fille, mort-née. Son mari voulait une famille nombreuse et, par rapport aux sœurs et aux épouses Kennedy qui devenaient mères sans grand effort apparent, sa difficulté à enfanter fut une source de frustrations qui ne put manquer d'affecter son moral, son couple et sa capacité à accompagner fréquemment son mari au cours de ses déplacements pendant la campagne présidentielle de 1960, puis en tant que Première Dame. La naissance de ce premier enfant mort-né, au bout de trois ans de mariage, et la mort de leur fils prématuré, Patrick Bouvier Kennedy, deux jours après sa naissance le 7 août 1962, furent d'autant plus pénibles pour le couple Kennedy.

17. Les Kennedy achetèrent cette maison de brique rouge à deux étages, située au 3307 N Street, dans Georgetown (Jacqueline l'appelait « ma chère petite maison un peu penchée sur le côté » ; Gordon Langley Hall et Ann Pinchot, *Jacqueline Kennedy*, Frederick Fell, 1964, p. 141) et y vécurent jusqu'à leur départ pour la Maison Blanche.

18. Max Freedman (1914-1980) était correspondant à Washington du quotidien britannique *The Guardian*.

Le sénateur Kennedy sur une civière, accompagné par Robert Kennedy et Jacqueline Kennedy, New York, décembre 1954

longtemps – il pensait à Edmund Ross [19] dont il m'avait parlé un ou deux ans avant comme l'exemple type du profil d'homme courageux. Cet hiver-là il s'est mis à faire des recherches sur d'autres personnalités, assez pour en faire un livre. Donc, il n'y a pas eu de tournant. Il a simplement surmonté cet épouvantable hiver, malade, et écrit ce livre.

Ses problèmes de dos le menaçaient depuis quelque temps.

Oui, ils ne faisaient qu'empirer. L'année qui a précédé notre mariage, quand nous sortions ensemble, la moitié du temps

19. Edmund G. Ross (1826-1907), sénateur républicain du Kansas, figure dans *Le Courage dans la politique* (ouvrage publié en 1956, dans lequel John F. Kennedy évoque la personnalité de huit sénateurs) parce qu'en 1868, sa voix se révéla décisive contre la procédure d'*impeachment* dont faisait l'objet le président Andrew Johnson. Ce vote coûta à Ross sa réélection.

il avait des béquilles. De même, quand j'allais le rejoindre en campagne. J'ai plus de souvenirs de lui avec que sans béquilles. Après notre mariage, ça allait mieux, jusqu'au moment où il avait un pépin. Il avait un problème de dos depuis l'université, suivie par la guerre. Il avait eu une opération des disques dont il n'avait pas besoin, du coup ses muscles s'étaient affaiblis et provoquaient des spasmes. C'est ce qui lui faisait tellement mal. Il a fallu attendre cette seconde opération du dos pour que le pauvre médecin qui le suivait, Ephraim Shorr [20], lui avoue : « À présent, je peux me permettre de vous dire ce que je n'osais pas parce que je pensais que ce n'était pas correct vis-à-vis du Dr Wilson », celui qui l'avait opéré. Ça m'a rendue folle de rage de voir que les médecins préfèrent laisser les gens souffrir et ne rien dire plutôt que de heurter les sentiments d'un collègue parce que c'est un éminent professeur. Cela dit, le Dr Shorr en a profité pour lui parler du Dr Travell [21], une femme qui vivait à New York et avait fait des miracles. Jack est allé la voir. Elle lui a prescrit de la Novocaïne contre les spasmes. Le fait est qu'elle l'a remis sur pied. Et sa vie a été transformée.

Si je comprends bien, l'opération de 1955 n'était pas nécessaire [22] *?*

Pas plus nécessaire qu'elle ne le serait pour vous là, maintenant. C'était même criminel. Mais vous les connaissez, ces

20. Ephraim Shorr (1896-1956) était endocrinologue dans un hôpital new-yorkais. Philip Wilson (1886-1969), ex-camarade de classe du père de John F. Kennedy, était chirurgien chef à l'Hôpital de chirurgie spéciale, où l'opération eut lieu.

21. Janet Travell (1901-1997) devint par la suite le médecin de John F. Kennedy à la Maison Blanche, la première femme à remplir ces fonctions.

22. L'opération que subit John F. Kennedy pour fusion vertébrale eut lieu le 21 octobre 1954, avec insertion d'une plaque métallique pour soutenir la colonne lombaire. Au mois d'août, les médecins de la Lahey Clinic l'avaient mis en garde : sans opération de ce genre, il risquait de perdre l'usage de ses jambes, et pour quelqu'un comme John F. Kennedy

spécialistes des os qui analysent les radios. Et n'oubliez pas que Jack devenait fou tellement il souffrait. Avant d'intervenir ils ont eu le culot de lui dire : « Nous ne sommes pas sûrs que l'opération soit utile. » Je me revois en train de discuter avec Jack et son père, quand tout à coup il a déclaré : « Je m'en fous. Je ne peux pas continuer comme ça. » Il y avait une chance sur mille, mais il préférait prendre le risque. Je n'ose pas imaginer ce qui se serait passé s'il n'y avait pas eu le Dr Travell à ce moment-là. Plus tard, il est devenu clair qu'il fallait qu'il muscle son dos en faisant de l'exercice. Or elle ne voulait pas qu'il arrête la Novocaïne, qui à ce stade-là ne servait plus à rien. C'est à l'époque où nous étions à la Maison Blanche. Mais sur le moment, elle lui a changé la vie.

Quand est-ce qu'elle arrive exactement ? en 1956 ?

Non. Quand est-ce qu'il a eu ses problèmes de dos ?

En 1955.

---

qui souffrait d'insuffisance surrénalienne, l'opération pouvait entraîner une infection mortelle. Ce fut d'ailleurs le cas, et le sénateur fut plongé dans le coma. L'extrême-onction lui fut administrée. En février suivant, les médecins craignant que la plaque ne fût infectée recommandèrent une seconde opération pour l'enlever et pour procéder à une greffe osseuse sur sa colonne vertébrale ; Jackie voulut alors obtenir un deuxième avis médical, mais ils l'en dissuadèrent. La seconde opération infligea à son mari trois mois de souffrances et de dépression pendant sa convalescence à Palm Beach ; elle regretta de ne pas s'être opposée aux docteurs. Après la première opération, alors que John F. Kennedy luttait contre la mort, elle l'avait entendu l'appeler, mais elle n'avait pas le droit d'entrer dans sa chambre. Elle décida que cela ne se reproduirait plus jamais. Le 22 novembre 1963, à Dallas, quand une infirmière du Parkland Hospital voulut l'empêcher d'entrer dans la chambre où son mari recevait des soins désespérés, Jackie répliqua : « J'entrerai dans cette salle… » (William Manchester, *Mort d'un président : 20-25 novembre 1963*, trad. J. Perrier, Paris, Robert Laffont, 1967, p. 209), et elle entra, ce qui lui permit d'être avec son mari lorsqu'il décéda.

Octobre – non, c'était en octobre 1954.

L'opération a eu lieu au cours de l'hiver 1954-1955.

Oui, et il est retourné au Sénat en juin 1955. Donc elle a dû arriver autour de juin 1955. Il a dû faire un effort considérable pour aller à pied au Sénat ce jour-là, et revenir. Après, quand il rentrait, nous allions à l'hôtel Capitol Arms[23], à deux pas du Capitole, où il avait un lit d'hôpital. Il marchait jusqu'au Sénat, superbe, bronzé, avec son costume gris, puis il rentrait et allait s'allonger sur ce lit d'hôpital.

Une des phrases les plus terrifiantes que j'ai jamais lues, c'est dans l'introduction de Bobby à son livre, Le Courage dans la politique[24] *: « la moitié de ses jours sur cette terre dans la douleur ». Quand il était à la Maison Blanche, çà et là quelqu'un remarquait qu'il faisait un geste pour attraper quelque chose et soudain il s'arrêtait ou se rétractait. Il évitait de passer trop de temps debout. Il était d'un stoïcisme absolu. Il n'en parlait jamais ?*

Jamais – quand on pense au nombre de gens hypocondriaques ou qui se lamentent. Il n'aimait pas qu'on lui demande des nouvelles de sa santé. Ça se voyait, quand il ne se sentait pas bien – il fallait intervenir, l'allonger sur un lit, faire quelque chose. Il n'était pas irritable, mais il n'aimait pas en parler et il faisait un effort délibéré pour se changer les idées en invitant des amis à dîner, en discutant, en allant au cinéma… tout plutôt que d'avoir à rester assis et souffrir.

---

23. Le Carroll Arms Hotel se trouvait en face du bâtiment où John F. Kennedy avait son bureau, The Old Senate Office Building (aujourd'hui connu sous le nom de Russell Senate Office Building).

24. Robert F. Kennedy rédigea la préface d'une édition posthume du livre de son frère, publiée en 1964.

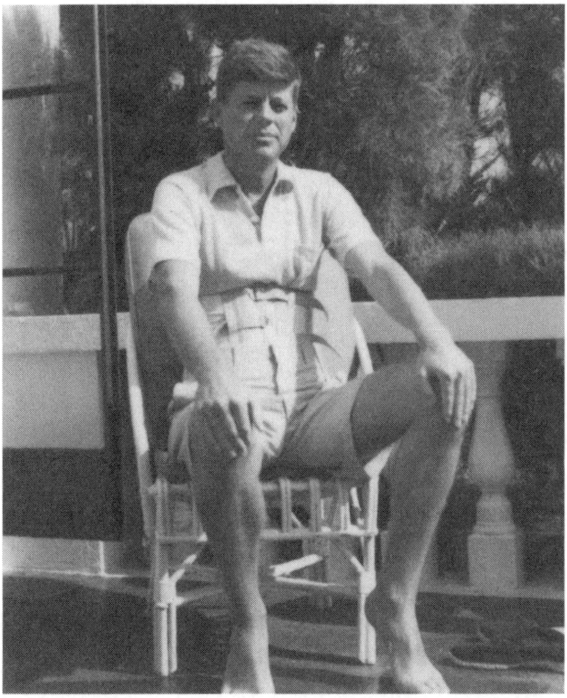

Le sénateur Kennedy en convalescence à Palm Beach, Floride, 1955

Ça l'a empêché de faire du sport, notamment de la voile...

Un mois avant notre mariage, nous avons monté à cru à Newport, sur deux vieux chevaux de labour, et nous avons galopé autour du terrain de golf. Pendant notre lune de miel, nous avons joué au golf. Ça l'empêchait de faire du sport par périodes, ensuite il s'y remettait. À Georgetown, au cours de ce fameux printemps, il jouait souvent au baseball avec les sénateurs[25]. Et au *touch football*, sauf qu'il ne pouvait pas se précipiter pour toucher la balle. Il l'attrapait, la passait, et courait un peu.

25. John F. Kennedy jouait dans un parc de Georgetown avec des collègues du Sénat.

J'imagine que quand il était plus fatigué, la douleur empirait. Ou est-ce qu'elle était imprévisible ?

Imprévisible. Mais elle pouvait aussi arriver quand il était fatigué. Ou parce que je ne sais quoi d'inattendu la provoquait. Il montait à cheval et tout allait bien. Puis soudain le geste tout bête de lâcher une pile de papiers et de se pencher pour les ramasser la déclenchait.

C'est ce qui me frappe le plus, quand je pense à la phrase de Bobby – alors que c'est la dernière idée qui viendrait à l'esprit à son propos –, c'est qu'il dégageait une joie, une vitalité extraordinaires. Vu cette douleur qui ne le lâchait pas, c'était une formidable victoire spirituelle, une victoire psychologique.

C'est vrai. À ce propos, un jour je lui ai demandé s'il pouvait faire un vœu, s'il pouvait revenir sur sa vie, quel serait ce vœu. Voilà ce qu'il m'a répondu : « Je regrette de ne pas avoir connu plus de moments heureux. » J'ai trouvé sa réponse d'autant plus émouvante que je le considérais toujours comme le personnage prestigieux que j'avais épousé quand il avait trente-six ans. Il avait beaucoup voyagé en Europe, il s'était amusé, les filles, les boîtes... Évidemment il en avait profité, mais il avait beaucoup souffert, et puis ce tourbillon fou, ces épouvantables années à faire campagne, toujours avec Franck Morrissey[26], à se nourrir de *milk-shakes* et de *hot-dogs*. [*Chuchotements pour savoir s'il faut parler d'« estomac ».*] Il avait aussi des problèmes d'estomac, qui le faisaient beaucoup souffrir. Toute sa famille a le même problème. L'estomac Kennedy. C'est évidemment lié à un problème de nerfs.

26. Francis X. Morrissey (1911-2008) de Charlestown, Massachusetts, fils de docker qui suivit des cours du soir, participa aux campagnes de John F. Kennedy pour la Chambre et le Sénat, et fut nommé juge municipal à Boston.

Pendant qu'il faisait campagne, ces problèmes continuaient-ils et se contentait-il de...

Oh, oui. Je vous l'ai dit, il faisait campagne avec des béquilles. C'était pathétique de le voir grimper les marches d'un avion, d'une estrade ou de je ne sais quoi avec ses béquilles, il avait l'air si vulnérable. Mais une fois qu'il y était arrivé, là-haut, debout sur le podium, il maîtrisait parfaitement la situation.

Que pensait-il du Massachusetts tel qu'il est évoqué dans La Dernière Fanfare[27] *? Manifestement il aimait ça et il y trouvait un vrai plaisir.*

Il aimait, oui, comme il aimait écouter Teddy raconter des histoires sur « Honey Fitz[28] ». Il adorait les anecdotes au sujet de son grand-père. Maintenant que les gens commencent à vouloir écrire des livres sur lui, Kenny, Dave[29], tous me demandent : « Pourquoi est-ce Sorensen et Schlesinger qui devraient écrire un livre ? Ils ne toucheront jamais

27. *La Dernière Fanfare* (1956), du romancier et journaliste bostonien Edwin O'Connor, évoquait la vieille politique irlando-américaine de sa ville et fut adapté au cinéma en 1958, avec Spencer Tracy.

28. John Francis Fitzgerald (1863-1950) était le grand-père maternel de John F. Kennedy, qui lui doit son deuxième prénom. Il fut brièvement représentant du Massachusetts au Congrès, puis premier maire irlando-américain de Boston, connu pour son interprétation de la chanson « Sweet Adeline ». En 1946, le soir où John F. Kennedy fut élu à la Chambre, « Honey Fitz » dansa une gigue irlandaise et prédit que son petit-fils serait un jour Président. Kennedy admirait l'ascension sociale des politiciens de la génération de son grand-père et en appréciait les récits folkloriques, mais sa propre personnalité était tellement différente que, dans son État, certains le surnommaient « le premier brahmane irlandais » (on surnomme « brahmanes » les austères descendants des vieilles familles de Boston).

29. David Powers (1912-1998) était un autre Irlando-Américain de Charlestown, jovial et imperturbable, qui travailla avec John F. Kennedy pendant cette première campagne à la Chambre, puis resta avec lui toute sa vie, comme ami, conteur, compagnon de voyage et homme à tout faire.

Le président Kennedy et Dave Powers, 1961

ses proches. Pourquoi personne n'écrit un bouquin pour les pauvres Irlandais fraîchement débarqués[30] ? » [*Schlesinger rit.*] Je vous promets, ils estiment que Jack leur appartient. Sauf qu'il n'était pas de leur monde. Maintenant qu'il est mort et que je vois tous ces gens venir à moi, je comprends

30. Ces Irlandais étaient surnommés *three-deckers*, du nom des immeubles bostoniens à trois étages connus pour accueillir les immigrés récemment arrivés, les ouvriers et leurs descendants, les Irlando-Américains en particulier, comme Morrissey et Powers.

que c'est un peu comme s'il appartenait à chacun, et que lui aimait chacun, à l'image de l'amour infini d'une mère pour ses enfants. Il aimait les Irlandais, il aimait sa famille, il aimait les gens comme vous et Ken Galbraith [31]. Il nous aimait, ma sœur et moi, dans un monde qui n'avait rien à voir avec la politique, dont il avait besoin pour son plaisir, pour se détendre. Il nous aimait tous. Je n'ai jamais été jalouse. Il compartimentait sa vie, mais ce qu'il y a de merveilleux, c'est que chacun dans chaque compartiment était prêt à mourir pour lui. Ensemble nous aimions tout le monde parce que tout le monde m'aimait – les gens savaient que je les aimerais. C'est aujourd'hui qu'on se rend compte à quel point Jack savait ce qu'il voulait dans chaque domaine de sa vie. Le soir, il n'avait pas envie de voir les gens avec qui il avait travaillé dans la journée. À la Maison Blanche, souvent je lui proposais, « Si nous invitions Ethel et Bobby à dîner ? », parce que j'avais peur qu'Ethel se sente exclue. Mais il n'avait aucune envie de voir Bobby, et vice versa, parce qu'ils avaient travaillé ensemble toute la journée. Du coup nous invitions plutôt des gens qui le détendaient. Nous avions très souvent Charlie Bartlett et les Bradlee [32]. C'était plutôt léger, ces dîners.

Vos soirées étaient les plus réussies auxquelles j'ai assisté. Elles étaient extras, non ? Des filles épatantes, des moments inoubliables.

---

31. John Kenneth Galbraith (1908-2006), né dans l'Ontario, économiste à Harvard et activiste libéral, était surtout connu dans les années 1950 pour son livre *L'Ère de l'opulence*. Il soutint John F. Kennedy en 1960 et devint son ambassadeur en Inde.

32. Charles Bartlett (1921-) était correspondant à Washington pour le *Chattanooga Times*. Avec son épouse Martha, il présenta John F. Kennedy à Jacqueline en 1951 et resta proche du Président. Catholique, Bartlett avait servi dans le renseignement naval, dans le Pacifique, pendant la Seconde Guerre mondiale. Mme Bartlett fut la marraine de John Kennedy Jr. Benjamin Bradlee (1921-) dirigeait l'antenne de *Newsweek* à Washington. Avec son épouse Tony, ils étaient voisins des Kennedy à Georgetown, devinrent bons amis et passèrent de nombreuses heures de loisirs avec les Kennedy à la Maison Blanche et ailleurs.

Les Kennedy avec Ben et Tony Bradlee
dans le salon Ouest de la Maison Blanche

Tout le monde avait de la personnalité. Tout le monde était gai, joli à voir, aimable.

Il y avait un mélange de membres du cabinet et d'amis de New York, et des gens jeunes. Je me donnais du mal pour organiser ces soirées, parce qu'une fois à la Maison Blanche, vous n'imaginez pas la pression, même si je pouvais sortir. Chaque fois que Jack voyait que je faiblissais, il me chassait, plus exactement, il me proposait : « Si tu allais faire un tour à New York, ou voir ta sœur en Italie ? » Il m'a envoyée en Grèce, malheureusement pour une raison triste, cette année-là, parce que je déprimais après avoir perdu Patrick [33].

33. Deux mois après avoir perdu son second fils, né prématurément en août 1963, Jacqueline et sa sœur Lee Radziwill firent une croisière en mer Égée avec Franklin Roosevelt Jr, en tant qu'invités de l'armateur Aristote Onassis.

Régulièrement je me disais : « Flûte, j'ai le droit de m'amuser, d'aller au restaurant à New York ou de m'échapper pour aller chez un antiquaire ou sortir en boîte. » Vous avez entendu parler du *Twist* ? Non pas que vous vous intéressiez aux boîtes, personnellement une fois par an me suffit, mais Jack ne pouvait pas sortir. Alors j'avais pris l'habitude d'organiser ces soirées pour qu'il rencontre des gens amusants, nouveaux, qu'il y ait de la musique, que l'atmosphère soit légère. Il adorait.

Il adorait, oui. Dansait très rarement, mais adorait…

Déambuler autour des invités en tirant des bouffées sur son cigare.

Discuter avec les filles… danser le twist avec Oleg. Ou Steve, ou je ne sais qui[34].

Oui, mais il ne restait jamais longtemps avec quelqu'un. Il voulait voir tout le monde.

Il avait une gamme impressionnante de connaissances et une réelle sympathie pour des gens qui représentaient la totalité du spectre.

Oui, c'était sa plus grande qualité : quel que soit votre sujet d'intérêt, il le partageait. Quand j'ai commencé à m'intéresser au mobilier français, il s'y est mis. Il était très fier de lui, il

34. Oleg Cassini (1913-2006) était un couturier new-yorkais auquel Jacqueline demanda de concevoir l'essentiel de sa garde-robe à la Maison Blanche et qui était également impliqué dans la vie mondaine des Kennedy. Elle lui écrivit qu'elle voulait être habillée « comme si Jack était président de la FRANCE ». Elle ajouta : « Prévoyez de rester dîner chaque fois que vous apporterez vos croquis à Washington » (Oleg Cassini, *A Thousand Days of Magic*, Rizzoli, 1995, p. 29). « Steve » est Stephen Smith.

allait chez Joe Alsop[35] et arrivait à distinguer le Louis XVI du Louis XV. Puis je me suis mise à collectionner les dessins et il voulait tout savoir sur le sujet. Ensuite il s'est pris de passion pour les animaux, les chevaux. À l'époque où je lisais des livres sur le XVIIIe, il me piquait mon bouquin, se plongeait dedans et tout de suite, les maîtresses de Louis XV n'avaient plus de secrets pour lui. Quand je pense aux sénateurs et aux gens des ambassades, la seule chose dont ces hommes me parlaient c'était d'eux-mêmes. Jack, lui, s'intéressait à tout – c'est peut-être parce qu'il est Gémeaux, non ? Un jour, avant notre mariage, je lui ai demandé quelles étaient ses qualités et ses défauts selon lui. Sa plus grande qualité, d'après lui, était la curiosité, ce en quoi il avait raison. Et son défaut le pire, son caractère irascible, sauf qu'avec moi il ne s'énervait jamais. Il voulait dire l'impatience. Il avait horreur de s'ennuyer. Si quelqu'un l'ennuyait, il prenait ostensiblement le journal, mais dans la vie privée il ne s'énervait jamais.

Il n'était pas irascible dans le sens où on l'entend à la Maison Blanche[36]*. De South Boston à Palm Beach en passant par Harvard, il était à l'aise avec tout le monde. Comme vous le disiez, il donnait l'impression à chacun d'être avec lui.*

Oui, et soudain les gens s'intéressaient à la politique. Nous n'avons jamais eu un président aussi universel. C'est un peu

35. Joseph Alsop (1910-1989) était journaliste politique à Washington. Anglophile, cousin de Roosevelt, il était connu pour les réceptions qu'il donnait à Georgetown. En 1960, il soutint John F. Kennedy, « un Stevenson qui a des couilles » (Dallek, *An Unfinished Life*, p. 259). Avec sa nouvelle épouse Susan Mary, descendante de John Jay, il recevait une société très mêlée pendant les années Kennedy ; sa maison était l'une des rares résidences privées où le Président et la Première Dame dînaient, habitude qui démarra lors de la visite impromptue que Kennedy rendit à Alsop durant la nuit de son investiture.

36. Allusion au tempérament volcanique que l'on prêtait au président Johnson.

Mariage de John Fitzgerald Kennedy avec Jacqueline Lee Bouvier,
12 septembre 1953

anecdotique, mais l'autre jour dans le *Washington Post*, je lisais la page « Théâtre ». Alain Delon, ce « jeune premier » français, était interviewé par le critique de théâtre et n'avait qu'un nom à la bouche, Jack, en commençant systématiquement par « nous, les jeunes gens ». C'est fou, ce petit acteur français sexy, si sensible à Jack. Mais c'est vrai, Jack était jeune et aimait tout, l'élégance, les filles, dans le meilleur sens du mot. Il semblait avoir plein de points communs avec ce jeune acteur, de même qu'il avait des points communs avec quelqu'un comme vous. Chacun reconnaissait une partie de lui chez Jack. Avant, la politique, c'était tous ces vieux schnocks qui s'égosillaient le 4 juillet – vous voyez ce que je veux dire –, le côté tellement rasoir de la politique.

Le Président s'est fait la voix mondiale de la jeunesse, de l'intelligence et du goût, et partout les gens l'ont perçu. Il incarnait un mélange incroyable d'idéalisme et de réalisme.

Un jour je lui ai demandé comment il se définirait. Il m'a répondu : « Un idéaliste sans illusions. »

Parfait.

Plus tard quelqu'un m'a interrogée sur lui et c'est ce que j'ai répondu. La formule m'a été attribuée, mais elle est de Jack.

Quand il était sénateur, qui voyiez-vous le plus souvent ?

Rappelez-vous qu'il partait tous les week-ends, il restait donc trois ou quatre jours par semaine, dont deux où il était épuisé, mais c'est là que nous voyions en petit comité les Symington, les Smathers, les Cooper – John Sherman Cooper et Lorraine [37].

37. Stuart Symington (1901-1988), homme d'affaires et patricien de la côte Est, fut sous Truman premier secrétaire de l'Armée de l'air, et

Et Hubert, non[38] *?*

Non, je ne le voyais jamais… Et de temps en temps, Mansfield[39]. L'année précédente, 1960, je me souviens qu'on recevait McCarthy – Eugene McCarthy[40] et deux ou trois autres.

Johnson, jamais[41] *?*

---

sénateur du Missouri de 1953 à 1976. Symington et son épouse Evelyn habitaient à quatre numéros de chez les Kennedy, dans N Street. John Sherman Cooper (1901-1991) était sénateur républicain du Kentucky et avait fait ses études avec Symington à Yale. Avant le mariage des deux couples, Jacqueline et Jack avaient à plusieurs reprises dîné en ville avec l'élégant Cooper et son épouse Lorraine. John et Lorraine Cooper furent également invités au premier dîner que les Kennedy donnèrent chez eux après leur lune de miel. George Smathers (1913-2007) fut sénateur démocrate conservateur de Floride de 1951 à 1969.

38. Hubert Humphrey (1911-1978), sénateur libéral du Minnesota, fut le concurrent de John F. Kennedy lors des primaires du Wisconsin et de Virginie-Occidentale en 1960, mais il se retira après avoir perdu dans les deux cas. Il se plaignit de la pauvreté relative de sa campagne par rapport à ce qu'il considérait comme la prodigalité du camp Kennedy. Après son retrait, Humphrey et John F. Kennedy renouèrent leur vieille amitié.

39. Mike Mansfield (1903-2001) devint sénateur démocrate du Montana en 1953, et fut leader de la majorité de 1961 à 1977. Homme droit et calme, Mansfield avait joué au baseball avec John F. Kennedy et d'autres sénateurs au début des années 1950. Une des raisons pour lesquelles Kennedy était heureux d'avoir Lyndon Johnson pour vice-président était que son leader au Sénat ne serait pas l'impétueux Texan mais le loyal Mansfield. Quand Mansfield se retira du Sénat, il déclara que de tous les présidents qu'il avait connus, Kennedy était « le meilleur du lot ». Honorant la connaissance de l'Asie qu'avait Mansfield, deux présidents le nommèrent par la suite ambassadeur au Japon.

40. Eugene McCarthy (1916-2005) fut sénateur du Minnesota de 1959 à 1971. Il n'aimait guère John F. Kennedy, qu'il jugeait intellectuellement inférieur à lui, et lors de la convention de 1960, il prononça un discours passionné en faveur de Stevenson. Kennedy soupçonnait McCarthy de vouloir en réalité l'arrêter dans son élan pour que Lyndon Johnson l'emportât.

41. Lyndon Baines Johnson (1908-1973) fut représentant, puis sénateur du Texas, et chef de la majorité au Sénat avant que Kennedy ne le choisît comme colistier à Los Angeles en 1960. Le 22 novembre 1963,

Jamais.

Vous avez mentionné la convention de Chicago, et deux rendez-vous peu satisfaisants avec Stevenson. Les relations Stevenson-Kennedy ont toujours été un mystère et une légère source de regret à mes yeux. Si le Président avait jeté un regard plus serein sur Stevenson, il l'aurait apprécié. Stevenson peut dégager un charme immense, mais je ne sais pas pourquoi, il se figeait et devenait un peu affecté face au Président.

Avec le recul, peut-être, mais Stevenson a très souvent laissé tomber Jack alors qu'il a travaillé dur pour lui. Stevenson s'est mal comporté avec lui pendant la convention. Je suis sûre que Stevenson était jaloux de Jack, mais je me dis ça à propos de beaucoup de gens...

C'est vrai. Stevenson était profondément jaloux parce qu'il sentait que le Président allait lui ravir non seulement la nomination, mais beaucoup de ses supporters. En 1956, à mon avis, c'était en partie un problème de génération, Stevenson avait quinze ans de plus[42].

Peut-être, mais j'ai plutôt vu la jalousie des autres une fois Jack président. Par exemple, je pense à Scotty Reston[43]. Un de ses proches m'a dit qu'il ne supportait pas de voir quelqu'un de plus jeune, ou de son âge, président. *Idem* pour Dean Acheson[44]. Sans compter la jalousie de ceux de son

après l'assassinat du président Kennedy, Johnson devint le trente-sixième président des États-Unis.

42. Dix-sept ans, en réalité.

43. James « Scotty » Reston (1909-1995) était correspondant du *New York Times* à Washington ; il contribua beaucoup à façonner l'opinion politique de la côte Est.

44. Dean Acheson (1893-1971), secrétaire d'État de Harry Truman, joua un rôle central à son époque. Il était sceptique face à John F. Kennedy ; comme Truman, il le trouvait trop jeune et inexpérimenté pour être président.

âge. Vous imaginez ? Vous avez le même âge et vous êtes coincé derrière un petit bureau d'employé de banque ou condamné à traîner au bar de Bailey's Beach [45], vous vous sentez forcément minable face à la réussite de Jack. Oui, il suscitait beaucoup de jalousie et d'amertume, et ce sont ces gens qui lançaient des rumeurs malveillantes. Stevenson a été horrible avec Jack pendant la convention de 1960. Quand Jack lui a demandé – ou est-ce que c'était aux primaires de l'Oregon ? – de se déclarer pour lui ou de se retirer [46]. Il n'arrêtait pas de l'interroger depuis le début du printemps. Stevenson lui a répondu qu'il ne pouvait pas pour une question de loyauté vis-à-vis de Lyndon Johnson, soi-disant.

C'est vrai. Je jouais le rôle d'intermédiaire. Nous étions un certain nombre d'intermédiaires, à mon avis. Je suis allé voir Stevenson deux fois au nom du Président au cours de l'hiver et du printemps. Il m'a expliqué qu'en 1959 il avait dit à Lyndon Johnson qu'il ne se déclarerait pour aucun candidat, or il fallait qu'il tienne parole vis-à-vis de Johnson.

Je me souviens qu'un soir Jack est rentré, pas vraiment grossier, mais avec son espèce de ricanement, en m'annonçant la réponse de Stevenson. Il m'a fait part d'une remarque très désobligeante que Johnson lui avait lâchée la veille au sujet de Stevenson. Il se demandait : « Jusqu'où ira la bêtise de ce type ? » Mais Jack savait qu'il emporterait la nomination.

À mon avis, Stevenson, même s'il ne l'aurait jamais avoué, attendait qu'ils arrivent dans une impasse de façon à être le seul

45. Club très exclusif de Newport, fréquenté par la mère et le beau-père de Jacqueline, symbole à ses yeux de ce petit monde coupé du reste du pays, par rapport auquel elle avait pris ses distances.

46. Dans l'espoir d'être choisi comme président lors de la convention de 1960, Stevenson avait refusé de dire qu'il déclinerait la nomination, au cas où on la lui proposerait.

candidat présidentiel. Je doute qu'il ait eu envie de se présenter pour la vice-présidence. Nous qui l'avions soutenu en 1952 et en 1956, nous l'interrogions pour savoir s'il serait candidat. Il répondait non, ce qui me libérait de toute obligation. Mais pendant toute cette période, il suffisait de gagner deux fois pour espérer.

Oui, c'était dur pour lui. Quand même, il n'a jamais eu ni l'ampleur ni la profondeur de Jack. Je le vois bien aujourd'hui.

Je ne sais plus qui a dit que Stevenson était un Grec et Kennedy un Romain.

Non, Kennedy un Grec et Stevenson un…

Kennedy d'Athènes et Stevenson de Thèbes[47].[Il rit.]

[*Rires.*] Finalement il n'était pas mal, Stevenson. En politique, c'est la première fois que quelqu'un prenait la parole et qu'on

47. Au printemps 1964, Jackie fut très influencée par la lecture de l'ouvrage à succès de l'helléniste Edith Hamilton, *The Greek Way.* Au printemps suivant, après avoir étudié la première version du livre de Schlesinger *Les Mille Jours de Kennedy*, elle lui écrivit : « Vous vous rappelez, lors de nos conversations, j'ai contesté votre remarque selon laquelle Adlai était un Grec et John F. Kennedy un Romain. […] Si nous laissons Adlai en dehors de tout ça […] je sais ce qu'il a apporté à la politique américaine en 1952, mais par la suite il a certainement montré beaucoup de faiblesses et de regrettables fautes de caractère – vous pouvez le présenter comme un homme merveilleux si vous voulez – mais ne dites pas que John F. Kennedy était un Romain. […] Lyndon est un vrai Romain, un empereur antique ; [le gouverneur républicain du Michigan, George] Romney en est peut-être un autre […]. Ne pouvez-vous pas dire que c'était un Grec et Adlai un Égyptien, ou laisser Adlai de côté et dire simplement que c'était un Grec ? » (Jacqueline Bouvier-Kennedy à Schlesinger, 28 mai 1965. Le brouillon de cette lettre fut vendu aux enchères en 2009). Après avoir terminé sa lettre à Schlesinger, Jacqueline la déchira en deux et lui en écrivit une moins agressive sur le même sujet.

pouvait l'écouter, la première fois que quelqu'un a donné un petit côté intellectuel à la politique.

Il a contribué à préparer le terrain, à débloquer la situation, et le Président est arrivé un peu comme l'apothéose.

Parfois Stevenson n'arrivait pas à prendre une décision, ou fouillait dans ses petits papiers, prenait soigneusement une note tapée à la machine et la recopiait à la main parce qu'il était très fier qu'on dise qu'il écrivait tous ses discours… le pauvre. C'est un peu triste. Jack a obtenu tout ce dont il rêvait dans sa vie, alors ça doit être désolant de ne pas y arriver [48].

C'est triste, oui. Après la convention de 1956, le Président était très soulagé. Plus tard, il a beaucoup dit à quel point il était content.

C'est drôle. Je me rappelle que je suivais la convention avec Michael Forrestal [49]. Je m'étais levée pour aller prendre un Coca-Cola caché sous les sièges, et quand je suis revenue, soudain la course a démarré, tous les tableaux et les numéros se sont mis à changer. Je me suis cognée contre Michael Forrestal qui m'a empoignée pour m'emmener devant un stand Westinghouse et nous avons tout suivi sur un écran de

48. Pendant ces années, Stevenson parvint à établir des relations correctes avec la Première Dame, ce dont il fut incapable avec le Président, auquel il reprochait de lui avoir refusé ce qu'il considérait comme son dû en politique, à commencer par la présidence, puis le Département d'État. Jacqueline éprouve désormais le mépris de son mari pour Stevenson.

49. Michael Forrestal (1928-1989) était un ami de la famille, et le fils du premier secrétaire à la Défense James Forrestal, pour qui John F. Kennedy avait brièvement travaillé en 1945, un juriste new-yorkais, plus tard membre du Conseil de sécurité nationale de Kennedy, spécialiste de l'Asie du Sud-Est.

télévision. Ensuite nous sommes allés dans la chambre de Jack, au Stockade Inn, si je me souviens bien.

Le Stockyards Inn[50].

Il était découragé, comme dans toute bataille, défait. Ensuite nous sommes rentrés en avion, je ne me rappelle plus si c'était le jour même ou le lendemain, heureusement il avait repris courage – simplement il était épuisé.

Plus tard, après 1956, quand il s'est présenté au Sénat en 1958, il était clair qu'il comptait se présenter à la présidentielle de 1960.

Peut-être, mais il ne m'a jamais dit : « Je vais me lancer dans la course à la présidence », ni le contraire. Les choses avançaient, c'est tout. Mais bien sûr qu'il comptait se présenter. Après la convention il est allé retrouver son père en Europe et se reposer quelques jours dans le sud de la France. Mais j'ai perdu mon bébé et il est revenu deux semaines à Newport[51]. Ensuite nous sommes rentrés à Hickory Hill, tout en cherchant une autre maison, mais il était tout le temps en déplacement. Tout l'hiver, il a été en déplacement. Alors évidemment, le fait de parler, parler, tout le temps parler, oui, j'imagine qu'il a pris sa décision à ce moment-là.

J'ai compris quand je l'ai vu déterminé à gagner les sénatoriales du Massachusetts de 1958 avec la plus grande avance possible[52].

---

50. Cet hôtel de Chicago, qui accueillait régulièrement des congrès, s'appelait en réalité le Stockyard Inn, et était situé face à l'International Amphitheatre, où se réunissaient les délégués.

51. La mère et le beau-père de Jacqueline passaient leurs étés à Hammersmith Farm, à Newport. Les Kennedy occupaient parfois cette résidence, voisine d'une station navale et plus calme que les maisons de famille de Hyannis Port, en guise de « Maison Blanche d'été ».

52. John F. Kennedy était candidat à la réélection comme sénateur en 1958. Il avait envie de gagner avec une marge si considérable que cela lui fournirait une bonne avance pour la course à la présidentielle de 1960.

John F. Kennedy en campagne pour sa réélection au Sénat, avec Jacqueline Kennedy et Edward M. Kennedy

Il était certain de l'emporter, il n'avait donc pas vraiment besoin de faire campagne, pourtant il s'y est énormément investi.

Le jour où nous sommes revenus d'Europe, nous étions sur un bateau et quelqu'un est venu nous voir pour nous annoncer le résultat d'un sondage sur les chances de Foster Furcolo [53]. C'est possible ? Les sondages pour Jack n'étaient pas

53. Foster Furcolo (1911-1995) fut gouverneur démocrate du Massachusetts de 1957 à 1961. Kennedy avait pour lui si peu d'estime que si Furcolo avait obtenu la nomination démocrate contre le sénateur républicain Leverett Saltonstall en 1960 (en fait, il perdit), John F. Kennedy prévoyait de voter discrètement pour le républicain. La baisse de Kennedy dans les sondages tenait en partie au soutien qu'il apporta à la Voie maritime du Saint-Laurent, qui priva le Massachusetts d'emplois et de possibilités commerciales ; à son action en faveur de la réforme du code du travail, qui indigna le syndicat des routiers et ses alliés ; aux antagonismes résiduels liés à la lutte avec « Onions » Burke ; et aux querelles politiques

très bons. D'où son investissement fou, énorme. D'une certaine manière je crois que c'était la campagne la plus dure, cette campagne pour le Sénat.

Vous voulez dire, dans la mesure où il y avait plus de…

Nous n'avons pas dormi à la maison pendant je ne sais combien de mois. Deux mois, peut-être. C'était la course, toujours la course.

Et tous ces thés.

Surtout, un cortège de voitures sans fin. C'était épouvantable. Avec le professeur Burns [54], et Jack qui n'arrêtait pas de me dire de serrer les mains sur les quais, et la traversée de la région des Berkshires, Springfield, le défilé d'hôtels.

Vous aimez faire campagne ?

Oui, jusqu'au moment où je suis trop fatiguée. Au bout de cinq jours, ça n'est plus que de l'épuisement. J'adorais ça quand tout se passait bien pour Jack.

Il n'y a rien de plus excitant que d'entrer dans une immense salle bondée, de voir les candidats arriver et tout le monde devenir fou.

Oui, j'adorais cette excitation, et à la fin, c'était de mieux en mieux.

---

avec l'Italo-Américain Furcolo qui – les républicains l'espéraient – pousseraient les Italo-Américains à se rallier en masse à l'adversaire peu connu de Kennedy, Vincent Celeste.

54. James MacGregor Burns (1918-), professeur de science politique à Williams College, biographe de Franklin D. Roosevelt, activiste libéral démocrate, fut en 1958 le candidat malheureux au poste de représentant du Massachusetts.

Deuxième conversation

MARDI 3 MARS 1964

La dernière fois, si je ne m'abuse, nous nous sommes interrompus au moment où le Président a été réélu au Sénat avec une importante majorité et où, pour la première fois, il est devenu l'objet de discussions comme un éventuel prétendant pour 1960. Était-ce déjà une préoccupation dans sa vie personnelle, et la vôtre ? Tout était-il de plus en plus orienté dans ce sens ?

Vous voulez dire, devenir président ?

Oui.

Il n'en était jamais question tout haut, mais après une soirée électorale à Boston [1], nous sommes allés nous reposer au soleil et il a commencé à ne plus parler que de ça. Là encore, au cours de ces années avant la Maison Blanche, tous les week-ends il voyageait. Il était invité partout dans le pays, jusqu'aux primaires qui ont eu lieu… quand ? en 1960 ?

1960.

1. Après la victoire remportée par John F. Kennedy lors de sa réélection au Sénat, avec 73 % des voix.

J'ai l'impression que ça a duré une éternité.

Quand il était en déplacement, comment arrivait-il à lire et autre ? Comment et quand ?

Il avait une façon très étrange de lire. Moi, par exemple, je ne peux pas lire si je n'ai pas devant moi une après-midi pluvieuse ou une longue soirée au lit. Lui lisait en marchant, à table, après le dîner, dans son bain… hop, il ouvrait un livre dans son bureau, sur une commode, pendant qu'il faisait

Lecture à Hyannis Port, 1959

son nœud de cravate. Il parcourait quelques pages, ou il ouvrait un bouquin qu'il était en train de lire et se plongeait dedans. Il lisait à tous ces moments où vous, vous penseriez ne pas avoir le temps.

Il lisait des petits bouts, il s'en souvenait, il y revenait et il reprenait le fil, c'est ça ?

Tout ce qu'il voulait retenir, il le retenait. On retrouvait des passages des livres dans ses discours. Ou alors vous étiez assis à côté de lui sur une estrade quand tout à coup il vous citait une phrase qu'il vous avait lue deux semaines plus tôt parce qu'il la trouvait intéressante.

Il avait une mémoire des citations exceptionnelle, à devenir fou, en revanche il ne se rappelait pas toujours d'où elles venaient.

Je me rappelle l'hiver où il était malade. Son père avait une étagère entière de livres – *Les Plus Grands Discours du monde*, par exemple, qu'il avait offerts à Jack quand il était petit. Il les avait tous lus, sans exception, jusqu'au jour où j'ai demandé à son père de les lui rendre pour Noël, ce qu'il a été ravi de faire. Cet hiver-là, Jack m'a lu le livre d'Edmund Burke, « Au… » quel est le titre, déjà ?

Le discours au…

« Au peuple de… »

Bristol[2].

2. Dans son discours de 1774 aux électeurs de Bristol, le philosophe et homme d'État anglo-irlandais déclara : « Votre représentant vous doit non seulement son zèle, mais aussi son jugement ; et s'il sacrifie son jugement à votre opinion, il vous trahit au lieu de vous servir. »

Évidemment c'était un hiver particulier. Il a été obligé de passer des jours et des jours au lit.

Vous pensez que ça datait de l'enfance, que c'était depuis toujours un grand lecteur ?

Oui, il avait lu *Marlborough*[3] à dix ou onze ans, et dans sa chambre à Cape Cod, ses livres étaient rangés sur une petite étagère près de son lit, des vieux bouquins, avec des dos mauves. Plus jeune, il était tout le temps malade et au lit. Il a eu la scarlatine. Une autre année, de l'asthme ou des problèmes de sang, une sorte d'anémie, on l'a envoyé en Arizona.

C'est quand il a dû quitter Princeton[4].

Oui. Il lisait sans cesse. Quand nous sortions ensemble avant notre mariage, il m'offrait des livres. Je me souviens du premier, c'était la biographie de Sam Houston par Marquis James, sous-titrée *Le Corbeau*. Puis John Buchan, *Pilgrim's*

---

3. La longue biographie que Winston Churchill consacra au plus illustre de ses ancêtres, John Churchill, premier duc de Marlborough (1650-1722). En 1704, durant la guerre de Succession d'Espagne, Marlborough et ses régiments vainquirent les Français à Blenheim, sur le Danube, et firent échouer la campagne de Louis XIV contre l'Autriche. Les volumes de Churchill présentent l'Histoire comme une épopée romanesque. L'intérêt que John F. Kennedy éprouva toute sa vie pour ce livre et pour son protagoniste suggère une affinité possible avec son épouse, qui employait un langage digne de Churchill pour décrire, dans une lettre de 1978, « les amis chers, les nobles personnages, les moments partagés, les grandes entreprises » ayant marqué la présidence de son mari (Ted Sorensen, *Counselor*, Harper, 2008, p. 399).

4. John F. Kennedy dut quitter Princeton à Noël 1935, durant sa première année d'études universitaires, afin d'être hospitalisé pour problèmes abdominaux chroniques et un nombre inquiétant de globules blancs. Il partit ensuite en convalescence à Palm Beach, travailla dans un ranch de l'Arizona en 1936, puis reprit ses études à Harvard, à l'automne.

Way, beaucoup de John Buchan [5]. Oui, il lisait tout le temps, tout juste s'il ne lisait pas au volant.

Aimait-il les romans, à part les romans d'espionnage ?

Les seuls romans d'espionnage qu'il a lus, ce sont trois titres de Ian Fleming. Mais non, je ne l'ai jamais vu lire un roman.

Il aimait sincèrement Ian Fleming ou c'était pour plaire à la presse ?

C'était un peu pour plaire à la presse, et le jour où on lui a demandé quels étaient ses dix livres préférés, il a répondu par une liste qui comprenait un roman. À vrai dire il aimait bien Ian Fleming [6], un peu comme lorsque vous êtes dans un avion ou un hôtel, avec deux ou trois livres qui traînent sur la table de nuit. Il attrapait le premier qui lui tombait sous la main. Je me souviens d'un livre qu'il m'a offert, sur le temps, un roman dans lequel un personnage est projeté au XVIIIe siècle pour résoudre un mystère [7]. C'était un livre de poche qu'il avait trouvé dans un avion ou ailleurs. Les deux derniers livres qu'il m'a recommandé de lire l'automne dernier alors qu'il lisait *La Chute des empires* [8]...

---

5. John Buchan (1875-1940), premier baron Tweedsmuir, auteur prolifique de fiction et d'essais, fut gouverneur général du Canada de 1935 à sa mort. Kennedy adorait l'autobiographie de Buchan, *Pilgrim's Way*, qu'il lut dès sa parution en 1940, et il citait souvent Buchan pour qui la politique restait « l'aventure la plus noble et la plus honorable ».

6. Ian Fleming (1908-1964) est le créateur du personnage de James Bond, agent secret britannique. Les Kennedy rencontrèrent Fleming en 1960, lors d'un dîner à Georgetown. Peu avant sa mort, le Président eut le temps d'apprécier le film *Bons Baisers de Russie* qui fut projeté à la Maison Blanche.

7. Dans *La Fille du temps* (1951), la romancière Josephine Tey imagine un agent de Scotland Yard enquêtant pour déterminer si Richard III avait bel et bien fait tuer les princes enfermés dans la Tour de Londres.

8. Fasciné par le livre de Barbara Tuchman sur le cheminement vers la Première Guerre mondiale, *Août 14*, John F. Kennedy souhaita approfondir

Le livre d'Edmond Taylor.

Et *Patriotic Gore*[9], il n'arrêtait pas de me conseiller de le lire, mais je n'ai jamais réussi à y entrer.

Patriotic Gore, *surtout, est un livre extraordinaire.*

Je ne l'ai pas encore lu. Il lisait ça pendant qu'il était à la Maison Blanche, alors que moi, là, je devenais analphabète.

C'est un vrai mystère. Il était entouré d'universitaires qui sont censés ne faire que lire, mais aucun de nous n'avait plus le temps d'ouvrir un bouquin, et il nous le faisait remarquer avec un soupçon de reproche. Il nous interrogeait sur des ouvrages qui venaient de paraître et que personne n'avait eu le temps de lire.

Tous les dimanches il arrachait les trois pages du cahier livres du *Times* et cochait ce que je devais acheter. Ce serait assez intéressant de regarder mes notes de la librairie Savile Book Shop. Et le week-end, là encore, Jack lisait.

Ça serait très intéressant. Ces factures sont quelque part ?

Je les ai, oui. Quoi d'autre ? Par exemple, à Camp David, si la journée était pluvieuse, il restait au lit tout l'après-midi et dévorait deux livres entiers.

Il lisait très vite.

Oui.

---

le sujet avec l'ouvrage d'Edmond Taylor, *La Chute des empires (1914-1918)*. On imagine sans peine pourquoi Kennedy eut envie de le lire, après avoir évité une guerre nucléaire lors de la crise des missiles de Cuba en octobre.

9. *Patriotic Gore*, volume consacré à la guerre de Sécession par le critique Edmund Wilson, que les Kennedy avaient invité à un dîner à la Maison Blanche.

À un moment il a suivi un cours pour apprendre à lire plus vite. Avez-vous vu une différence[10] *?*

Il n'a pas vraiment suivi de cours. Bobby avait été à Baltimore où il avait trouvé un petit appareil avec une carte à insérer sur laquelle s'imprime une ligne. Vous étiez censés accélérer le rythme et répondre à des questions sur, par exemple, trois corneilles – combien de corneilles dans tel carré de choux ou je ne sais plus quoi. Nous l'avons utilisé une ou deux fois au cours de vacances de Noël en Floride, c'est tout. Alors, non, on ne peut pas vraiment dire qu'il ait suivi de méthode.

Il lisait surtout de l'histoire et de la géographie.

Oui.

Pourquoi pas des romans, d'après vous ?

Parce qu'il était à la recherche d'informations… d'informations d'ordre historique, ou d'un passage qu'il puisse citer. À Glen Ora, il était plongé dans Mao Tsé-toung et m'en lisait des passages [11].

Sur l'art de la guérilla ?

---

10. Lorsqu'il était sénateur, John F. Kennedy avait accompagné son frère plusieurs fois à un cours de lecture rapide à Baltimore, mais il finit par abandonner. Après qu'il fut devenu président, la presse exagéra l'importance de cet épisode mineur.

11. Les écrits du dirigeant communiste chinois (1893-1976) devaient présenter un intérêt particulier pour John F. Kennedy au printemps 1961, à l'époque où, avec une prescience admirable, il se demandait s'il serait opportun d'entreprendre un effort de rapprochement avec la Chine (très pragmatique, il décida que ce projet attendrait un second mandat), et où il se préparait pour une entrevue avec celui qui, jusqu'au schisme récent entre Moscou et Pékin, avait été le principal allié mondial de Mao, le dirigeant soviétique Nikita Khrouchtchev. Durant ses entretiens privés avec Khrouchtchev en juin 1961, Kennedy cita l'aphorisme de Mao selon lequel le pouvoir sort du canon d'un fusil.

Oui. Nous nous sommes mis à inventer des petites paraboles, « Quand une armée boit, c'est qu'elle n'a pas soif », ce genre. Il était affreusement drôle avec Mao. En tout cas, il cherchait à apprendre. Il ne lisait pas seulement pour se distraire. Il n'avait pas une seconde à perdre.

La poésie non plus, il n'en lisait pas beaucoup. Lisait-il des livres que vous aimiez, vous ?

Oui, je me souviens, un été je lisais le maréchal de Saxe [12]. Un jour, sur le *Honey Fitz* [13], nous parlions du général Taylor [14] et je l'ai interrogé sur les batailles du maréchal de Saxe, dont celles de Blenheim. Je lui ai dit ce que le général avait écrit à son propos. J'étais au beau milieu du livre, Jack me l'a pris des mains et l'a dévoré. Chaque fois que je mentionnais un passage intéressant dans un bouquin que je lisais, il me l'arrachait des mains et se précipitait dessus.

Et le théâtre ?

S'il lisait des pièces ou s'il allait au théâtre ?

---

12. Maurice de Saxe (1696-1750), né en Allemagne, maréchal de France, héros de la bataille de Fontenoy en 1745. Il est l'auteur d'un traité sur l'art de la guerre, *Mes rêveries*, publié en 1757 à titre posthume.

13. L'un des yachts présidentiels, que John F. Kennedy avait rebaptisé du nom de son grand-père.

14. Maxwell Taylor (1901-1987) commanda la 101e division aéroportée pendant la Seconde Guerre mondiale et fut le premier général des forces alliées à sauter sur les plages françaises lors du Débarquement. En 1959, chef d'état-major du président Eisenhower, il prit sa retraite, en protestation contre ce qu'il considérait comme une foi abusive en l'arme nucléaire, grief qu'il exprima dans son livre *The Uncertain Trumpet*. Kennedy partageait l'opinion de Taylor et cita ses arguments durant la campagne de 1960. Quand John F. Kennedy lui demanda d'enquêter sur le fiasco de la baie des Cochons, Taylor l'impressionna en se montrant prêt à passer outre à la sagesse conventionnelle. Le Président fit de Taylor son principal conseiller militaire, puis le président du Comité d'état-major conjoint.

S'il y allait.

Nous n'avions pas le temps. Quand nous étions à New York, de temps à autre nous y allions, mais il a toujours préféré les pièces légères. Il avait besoin de se détendre. Il préférait les comédies musicales aux spectacles un peu lourds. Vous parliez de poésie : il n'en lisait pas vraiment, mais figurez-vous qu'il aimait bien lire Byron çà et là. De toutes façons il prenait tout ce qui lui tombait sous la main, des passages de Shakespeare, notamment. Nous avions un disque de John Gielgud que nous écoutions souvent, « The Age of Man [15] », je crois. Et un autre, de Richard Burton, si je me souviens bien. Il aimait bien les écouter le soir, parfois.

Il lisait plutôt de l'histoire britannique que de l'histoire américaine. De l'histoire britannique et européenne, n'est-ce pas ?

Oui, mais aussi la guerre de Sécession, c'est ce qui l'intéressait dans l'histoire américaine. J'ai suivi un cours d'histoire américaine donné par un homme extraordinaire, le professeur Jules Davids [16]. Quand je rentrais, tout excitée, par exemple après avoir découvert l'existence des fonctionnaires chargés d'appliquer la loi antitrust, ça ne l'intéressait pas plus que ça, honnêtement. Il aimait surtout l'histoire britannique, oui. Jack était un peu un Whig [17], non ?

---

15. Sur ce disque, l'acteur britannique Sir John Gielgud déclame une série de monologues tirés des pièces de Shakespeare, le titre venant d'une tirade extraite de *Comme il vous plaira.*

16. Jules Davids (1920-1996), spécialiste d'histoire diplomatique à l'université de Georgetown, était alors peu connu et n'avait guère publié. Il fit des recherches pour cinq des chapitres du livre de John F. Kennedy, *Le Courage dans la politique.* Son épouse nota plus tard que ses honoraires de 700 dollars représentaient « beaucoup d'argent pour nous, à l'époque » (*New York Times*, 12 décembre 1996).

17. Du XVIIe au XIXe siècle, le parti Whig rassembla de riches aristocrates britanniques soucieux d'exercer des fonctions politiques. Les Whigs étaient hostiles à une monarchie forte, tout comme le parti américain du

Si. Pensez-vous que ça venait de l'époque où il avait vécu en Angleterre quand son père était ambassadeur ? C'est curieux.

Non, parce qu'il a très peu vécu là-bas. Il finissait ses études à Harvard, et il a dû passer un été et un semestre environ à la London School of Economics. Non, ça datait de son enfance, quand il lisait tout ce qui lui tombait sous la main. J'en reviens toujours à *Marlborough*, mais il y a eu d'autres livres… C'est idiot, je les ai tous, alors le jour où je les sortirai des cartons… Sa mère pourrait vous donner des informations sur ce qu'il lisait quand il était petit, sur les questions qu'il posait.

Marlborough *à dix ans, par exemple. Donc, Churchill a toujours été une figure incarnant un sens…*

D'après moi, son goût pour *Marlborough* était plus profond. Tous ses héros appartenaient au passé. Je ne pense pas qu'il admirait vraiment Churchill, mais il avait envie de le rencontrer. Nous l'avons vu un été dans le sud de la France, mais le pauvre homme n'avait plus toute sa tête. Jack n'avait aucune adoration pour les héros de notre temps. Qu'est-ce qu'il a répondu un jour, à propos de la présidence ? « Ces affaires ont toujours été menées par des hommes et aujourd'hui encore elles le sont », alors que son père venait de lui demander : « Pourquoi veux-tu te présenter à la présidentielle ? » Non pas qu'il pensait avoir l'envergure de Churchill, mais il se sentait suffisamment fort pour s'atteler à ce genre de tâche. En outre il était sensible à l'échec de beaucoup d'hommes d'État vivants, sans compter leurs défauts. Alors, oui, il

même nom qui, au XIXe siècle, s'opposa à des présidents puissants comme Andrew Jackson, qu'ils détestaient. Interrogé en 1959 par James MacGregor Burns sur le pouvoir présidentiel, John F. Kennedy répondit : « Je ne suis pas un Whig ! » (James MacGregor Burns, *John Kennedy : A Political Profile*, Harcourt Brace, 1960, p. 268).

cherchait à tirer des leçons du passé, cela dit il admirait la prose de Churchill et il a lu l'intégralité de ses Mémoires quand ils ont été publiés.

À mon sens, il recherchait surtout Churchill en tant qu'écrivain, plus qu'en tant que… bien sûr il admirait l'homme d'État, mais c'est surtout l'écrivain Churchill qui le stimulait et piquait sa curiosité.

Je le revois en train de me lire deux passages de sa description de la cour de Charles II, un merveilleux morceau de bravoure, et un tableau de la guerre civile [18].

Personne dans l'histoire américaine à qui il s'intéressait particulièrement ? Hamilton, Jefferson, Jackson ?

Jefferson, j'imagine. Ce qui me rappelle une lettre récemment découverte qu'il voulait à tout prix acheter, mais qui était trop chère. J'ai voulu la lui offrir à Noël l'année dernière. C'est une lettre dans laquelle Jefferson demande quatre jardiniers supplémentaires pour sa propriété de Monticello, précisant qu'il faut qu'ils soient violonistes pour pouvoir avoir des concerts de musique chambre le soir. La lettre était en vente chez Parke-Bernet, elle devait coûter près de 6 000 dollars, alors il n'a pas fait d'offre. Et Webster [19]. Il lisait tous leurs écrits. Mais Jefferson, surtout, oui [20].

---

18. Dans l'*Histoire des peuples de langue anglaise*, en quatre volumes, de Churchill. Jacqueline fait référence à la guerre civile d'Angleterre (1692-1696).

19. Daniel Webster (1782-1852), sénateur du Massachusetts. Un chapitre lui était consacré dans *Le Courage dans la politique* parce qu'il soutint le Compromis de 1850, assurant au Sénat l'équilibre entre États esclavagistes et États non-esclavagistes.

20. En 1970, Jacqueline écrivit à Ted Kennedy, à propos de son mari : « Il fut le seul président après Jefferson à s'intéresser aux jardins. (À l'automne 1963, Parke-Bernet a mis en vente une lettre, qu'il trouvait trop chère, j'aurais voulu la lui acheter pour son anniversaire, une lettre

Et Theodore Roosevelt, Wilson, Franklin Roosevelt ?

Oui, un été, ou un hiver, il lisait un livre sur Theodore Roosevelt.

De Noel Busch, c'est Alice Longworth[21] *qui le lui avait offert.*

Je me rappelle, il me disait : « Écoute, tu vas voir à quel point Teddy Roosevelt était fat », et il me lisait des passages où Roosevelt raconte ce qu'il fait sur un ton détaché, par exemple : « Je suis monté jusqu'à San Juan Hill et j'ai tué cinq indigènes », avouant à peine qu'il était désolé. Jack avait très bien perçu Teddy Roosevelt, même s'il l'admirait.

Que pensait-il de Franklin Roosevelt ? L'a-t-il vraiment connu ?

Oui, tous les enfants Kennedy ont rencontré les Roosevelt[22]. Je me souviens de Mme Kennedy me disant à quel point lui et Mme Roosevelt avaient été gentils avec ses enfants. Cela dit Jack trouvait que c'était un... charlatan n'est pas le mot juste... un peu un poseur, mais plutôt intelligent[23]. Qu'il

---

que Jefferson avait envoyée en France, il cherchait quatre jardiniers, qui feraient aussi de la musique de chambre à Monticello le soir.) Comme Jefferson, il s'intéressait à l'architecture, ou plutôt à l'harmonie de l'homme avec son environnement. » (Jacqueline Bouvier-Kennedy à Edward Kennedy, 17 septembre 1970.)

21. Alice Roosevelt Longworth (1884-1980), un des piliers de la vie mondaine de Washington pendant une bonne partie du XXe siècle, était la fille que Theodore Roosevelt avait eue avec sa première épouse. Le livre de Busch est *T.R. : The Story of Theodore Roosevelt and His Influence on Our Times* (1963).

22. Dans les années 1930, quand Joseph Kennedy était président de la Commission des opérations de bourse et ambassadeur à la Cour de Saint-James.

23. La froideur que John F. Kennedy manifestait en privé au sujet de Franklin Roosevelt était presque unique parmi les dirigeants démocrates des années 1960, qui le considéraient d'ordinaire comme une sorte de saint. Cela reflète la rupture douloureuse survenue en 1941 entre Joseph

en faisait beaucoup pour impressionner les gens. Ça l'agaçait prodigieusement quand on lui conseillait d'organiser des causeries au coin du feu, ce genre d'opérations de séduction, jusqu'au jour où il a découvert le véritable nombre de causeries organisées par Roosevelt.

Treize ou quatorze. C'est moi qui ai fait le compte[24].

Bien sûr qu'il s'intéressait à Roosevelt. Mais il ne prenait pas exemple sur lui.

Il ne prenait pas exemple sur...

Sur personne. Mais il n'avait aucune arrogance. Il donnait simplement l'impression de dévorer ses prédécesseurs, et ensuite, comment dire... ils se diffusaient en lui et il en retenait le meilleur – il en usait.

Kennedy et Franklin Roosevelt au sujet de l'intervention en Europe, le souvenir qu'avait John F. Kennedy de l'hostilité d'Eleanor Roosevelt à son endroit avant la convention démocrate de 1960, et l'aversion que John F. Kennedy éprouva toute sa vie envers presque toutes les manifestations du culte des héros. Comme bien d'autres, John F. Kennedy reprochait à Franklin Rossevelt d'avoir toléré une trop grande puissance militaire soviétique en Europe à la fin de la Seconde Guerre mondiale, laissant l'Ouest en position d'infériorité militaire à Berlin et dans le reste de l'Europe, ce qui allait être l'un des principaux problèmes rencontrés par Kennedy en tant que président. John F. Kennedy était cependant prêt à reconnaître la grandeur de Roosevelt, surtout en politique intérieure. Dans le climat républicain de son enfance, Jacqueline entendait son père citer en plaisantant la célèbre caricature dessinée par Peter Arno pour le *New Yorker* : « Allons donc huer Roosevelt au cinéma Trans-Lux ! »

24. Comme on lui reprochait de s'adresser trop rarement aux Américains à la télévision, et qu'on l'incitait à imiter l'exemple des « causeries au coin du feu » de Franklin Roosevelt, Kennedy demanda à Schlesinger de retrouver exactement combien de ces entretiens Roosevelt avait donné pendant ses douze années de mandat présidentiel ; les gens pensaient qu'ils avaient lieu presque chaque semaine. Par contraste, le président Kennedy accordait une conférence de presse tous les quinze jours environ.

Il y a une chose que j'ai toujours trouvée extraordinaire. Voilà trois hommes qui ont plus ou moins vécu à la même époque, Winston Churchill, Franklin Roosevelt et Joseph P. Kennedy, dont les deux premiers étaient des grands hommes, et le troisième un homme qui a eu du succès, un homme talentueux, mais pas un grand homme. Les enfants de Churchill et de Roosevelt sont pour la plupart brillants et doués, mais ils ont un peu raté le coche. Les enfants Kennedy, eux, ont une discipline exceptionnelle.

C'est surtout à M. Kennedy qu'il faut en attribuer le mérite, d'ailleurs Jack en parlait beaucoup. Dès que ses enfants faisaient telle ou telle chose, il leur écrivait une longue lettre. Dès qu'il y avait un petit événement dans leur école, il était présent. Et la façon dont il parlait à table ! Si vous vous contentez d'être un grand homme en négligeant vos enfants… M. Kennedy surveillait tout, à tel point que j'ai toujours pensé que c'était lui, la mère jalouse comme un tigre. Mme Kennedy[25], la pauvre, s'agitait, essayait de suivre le rythme de ce monstre d'énergie, vérifiait qu'elle avait assez de sets de table à Palm Beach et se demandait s'il fallait qu'elle fasse venir ceux de Bronxville ou si elle avait stocké ceux de Londres. Aujourd'hui elle adore raconter qu'elle était autour de la table avec ses enfants et leur racontait l'histoire de Plymouth Rock, qu'elle leur a formé l'esprit, sauf que la seule chose qu'elle disait, c'est : « Les enfants, n'interrompez pas votre père ! » M. Kennedy consacrait délibérément du temps à sa famille, et je ne pense pas que c'était le cas pour Churchill et Roosevelt. Autre chose dont m'a parlé Jack à

25. Rose Elizabeth Fitzgerald Kennedy (1890-1995) était la mère du Président, que Jacqueline appelait « Belle-mère » en français. Jacqueline avait une relation affectueuse mais un peu distante avec sa belle-mère, surtout par rapport à l'attachement immédiat qu'elle éprouva dès sa première rencontre avec Joseph Kennedy. Après la mort du Président, Rose et Jacqueline se rapprochèrent.

L'ambassadeur Kennedy avec Joe, Bobby et Jack, 1938

propos de Roosevelt, il estimait que sa politique étrangère était mauvaise et qu'il avait commis ses erreurs dans ce domaine.

Au sujet de l'Union soviétique, je suppose.

Je crois, oui. En général il sous-estimait ou mésestimait, peu importe le terme, les hommes avec qui il avait affaire. Mais toujours avec justesse, d'un simple regard.

Il avait beaucoup de recul parce qu'il avait la faculté de se mettre à la place de l'autre pour envisager les problèmes de son point de vue.

D'où certaines personnes – comme Jim Burns, qui ne l'a jamais connu –, qui le trouvaient froid et se demandaient s'il avait du cœur[26]. Évidemment, il avait le cœur sur la main quand il aimait. Mais il avait du recul. J'ai toujours pensé qu'il aurait fait un excellent juge. Il analysait chaque cas – y compris si lui ou moi, ou je ne sais qui était impliqué – en faisant abstraction de ses émotions, en l'envisageant de tous les points de vue. C'est ce qu'il disait à propos du général de Gaulle, quand les Américains lui en voulaient tellement l'année dernière[27]. J'écumais de rage et il me répondait : « Il faut que tu comprennes son point de vue. » Pourtant il était contrarié.

Oui, c'est extraordinaire. Mais il y a des gens qui envisagent le point de vue de l'autre, à tel point que ça les empêche d'agir. Dans son cas, pas du tout. Il suivait le raisonnement adverse. Il comprenait les urgences politiques qui poussaient les autres à prendre des mesures néfastes, mais ça ne l'a jamais empêché de réagir.

---

26. Les Kennedy n'avaient guère apprécié la conclusion du livre de Burns, *John Kennedy : A Political Profile*, rédigé avec la collaboration de John F. Kennedy et publié en 1960 ; tout en vantant le talent et l'énergie du sénateur, Burns contestait son engagement affectif envers des objectifs politiques. (Dans la dernière phrase du livre, il écrivait que Kennedy ne pourrait être un président « passionné » que s'il parvenait à « impliquer non seulement son esprit, mais aussi son cœur, chose qui ne lui a jusqu'ici jamais été demandée ».) Jacqueline était si farouchement hostile à ce commentaire qu'elle adressa à Burns ces reproches très clairs : « Je pense que vous le sous-estimez. Tout le monde voit bien qu'il a l'intelligence, le magnétisme et l'énergie qu'il faut pour réussir en politique. Dans mon couple, chaque semaine, je vois qu'il a ce qui est peut-être LA qualité la plus importante pour un homme d'État : une assurance imperturbable, une totale confiance en ses capacités. [...] Quand vous avez quelqu'un comme Jack, pourquoi le décrire comme un individu négligeable, qui tâtonne et qui se retrouve parfois près du sommet, où il est ébloui par le soleil ? » (Jacqueline Bouvier-Kennedy à James MacGregor Burns, non daté, 1959).

27. Vers le milieu des années 1950, Jacqueline baptisa son caniche français « de Gaulle ». Ardemment francophile en art, en architecture, en littérature, en histoire et en haute couture, elle fut d'autant plus vexée, au fil des années Kennedy, de voir que de Gaulle était prêt à compromettre ses relations avec John F. Kennedy et avec les États-Unis, ainsi qu'avec le reste de l'Alliance occidentale, pour défendre l'orgueil et l'indépendance de la France.

Le président Kennedy et le président Charles de Gaulle, Paris, 1961

J'aurais dû lui offrir une montre avec un petit magnétophone caché. Si seulement vous aviez pu l'entendre m'expliquer quels étaient les objectifs de de Gaulle et pourquoi il était si amer. De Gaulle était mon héros quand j'ai épousé Jack, mais il m'a vraiment déçue. Il était rancunier. Justement, Jack ne l'était pas. J'imagine que les femmes sont plus émotives, incapables d'adresser la parole à quelqu'un qui a dit des horreurs sur leur mari. Jack répétait sans cesse : « Il faut toujours laisser la porte ouverte à la réconciliation », ou encore : « Le vent tourne à une vitesse folle en politique – tes amis sont tes ennemis dans la semaine qui suit, et vice versa. »

Pourquoi de Gaulle était-il votre héros ?

Ce n'était pas vraiment mon héros, mais j'adorais la prose de certaines parties de ses Mémoires et l'idée de cet homme retiré dans une forêt sinistre avant de revenir, et puis je suis assez francophile…

Je suis d'accord. Pendant les funérailles, je ne pouvais m'empêcher de penser qu'en dépit de la discorde qu'il a semée – qu'il continuera de semer – c'était un personnage immensément touchant et charmant.

Bien sûr, il a deux facettes en lui. C'est ce que pensait Jack. Personne n'est jamais entièrement noir ni entièrement blanc. De Gaulle avait compris Jack. Je pense qu'il culpabilisait, enfin, je ne sais pas… Il avait très bien perçu Jack et c'est pour ça qu'il est venu à ses funérailles. Ça devait représenter un effort pour lui. Il n'était pas obligé.

De Gaulle, Churchill, le Président et trois ou quatre autres personnalités avaient le sens de l'histoire, ce qui produit une sorte de magnanimité de jugement. De Gaulle peut être rancunier, mais il peut aussi se montrer très magnanime et il a reconnu que le Président participait au grand courant de l'histoire. Ses Mémoires sont merveilleux de ce point de vue, parce qu'il comprend le sens de ce courant, les cas de force majeure auxquels il faut répondre, et il a une langue superbe.

Le jour où Jack a annoncé qu'il se présenterait pour être président, il venait de commencer les Mémoires de de Gaulle. Il a repris le début : « Toute ma vie, je me suis fait une certaine image de la France », il l'a paraphrasé dans son discours, « J'ai une certaine vision de l'Amérique » ou quelque chose comme ça [28]. Une autre personnalité dont il me parlait beaucoup, c'est Randolph Churchill, le père de Winston Churchill. « J'ai oublié Goschen… », Jack disait souvent ça quand quelqu'un démissionnait et qu'on trouvait un autre pour le remplacer. Vous connaissez l'histoire ?

---

28. Annonçant sa candidature à l'élection présidentielle le 2 janvier 1960, John F. Kennedy dit : « J'ai conçu une image de l'Amérique comme remplissant un rôle noble et historique en tant que défenseur de la liberté en un temps de péril maximum… »

Non, je ne la connais pas.

C'était un ministre qui a démissionné à l'époque où Randolph Churchill était au gouvernement et il a été immédiatement remplacé. Or cet homme – c'était peut-être même Churchill – pensait qu'il était irremplaçable et que le gouvernement serait obligé de faire ce qu'il préconisait, mais ils ont nommé quelqu'un qui s'appelait Goschen. Il s'est exclamé : « Oh mon Dieu, j'avais oublié Goschen ! » [*Schlesinger rit.*] L'anecdote montre que personne n'est irremplaçable.

Que pensait le Président de ces rivaux en 1959 ? Si je me souviens bien, il y avait Hubert, et Lyndon et Stevenson dans les coulisses.

Je ne pourrais pas vous répondre exactement. Il aimait bien Hubert, avant, mais il pensait que lorsqu'on se lance dans la bataille, on est voué à haïr tout le monde. Pourtant il est resté lié à Hubert. Lyndon l'amusait. Il faut dire qu'il était facétieux, il venait à la maison et me racontait de ces choses... Je me souviens du jour où il a déclaré devant un parterre de reporters qu'il était prêt à se présenter, et qu'il était capable de jouer au squash et d'avoir des relations sexuelles une fois par semaine. [*Tous deux rient.*]

Le Président aimait bien Lyndon.

Il ne l'aimait pas vraiment, mais il pouvait discuter avec lui. Quand ils étaient ensemble, on aurait dit une partie d'escrime. J'ai toujours pensé que Lyndon lui cherchait noise et qu'il était grossier, mais Jack parait les coups en riant, et il l'a toujours emporté. Lyndon poussait des sortes de grognements d'éléphant. Mais il n'y avait aucun enjeu personnel entre eux.

Les colistiers démocrates de 1960, le sénateur Lyndon Johnson et le sénateur Kennedy à Hyannis Port

À mon sens, Johnson l'amusait comme une espèce de phénomène, même s'il était souvent agacé par ses agissements.

Vous savez, Lyndon… Lyndon était à tête de la majorité et il a obtenu la position qu'il souhaitait au Sénat, mais il a dû négocier et beaucoup insister pour ça, les Affaires étrangères et le Travail. Il y tenait tant. Pendant les primaires, plus que les personnes, ce qui comptait, c'était ce qu'il fallait faire dans le Wisconsin, ou savoir si Hubert irait en Virginie-Occidentale ou non. Je vous ai dit hier soir à quel point Jack était agacé par Stevenson. Mais il n'a jamais pensé que

Lyndon ou Stevenson valait plus que lui, pourtant il n'était pas vaniteux. Il suffisait qu'il surmonte l'obstacle lié à son catholicisme et à sa jeunesse, sa richesse, peu importe, ensuite tout se passerait bien. Il s'agissait plus de surmonter ces obstacles que ses rivaux.

Pensez-vous que l'un de ces obstacles le préoccupait plus, ou étaient-ils à égalité ?

Être catholique et jeune, c'était son principal handicap [29]. Je me souviens, avant qu'il parte en Californie, je l'ai accompagné à New York et il a prononcé un discours pour répondre aux accusations de Truman qui le trouvait trop jeune [30]. Heureusement il était sans amertume.

Et d'une efficacité terrifiante. Fin 1959, sans doute à Thanksgiving, à Hyannis Port, une réunion a eu lieu pour mettre au point la stratégie.

---

29. John F. Kennedy espérait que sa victoire en Virginie-Occidentale, État à forte majorité protestante, résoudrait une bonne fois pour toutes la question du catholicisme, mais la controverse continua à faire rage, si bien qu'en septembre 1960, il se sentit obligé de se présenter devant un groupe de pasteurs protestants, à Houston, pour réaffirmer son vigoureux soutien au principe de séparation de l'Église et de l'État : « Je ne suis pas le candidat catholique à la présidence. Je suis le candidat du parti démocrate, qui se trouve être catholique. » La jeunesse de Kennedy était un autre obstacle : à quarante-trois ans, il serait le plus jeune président jamais élu.

30. Le problème de l'âge de John F. Kennedy se posa de manière plus vive que jamais le 2 juillet 1960, à la bibliothèque Truman, à Independance, Missouri. L'ex-président Truman demanda au candidat à la nomination démocrate de se désister parce qu'il était trop jeune et inexpérimenté, et parce que la convention avait été « truquée ». Deux jours plus tard, à l'hôtel Roosevelt de New York, le candidat répliqua en disant que si « quatorze années de mandat électoral sont une expérience insuffisante » (référence à son mandat au Congrès, qu'il compléta en une autre occasion par ses années de guerre dans la marine, en évoquant ses dix-huit années « au service des États-Unis »), cela exclurait tous les

Oui, je m'en souviens. Nous étions enfermés chez Bobby et Ethel depuis deux jours, quand toute la bande est arrivée : Kenny, Larry, Bobby et les autres. Ils ont filé pour travailler. Quand Jack rentrait de ce genre de réunion, souvent je l'interrogeais : « Qu'est-ce tu as prévu pour ci ou ça ? » Il répondait en réclamant du ragoût de poisson ou en demandant ce qu'il y avait pour le dîner, ou un disque, ou même s'il y avait quelqu'un avec qui plaisanter. J'aurais été une épouse épouvantable si je lui en avais voulu à ce sujet.

Il avait besoin d'autre chose. Au fond, la grande différence entre Kennedy et Johnson – c'était également vrai entre Roosevelt et Truman –, c'est que Roosevelt et Kennedy étaient des as de la politique, mais la politique n'était qu'une partie de leur vie. C'était une activité qu'ils aimaient exercer. Un instrument qu'ils utilisaient pour autre chose. Bien d'autres aspects de la vie les touchaient. Truman, Johnson : la politique était toute leur vie.

Oui. Quand vous discutez avec l'un ou l'autre, c'est leur unique sujet de conversation. Jack n'aimait pas parler de ce qui le taraudait. Mais s'il avait voulu discuter de ses affaires à la maison, je lui aurais posé des questions. Une femme s'adapte toujours, surtout si vous êtes jeune quand vous vous mariez, vous devenez vraiment le style d'épouse que votre mari souhaite. Le mari de ma sœur adore ramener ses problèmes à la maison, il ne parle que de travail, et Lee a du mal à comprendre ça [31]. Avec Jack, il fallait lire les journaux et être au courant de tout. S'il vous demandait : « Tu as vu Reston aujourd'hui ? », et que ce n'était pas le cas, il était assez agacé. Je peux dire que vous vous débrouilliez pour le voir dès le lendemain. Si vous répondiez : « Qu'est-ce qu'il

---

présidents du XXe siècle, y compris Truman lui-même. Après quoi il prit un avion pour la convention de son parti à Los Angeles.

31. Caroline Lee Bouvier Canfield Radziwill (1933-) était la sœur cadette de Jacqueline.

Ted Sorensen et le sénateur Kennedy

a dit ? », il vous rétorquait : « Débrouille-toi pour trouver toute seule. »

Son équipe était victime du même phénomène. Au cours de cette réunion, à Hyannis Port, le problème qui a bouleversé l'équilibre, c'est que Ted Sorensen, qui jusque-là travaillait à la fois sur les discours et sur la stratégie politique, a été retiré de la stratégie. Bobby, Kenny et les autres ont pris le relais sur la question politique.

Oui, je me rappelle que Ted en voulait à Bobby. Ted n'aimait pas la niche dans laquelle on l'avait relégué. N'oubliez pas qu'il y avait un peu de rumba dans l'air. Jack a toujours pu compter sur Bobby. Et c'est comme ça qu'il avait conçu sa campagne. Il ne pouvait pas faire entièrement confiance à Ted.

Pour des questions de jugement ?

Oui et non. Je pensais plutôt à l'affaire du *Courage dans la politique*. Jack a été grand seigneur vis-à-vis de Ted, alors que Ted ne s'est pas très bien comporté.

Parce que Ted cherchait à donner l'impression d'avoir écrit le livre ?

Exactement. Pauvre garçon, il venait de démarrer, il était nouveau à Washington, mais il a tout fait pour, il prenait des pages de Jack, des passages qu'il avait retirés ou ajoutés, je vous promets, il allait voir les gens pour les leur montrer. Le jour où Drew Pearson a osé le dire, il y a eu un procès, et Clark Clifford a pris la défense de Jack qui, heureusement, avait conservé toutes les feuilles de ce bloc de papier officiel jaune sur lequel il avait écrit [32]. Jack a dû bénir Clark Clifford, parce que le jour où il lui a demandé de le défendre, Clark avait sûrement le sentiment que Ted avait écrit la majorité du livre. Or il ne lui a jamais posé la question, jusqu'au moment où Jack a été chercher son bloc de feuilles jaunes et les a montrées à Clark. Lequel l'a immédiatement conseillé : « Ce sont les preuves les plus valables que vous ayez. Mettez-les sous clé. Toutes. » De toutes façons j'ai vu Jack l'écrire, ce livre. Ted Sorensen envoyait une cinquantaine d'ouvrages sur Lucius Lamar ou sur un autre, qui venaient de la biblio-

---

32. Drew Pearson (1897-1969) était le plus connu des journalistes de la presse à scandale, un chroniqueur très lu et le responsable d'une émission hebdomadaire sur la chaîne de télévision ABC. Clark Clifford (1906-1998) était un juriste de Saint-Louis qui fut le conseiller intime du président Harry Truman avant d'ouvrir un cabinet très lucratif à Washington et de se forger une réputation de « sage ». Dans les années 1950, John F. Kennedy était l'un de ses clients. En 1957, Pearson affirma sur ABC que *Le Courage dans la politique* avait en réalité été écrit par Sorensen. Avec l'aide de Clifford, John F. Kennedy força Pearson à se rétracter. Lors de la campagne de 1960, Kennedy demanda à Clifford de préparer une transition possible à la Maison Blanche. Tout au long du mandat de John F. Kennedy, Clifford continua à conseiller les Kennedy sur diverses questions publiques et privées.

thèque du Congrès, et Jack les lisait en prenant des notes. Ça allait et venait sans cesse par la poste. Je vous promets, j'ai réellement vu Jack écrire ce livre. Je n'ai pas du tout apprécié la façon dont Ted s'est comporté à ce moment. Toute sa vie tournait autour de sa personne, puis soudain, à la Maison Blanche, il s'est mis à en adorer un autre : Jack.

Si tard que ça ? Ted donnait vraiment l'impression d'être le plus dévoué, le plus altruiste de la bande.

Attendez, la rédaction du *Courage dans la politique*, c'était en 1955, 1956 ? Non, je dirais, toute l'année 1956 et début 1957. Jack pardonnait très facilement, mais moi, je n'ai jamais pardonné à Ted Sorensen. Je l'ai vu se comporter comme un rapace. Après, plus il était occupé, moins il avait besoin de prouver ce genre de choses. Jack lui a donné – là encore, vous ne trouvez pas que c'est une preuve de générosité ? – tout ce que lui avait rapporté *Le Courage dans la politique* parce qu'il estimait que Ted y avait réellement contribué. C'est vrai qu'il bûchait et restait debout jusqu'à point d'heure. Je l'ai déjà dit, il était lent – il fallait toujours qu'il reste debout jusqu'à deux ou trois heures du matin pour finir je ne sais quoi. Mais ne pensez-vous pas – puisque tout le monde dit que c'est Ted qui a écrit le livre – que de la part de Jack, lui donner cet argent, qui représentait plus de cent mille dollars [33]…

33. À ce moment, Schlesinger semble avoir voulu dresser Jacqueline Kennedy contre Sorensen. À l'époque de ces conversations, les deux hommes étaient en concurrence et se hâtaient tous deux de terminer un livre sur le président Kennedy, ce qui rendit leurs relations quelque peu tendues. Dans son autobiographie de 2007 (*Counselor : A Life at the Edge of History*), Sorensen note les accusations de Pearson, selon lesquelles « je m'étais vanté en privé d'avoir écrit une bonne partie du livre, ou j'avais laissé entendre que je l'avais fait (accusation dont je regrette de dire qu'elle était peut-être en partie fondée, tout cela est trop ancien pour que je m'en souvienne) » (Ted Sorensen, *Counselor*, p. 150). Il affirme que « comme les discours de John F. Kennedy, *Le Courage dans la politique*

Ted a touché tous les droits d'auteur du Courage dans la politique *?*

Oui, parce qu'au moment où le livre est sorti, Jack pensait que ce serait à peine…

C'est fabuleux !

Un petit bouquin qui se vendrait à vingt-cinq mille exemplaires. Mais soudain il est monté en flèche pour devenir un best-seller, un vrai best-seller. Ted a empoché le moindre sou de ce livre jusqu'à l'édition souvenir, avec la préface de Bobby.

Incroyable ! Ted Sorensen a dû empocher des centaines de milliers de dollars.

Au moins une centaine. Jack était vraiment grand seigneur. C'était d'une générosité folle de sa part.

Bobby était à Washington à cette époque, mais avant 1959, il n'était pas encore vraiment impliqué, disons, dans le quotidien.

était une collaboration, qui n'avait rien d'inhabituel, puisque notre méthode de collaboration pour le livre était la même que pour nos discours ». Sorensen écrit qu'en 1953, John F. Kennedy et lui s'étaient mis d'accord : pour tout ouvrage publié sur lequel ils avaient collaboré, Sorensen toucherait au moins la moitié des honoraires ou des droits d'auteur. Il ajoute qu'avec le succès du *Courage dans la politique*, qui dégagea des bénéfices « bien supérieurs à ce que nous envisagions l'un et l'autre », John F. Kennedy, « de manière imprévue et généreuse », lui accorda « une somme à répartir sur plusieurs années, qui me parut plus qu'équitable », somme qui, en 1961, dépassait encore la moitié des bénéfices. Malgré ses commentaires acides sur Sorensen lors de ces conversations, Jacqueline se réconcilia bientôt avec lui et, durant ses années new-yorkaises, leur amitié reprit.

Quand nous étions à Washington, nous le voyions beaucoup. Mais, c'est drôle, à la Maison Blanche, nous avons arrêté de le voir le soir. Avant notre mariage, nous vivions à Georgetown, et nous dînions avec lui et sa femme une ou deux fois par semaine. Les deux frères parlaient du comité McClellan, du comité McCarthy, de toutes les institutions dont Bobby faisait partie [34]. Cela dit, si je ne me trompe pas, c'est Bobby qui a mené sa campagne pour le Sénat, n'est-ce pas ?

Oui, c'est exact.

En 1952 ?

En 1952, et Teddy, je crois, en 1958 [35].

Bobby a toujours été un peu… Chacun surveillait très attentivement ce que faisait l'autre. Mais à partir de cette réunion à Thanksgiving, Bobby a tout abandonné pour se consacrer à Jack. Je ne me souviens pas de ce qui l'a empêché de mener la campagne de 1958. Vous êtes sûr que ce n'est pas lui ?

Teddy était théoriquement le directeur de campagne, mais peut-être que je me trompe. Les pourparlers avec les syndicats ont eu lieu, si je ne m'abuse, à ce moment-là.

---

34. Robert F. Kennedy avait été conseiller adjoint du sous-comité permanent d'enquête du sénateur Joseph McCarthy avant de démissionner pour protester contre les excès de McCarthy. De 1957 à 1959, il fut conseiller principal du Comité sur le respect du droit du travail, pour le sénateur John McClellan, poste qui lui permit de poursuivre avec acharnement le président du syndicat des routiers, James Hoffa.

35. Edward Moore Kennedy (1932-2009) était le neuvième des enfants Kennedy. Après la naissance de Teddy, Jack demanda à ses parents : « Puis-je être le parrain du bébé ? » (Edward Kennedy, *True Compass*, Twelve, 2009, p. 24). Ils acceptèrent. À l'époque où John F. Kennedy se présenta pour un second mandat au Sénat, Ted Kennedy était en théorie son directeur de campagne, mais comme il faisait ses études à la faculté de droit de l'université de Virginie, il ne put s'y

Oui, ces négociations étaient extrêmement importantes pour Jack, mais je ne sais plus exactement quelle année c'était. En revanche je me rappelle que tous les matins au petit déjeuner, Arthur Goldberg [36] venait chez nous. Ou George Meany [37]. Ça devait être en 1957, nous venions d'emménager dans notre maison, parce que j'avais acheté des vieilles chaises de salle à manger qui grinçaient, et au milieu d'un des premiers petits déjeuners, Jack, George Meany et un autre se sont retrouvés les quatre fers en l'air. Toute cette année-là, nous avons vu des gens pour la convention collective. Dont Seymour Harris [38], au printemps…

Beaucoup plus de syndicats que de politique étrangère à ce stade-là…

Oui, il s'agissait de signer cette convention collective. C'était contre l'accord Landrum-Griffin [39] ?

L'accord Landrum-Griffin était une alternative qui a finalement été signée parce qu'Eisenhower s'est impliqué dans la bataille.

En tout cas, Jack a passé un printemps entier à travailler là-dessus.

---

impliquer à plein temps. En 1962, Ted remporta l'ancien siège de son frère au Sénat, qu'il occupa jusqu'à sa mort.

36. Arthur Goldberg (1908-1990) de Chicago, fils d'immigrés juifs de Pologne et d'Ukraine, fut l'avocat des syndicats AFL-CIO et United Steelworkers avant que John F. Kennedy ne le nomme ministre du Travail puis, en septembre 1962, juge à la Cour suprême.

37. George Meany (1894-1980), ex-plombier du Bronx, assez mal dégrossi, dirigeait l'AFL-CIO.

38. Seymour Harris (1897-1974) était économiste à Harvard.

39. La loi Landrum-Griffin de 1959 cherchait à réguler les pratiques syndicales afin d'éviter les excès que les frères Kennedy avaient découverts au cours de leurs audiences. John F. Kennedy voulait s'assurer qu'elle ne restreindrait pas l'activité syndicale honnête.

Le printemps 1959, je crois. En même temps il continuait à agir ailleurs, par exemple, quand il a prononcé son discours sur l'Algérie[40].

C'est vrai. Mon Dieu, il fallait vraiment que je sois mariée pour contribuer à une aventure pareille ! L'été qui a précédé notre mariage, Jack m'a donné un tas de livres français qu'il m'a demandé de traduire. À l'époque, je travaillais pour le *Times-Herald*[41] et je vivais chez ma mère en Virginie. La nuit, alors qu'il faisait si chaud, je traduisais ces livres, mais comme je ne savais pas ce qui était important et ce qui ne l'était pas…

Quel style d'ouvrages ?

Des livres sur l'Algérie. Non, non, c'était l'Indochine. Pardon, l'Indochine[42]. C'est ça. Voilà ce que je faisais avant de me marier.

---

40. En 1957, alors que la France était en guerre contre les Algériens qui voulaient affranchir leur pays de la métropole, John F. Kennedy prononça un discours controversé dénonçant la présence française en Algérie. Selon ses convictions alors téméraires (et prophétiques), l'Amérique avait tout intérêt à soutenir les mouvements anticolonialistes, parce que leur cause était juste et parce que cela aiderait les États-Unis à attirer dans leur sphère d'influence les nouvelles nations indépendantes où ce combat avait triomphé.

41. De 1951 à 1953, elle fut « photographe enquêtrice » pour le *Washington Times-Herald*, dont le rédacteur en chef, Frank Waldrop, nota que Jackie « voyait derrière les coins de rues » (Anthony, *As We Remember Her*, p. 60). À ce titre, elle couvrit le couronnement d'Élisabeth II d'Angleterre.

42. En 1954, les Français se retirèrent d'Indochine après la défaite humiliante de Diên Biên Phu. La pression était forte pour que les États-Unis vinssent les remplacer et reprendre la lutte pour empêcher le leader nord-vietnamien Ho Chi Minh (1890-1969) de conquérir l'ensemble du pays. John F. Kennedy était sceptique et voulait mieux connaître la situation. Grâce à son excellente maîtrise du français, Jacqueline lui traduisit des livres sur l'histoire et la politique des colonies françaises en Afrique du Nord, au Moyen-Orient, en Asie du Sud-Est, et sur d'autres sujets.

C'était en 1951-1952.

J'ai tout traduit sur l'amiral d'Argenlieu, Ho Chi Minh, les Ammonites et les Mennonites [43]. Une dizaine de livres en tout.

De livres entiers ?

Non, je feuilletais et je...

Vous résumiez. Il ne lisait pas le français ?

Si, Jack lisait le français, mais pas assez bien pour ne pas commettre d'erreurs sur les faits et les événements. Nous voyions beaucoup de Français à l'époque, qui lui offraient souvent des livres. J'ai fait pareil avec l'Algérie. Et la Voie maritime du Saint-Laurent, je me rappelle. C'était courageux, quand j'y pense [44].

Surtout le discours sur l'Algérie, parce que toute la petite bande du conseil des Affaires étrangères était outrée. Il se trouve que j'étais à Paris quand on a eu vent du discours, et un de mes vieux amis, Jean-Jacques Servan-Schreiber, de L'Express, *a été emballé au point de publier tout le texte, y compris les revendications.* L'Express *a été le premier magazine au monde à mettre en couverture le Président. Je me revois écrivant à Jack de Paris pour le rassurer : « Ne prêtez pas attention aux éditoriaux du* New York Times *qui affirment que vous ne devriez pas jouer les trouble-fêtes. Vous avez entièrement raison. Les gens qui suivent la question en France ont bien accueilli le discours. »*

---

43. Georges d'Argenlieu fut administrateur colonial en Indochine de 1945 à 1947. Dans la Bible, les Ammonites étaient les descendants semi-nomades de Loth. Les Mennonites suisses émigrèrent en Algérie au XIXe siècle.

44. En votant pour la construction de la Voie maritime, qui favoriserait le commerce des États-Unis aux dépens des emplois dans le Massachusetts, Kennedy suscita l'indignation d'une partie de son électorat, qui lui reprocha de se soucier davantage du reste du pays que de son propre État.

Oui, c'est vrai, je me rappelle quand il est allé en Pologne, il n'a pas voulu m'emmener parce qu'il trouvait que ça ne faisait pas sérieux de voyager avec sa femme. Jack a toujours été plus intéressé par les affaires étrangères. Mais il a suivi de près les discussions sur le salaire minimum, je me souviens, peu importe quand c'était [45]. Pour vous donner un exemple de sa générosité, je me rappelle à quel point il était écœuré, un jour où nous dînions avec ma mère et mon beau-père. Mon beau-père était là, en train d'étaler une grosse tranche de foie gras sur un toast, affirmant qu'il trouvait terrifiante l'idée que le revenu minimum soit à un dollar vingt-cinq. En rentrant à la maison, Jack s'est exclamé : « Tu te rends compte, ces blanchisseuses dans le Sud travaillent pour soixante cents par heure ? » ou soixante cents par jour, peu importe. De même, il était horrifié un jour où il a vu le président Eisenhower à Camp David avant l'investiture. Ils discutaient des réfugiés cubains et Eisenhower a déclaré : « L'idéal serait d'en embarquer une fournée en camion hors de Miami et de les envoyer comme domestiques à vingt dollars par mois, sauf qu'il y aura toujours quelqu'un pour en faire toute une histoire [46]. » Jack était atterré par tous ces nantis qui ne cherchent même pas à savoir comment on peut vivre avec vingt dollars par mois, et préfèrent exploiter ces gens comme esclaves. Il était humilié pour eux. Autre exemple, un jour, quand vous essayiez de récolter de l'argent pour le centre culturel [47], un des amis de mon beau-père,

45. Lors de leur premier débat en septembre 1960, John F. Kennedy repoussa les accusations de Nixon selon lesquelles il était « trop extrême » en reprochant aux républicains de s'opposer à une hausse du salaire horaire minimal fédéral, qui serait passé de un dollar à un dollar vingt-cinq : « Cela ne me paraît pas du tout extrême. »

46. En réalité, la rencontre de Kennedy avec Eisenhower eut lieu en avril 1961, après l'échec de l'invasion de la baie des Cochons.

47. Allusion aux efforts qui devaient déboucher sur la construction d'un Centre culturel national à Washington (plus tard rebaptisé John F. Kennedy Center for the Performing Arts), finalement inauguré en 1971.

républicain, a répondu : « Pourquoi est-ce que vous ne prenez pas sur les salaires ? Si vous retiriez un dollar par semaine à chaque paye d'ouvrier, vous auriez ce qu'il vous faut en un rien de temps. » Jack était outré et lui a tout de suite répondu : « Vous imaginez ce que ça représente, retirer un dollar par semaine à ces ouvriers ? » Toutes ces anecdotes montrent qu'il avait du cœur, qu'il était profondément choqué par ce type de réactions.

Bien sûr qu'il avait du cœur, mais il ne l'affichait pas, et les gens étaient habitués à un style d'expression plus sentimental sur ces questions. Il était très affecté. Mais serein. C'est pour ça que quelqu'un comme Hubert, un homme remarquable, est incapable d'établir un vrai contact avec autant de gens que le Président. Hubert est moins avancé sur ces questions. Le Président a-t-il apprécié les primaires de 1960, faire campagne et tout ce que ça implique, même si c'était difficile ?

Vous n'imaginez pas l'épuisement des primaires. Jack disait souvent que c'est grâce aux quatre jours que nous avons pris en Jamaïque entre le Wisconsin et la Virginie-Occidentale qu'il avait pu devenir président. Il s'obligeait à travailler jusqu'à l'épuisement, jusqu'au second souffle, au troisième, mais à ce stade-là vous n'en profitez plus. À la Maison Blanche, quand il s'en allait pour un long voyage et revenait fatigué, il rentrait en s'exclamant : « Mon Dieu, je ne sais pas comment j'ai fait pour traverser toutes ces années ! » Être sans arrêt fatigué, aussi longtemps, au point de perdre sa voix : je ne pense pas que quiconque aime travailler dans un tel état de fatigue. Dans le Wisconsin, on entrait dans une petite épicerie ou ailleurs, il y avait trois personnes à l'intérieur qui nous attendaient dos au mur et refusaient de nous serrer la main. Il fallait aller vers elles et leur prendre la main d'office. Et les rassemblements dans les petites villes, avec la fanfare et *tutti quanti*… mais personne ne venait. C'était vraiment dur. Le Wisconsin a été pire que tout.

Pire que la Virginie-Occidentale ?

En Virginie-Occidentale, je suis tombée des nues. Je pensais qu'ils nous considéreraient comme…

Des « papistes » ?

Oui, à cause de la littérature qu'ils faisaient circuler sur les religieuses, les prêtres et tout ce qui s'en suit. Or les gens étaient très amicaux. Je me souviens d'une mère de famille avec trois dents noires, qui nourrissait son bébé au sein sous un porche en ruines, et qui nous a proposé avec un grand sourire : « Vous voulez entrer ? » Dans le Wisconsin, les gens nous dévisageaient comme des bêtes. Jack disait : « Tous ces discours sur la vie rurale donnent une image complètement fausse de cette vie. » En réalité les gens sont seuls tout l'hiver, ils ont froid, ils n'ont que leurs animaux pour leur tenir compagnie, et ils sont très méfiants. C'est peut-être aussi parce que ce sont des Nordiques… Mais qu'est-ce qu'ils sont méfiants là-bas !

Vous y êtes sensible parce que le Président était catholique et qu'il venait de la côte Est, ou étaient-ils aussi méfiants vis-à-vis de quiconque – Hubert, par exemple ?

Dans le Wisconsin je pense qu'ils se méfient de quiconque est vaguement sociable. Ils n'aiment pas voir quelqu'un de nouveau débarquer, un groupe, rien. Ils se méfiaient de Jack pour toutes ces raisons. Alors qu'en Virginie-Occidentale, ils sont plus gais, même s'ils sont affreusement pauvres. Je n'ai rencontré personne d'hostile en Virginie-Occidentale, sauf un type curieux qui s'agitait et brandissait des tracts partout où nous prenions la parole. À l'inverse, dans le Wisconsin je n'ai rencontré personne d'aimable, sauf les gens qui travaillaient avec Jack.

Quand il était épuisé, il se remettait très vite, non ?

Oh, oui, on rentrait en chancelant dans une chambre d'hôtel, et le lendemain à six heures du matin, debout. Jack reprenait très vite des forces. Il pouvait passer une journée entière à la maison à dormir, et nous, nous en profitions pour nous occuper de son linge ou de je ne sais quoi, préparer ses affaires le soir, et le voilà reparti, ou nous voilà repartis. Il pouvait s'endormir n'importe où, dans l'avion, par exemple, comme un simple soldat. Quand j'y pense, d'ailleurs, beaucoup des problèmes des gens viennent du manque de sommeil.

Clem Norton[48] *disait que Teddy a une personnalité faite pour la rue. Le Président, lui, n'avait pas une personnalité faite pour la rue.*

C'est vrai. Mais à la fin, il avait une aura incroyable[49]. Teddy est plus XIXe. Il a le don d'aller vers les gens et de

48. Clem Norton (1894-1979) était un ami du grand-père Fitzgerald de John F. Kennedy. Il apparaît dans *La Dernière Fanfare* d'Edwin O'Connor sous le nom de Charlie Hennessey, « un grand gaillard aux joues creuses, la cinquantaine, les yeux exorbités ». Norton avait été directeur du Commonwealth Pier, dans le port de Boston ; menant campagne au volant de son camion équipé de haut-parleurs, il avait toujours échoué à se faire élire maire de Boston.

49. En juin 1963, lors d'un voyage en Europe, John F. Kennedy vit le mur de Berlin, puis prononça un discours poignant (sur ce qui est aujourd'hui la John F. Kennedy Platz), assurant les habitants de Berlin-Ouest qu'il les soutiendrait face à la menace soviétique de les chasser de la ville. Lorsqu'il prononça les mots « *Ich bin ein Berliner !* », il y eut une telle ovation qu'il dit plus tard, en plaisantant, qu'il avait trois mots à offrir comme conseil aux futurs présidents succombant au découragement : « Allez en Allemagne. » (Michael Beschloss, *The Crisis Years*, HarperCollins, 1991, p. 608).

Les Kennedy en campagne lors de la primaire dans le Wisconsin, 1960

raconter des histoires. Il ressemble un peu à Clem Norton, et encore plus à « Honey Fitz ». Jack, lui, aurait été incapable de déclarer, « Salut, mon vieux », ou de plaquer une paume de main sous l'aisselle de quelqu'un. Il trouvait ça déplacé.

Mais il ne répugnait pas à faire campagne ? Il aimait plutôt ça, non ?

Oui, sauf que si vous lui aviez demandé quelles étaient ses trois activités préférées, je ne pense pas qu'il aurait répondu faire

Pendant la primaire dans le New Hampshire

campagne [50]. Une fois qu'il était lancé, et si tout se passait bien, alors là il aimait et il était très réactif. Plus le temps passait, meilleur il était. Il adorait les gens qui étaient manifestement ravis de le voir – les vieilles dames, les enfants, que sais-je.

Quand il se déplaçait en tant que président, j'avais l'impression qu'il rentrait régénéré. Vous ne sentiez pas qu'il revenait plein d'énergie et de confiance ?

Si, ces déplacements lui faisaient un bien fou. D'ailleurs il ne s'en cachait pas, il avait besoin de sortir de Washington, de fuir tous ces petits gratte-papiers, ces fonctionnaires qui se démolissent entre eux. Ça lui faisait du bien de partir et de voir qu'il était adoré. De même en juin dernier, quand il est allé en Europe.

50. Par contraste, Robert Kennedy fut choqué lorsque Lyndon B. Johnson lui déclara en 1964 que faire campagne était ce qu'il préférait plus que tout dans la vie.

Troisième conversation

MERCREDI 4 MARS 1964

La dernière fois, nous avons commencé en évoquant la convention de 1960 et ce que le Président pensait de ses rivaux. Je me souviens que je m'opposais à certains des progressistes plus âgés et des universitaires à propos du Président. Aujourd'hui tout ça me paraît curieux, parce que personne n'a jamais fait autant pour les intellectuels à la Maison Blanche depuis Jefferson. J'imagine qu'une des raisons principales c'est l'affaire McCarthy [1]. *Connaissiez-vous McCarthy ?*

Non, je ne le connaissais pas. J'ai simplement assisté à une de ses auditions. Jack était souffrant à l'époque de cette affaire, non ?

---

1. Quand John F. Kennedy entra au Sénat en 1953, son collègue républicain Joseph McCarthy utilisait le sous-comité permanent d'enquête pour poursuivre de prétendus communistes cachés au sein du gouvernement des États-Unis, détruisant au passage bien des vies innocentes. Pris entre les nombreux électeurs du Massachusetts (surtout irlando-américains) qui adoraient McCarthy et les démocrates libéraux qui le détestaient, Kennedy fut critiqué pour n'avoir pas publiquement dénoncé le démagogue du Wisconsin. En décembre 1954, quand le Sénat vota une motion de censure contre McCarthy, John F. Kennedy était en convalescence après l'opération du dos qui faillit lui être fatale, et il fut le seul sénateur démocrate à ne pas participer au vote.

Oui, il était souffrant.

Les gens savaient que son père avait été lié à McCarthy, si je ne me trompe ? Il n'avait pas été à Cape Cod un jour ? Je ne sais plus.

Apparemment McCarthy a été à Cape Cod une ou deux fois.

En tout cas jamais quand nous y étions.

Et en aucun cas ce n'était un vieux copain, ni un proche du Président.

Non, jamais de la vie ! Je suis allée à une des auditions par pure curiosité et je l'ai vu, il était assez effrayant. J'imagine que les libéraux faisaient le lien parce que Jack était le fils de son père.

Oui, en partie, mais aussi parce qu'il ne s'est pas attaqué à McCarthy, même si très peu de membres du Sénat, y compris Hubert Humphrey et Paul Douglas[2]*, se sont attaqués à McCarthy. Que pensait le Président de lui selon vous ?*

Je crois qu'il trouvait cette histoire déplorable, surtout la façon dont McCarthy s'agitait et prenait toute la place. Jack a effectivement fait une déclaration, soit de l'hôpital, soit juste avant l'opération, ou peut-être qu'il a voté la censure, mais en tout cas il n'était pas sur place.

Si. Il avait préparé un discours avant d'être hospitalisé. Il ne l'a jamais prononcé mais il indiquait qu'il était pour la censure. Quand le vote a eu lieu, il était très malade et je ne pense pas qu'une déclaration ait été faite à ce moment-là.

---

2. Paul Douglas (1892-1976) était un sénateur démocrate libéral de l'Illinois.

Si vous aviez vu le pauvre McCarthy… Je me souviens, je me suis retrouvée devant lui, il entrait dans l'ascenseur ou en sortait, c'était un homme fini. Il sentait l'alcool, et ses yeux étaient pitoyables à voir. Au fond, Jack en pensait ce que tout le monde en pensait. Mais il n'aimait pas hurler avec la meute. En outre, pour lui, c'était un problème d'électorat, n'est-ce pas ?

Oui.

Pour le moindre de ses électeurs à Boston, toute personne s'appelant Mc-Je-ne-sais-quoi était forcément quelqu'un de merveilleux.

Beaucoup devaient penser que McCarthy était un démocrate. Vous vous souvenez du vieux John Fox ?

Celui qui était propriétaire d'un journal ?

Propriétaire du Boston Post[3]*. À un moment il s'est lancé dans une diatribe contre les communistes à Harvard, et contre moi en particulier.* [Jacqueline rit.] *Jack était à Boston, si bien qu'il est venu et il a expliqué qu'il y avait peu de chances que je sois communiste, et qu'il n'y avait aucune raison de s'en prendre à moi. Plus tard il m'a avoué qu'il était persuadé que John Fox le croyait communiste lui aussi !*

---

3. John Fox (1906-1985) racheta le *Boston Post* en 1952 pour 6 millions de dollars (dont un prêt de 500 000 dollars consenti par Joseph Kennedy, pour lequel Fox exprima ses remerciements en renonçant à soutenir Henry Cabot Lodge en faveur de John F. Kennedy au Sénat). Fox donna au journal un ton maccarthyste véhément et soutint vigoureusement « Onions » Burke au printemps 1956. À la fin de cette même année, il fit faillite. Fox mourut sans le sou.

Bobby était contre McCarthy, n'est-ce pas, ou c'était plus tard ? Quand est-ce qu'a eu lieu l'histoire de Bobby avec Roy Cohn [4] ?

Bobby, voyons voir, c'était à peu près au moment où...

Bobby travaillait-il pour McCarthy à cette époque ?

Bobby était spécialiste des questions juridiques pour le comité démocrate, mais au début lui et Roy Cohn avaient travaillé avec McCarthy, mais il ne supportait pas les méthodes de Cohn. Ensuite il a été associé à Symington, Jackson [5] et les opposants. Jackson était apparemment un ami de M. Kennedy à un moment.

Oui, mais pas un ami proche. Là encore, M. Kennedy était extrêmement loyal. Mais quand même, les Irlandais ont un complexe de persécution, vous ne pensez pas ? J'ai remarqué la façon dont Mme Kennedy demande systématiquement : « Untel est-il catholique ? », « Sont-ils irlandais ? » quand on évoque quelqu'un.

Mme Kennedy n'a jamais oublié ce qu'elle a vécu enfant à Boston.

Certes, mais aujourd'hui encore, si vous dites que vous connaissez Untel ou que Untel vient dîner, elle vous deman-

4. En janvier 1953, Robert Kennedy commença à travailler pour le comité de McCarthy comme conseiller juridique, sous les ordres de l'avocat sans scrupules de McCarthy, Roy Cohn. L'animosité était telle entre les deux hommes, sur des questions mineures ou majeures, qu'ils faillirent en venir aux mains. À l'été, Robert était passé dans le camp démocrate, puis il quitta le comité.

5. Henry « Scoop » Jackson (1912-1983) était un sénateur démocrate de Washington dont John F. Kennedy envisagea sérieusement de faire son vice-président en 1960.

dera : « Est-il catholique ? » « Est-elle catholique ? », comme si la personne était aussitôt sympathique. Au fond c'est un signe de timidité. D'ailleurs M. Kennedy était assez conservateur, il aurait très bien pu apprécier Joe McCarthy parce que c'était un Irlandais, parce qu'il était catholique, et parce que tout le monde s'acharnait contre lui. Sans chercher plus loin que ça. Cela dit on ne parlait jamais de lui à la maison. Et M. Kennedy n'a sûrement pas recommandé à Jack d'être pour ou contre lui. Ça a été difficile pour Jack, voter pour la censure et ce qui s'ensuivait. À Boston ils ont détesté.

C'est vrai. C'était une situation très délicate. Et les Nixon ? Voyiez-vous les Nixon lors de ces années sénatoriales ?

Non. Enfin, si, je voyais Mme Nixon aux cours de secourisme. Je vous explique : tous les mardis, les femmes de sénateurs ont une séance de secourisme où elles apprennent notamment à faire des bandages. C'est toujours la femme du vice-président qui préside la séance, avec un uniforme d'infirmière. C'est la seule occasion où je voyais Mme Nixon.

J'imagine qu'elle devait être parfaite pour les bandages. Mais revenons aux primaires de 1960. Vous vous rappelez qu'elles ont été particulièrement dures dans le Wisconsin. Le Président a-t-il jamais eu l'air inquiet du résultat, ou était-il trop occupé pour avoir des états d'âme ? Avait-il des hauts et des bas ?

Quand vous êtes en pleine campagne, vous avez à peine le temps de penser aux résultats, même si Jack étudiait de près les sondages et les variations entre tel et tel district. Mais je me souviens de la nuit des primaires à l'hôtel Pfister, à Milwaukee. C'était un cauchemar. Nous étions sur des charbons ardents. Chacun avait mis tout ce qu'il avait dans la bataille et en ressortait lessivé. Après on voyait que ça n'avait mené à rien et il fallait tout recommencer. Je me souviens de cet affreux personnage, Miles McMillin, qui écrivait pour le journal de Madison et qui est marié avec une Rockefeller ; elle-même avait épousé Proxmire en première noce [6]. Il envoyait des lettres anonymes au journal en racontant toutes sortes d'obscénités sur Jack. Un personnage terrifiant. Là encore, un libéral au regard de rapace [7]. Un soir il est venu chez nous, et je suis passée deux fois devant lui sans le saluer, en l'ignorant absolument. [*Rires.*] Je lui en voulais tellement. Jack, lui, était poli.

La Virginie-Occidentale, comme vous le disiez, fut plus agréable.

Oui, les gens étaient plus gentils. Et nous faisions campagne à deux, même s'il nous arrivait de nous séparer. J'allais faire mon petit tour avec quelqu'un – dans un magasin, un bar, ou une petite ville minière. C'était des réunions très modestes, minuscules – jamais plus de dix ou vingt personnes.

Vous parliez ou simplement vous...

Je leur disais bonjour à chacun et je discutais avec eux. Je leur expliquais qui j'étais, mais j'avais toujours quelqu'un

---

6. Miles McMillin (1923-1982) était journaliste, puis éditeur du *Capital Times* de Madison, Wisconsin. Son épouse Elsie Rockefeller McMillin (1924-1982) avait été mariée au nouveau sénateur de l'État, William Proxmire. John F. Kennedy pensait que McMillin était anticatholique.

7. En 1964, Jacqueline Kennedy considérait encore les libéraux comme une source d'ennuis pour Jack, opinion qu'avait partagée son mari. Les membres du groupe que John F. Kennedy appelait « les libéraux professionnels » se méfiaient de lui depuis qu'il avait été candidat à la Chambre pour la première fois, en 1946, à cause de son père conservateur. Une fois élu président, ils l'accusèrent d'être un vigoureux partisan de la guerre froide et, intimidé par les démocrates conservateurs du sud des États-Unis, de ne pas poursuivre le programme libéral sur les droits civiques, l'éducation, le droit du travail, la couverture santé, la lutte contre la pauvreté et d'autres problèmes nationaux.

avec moi. Qui était-ce, déjà ? Franklin [8] ? Parce qu'en général il accompagnait Jack. Tous les soirs, nous assistions à un grand rassemblement où Franklin prenait la parole. Jusqu'au jour où je suis tombée enceinte de John et on m'a renvoyée à la maison.

Franklin était-il un vieil ami ou est-il devenu proche en Virginie-Occidentale ?

Non, c'était déjà un ami de Jack au Congrès. Ils se sont toujours appréciés. Oui, Franklin a toujours été un ami. C'est quelqu'un avec qui vous pouviez toujours plaisanter, il me faisait rire, de même que Jack. Je me souviens, j'ai filé dans le Wisconsin avec lui. Nous avons traversé un district entier avec des gens de couleur, et un défilé de supermarchés où personne ne nous prêtait la moindre attention. Mais c'est surtout en Virginie-Occidentale que nous l'avons vu, et après c'est resté un bon ami.

En Virginie-Occidentale la bataille a un peu tourné au vinaigre. Et encore plus dans le Wisconsin, avec Hubert.

Comme le disait Jack, la bataille finit toujours par s'envenimer. Les supporters d'Humphrey prétendaient que les Kennedy étaient en train d'acheter l'élection, et les supporters de Kennedy reprochaient à Humphrey de ne pas avoir fait de

8. Franklin Roosevelt Jr (1914-1988) était au Congrès en même temps que John F. Kennedy, de 1949 à 1955. Kennedy apprécia particulièrement son soutien en 1960, parce qu'il compensait l'opposition manifestée avant la convention par sa mère Eleanor, qui préférait de loin son ami Stevenson. N'ayant pu lui assurer une position adéquate au gouvernement (il demanda à McNamara de le nommer secrétaire ou secrétaire adjoint à la Marine, comme son père l'avait été sous Wilson, mais le nouveau chef du Pentagone refusa), le Président le nomma sous-secrétaire au Commerce en 1963.

Le sénateur Kennedy parle aux mineurs pendant la primaire en Virginie-Occidentale

service militaire [9]. Je vous rappelle que Jack s'abstenait de ce genre de reproche. Il essayait surtout de prouver que le fait d'être catholique ne représentait aucun danger.

Et il y est parvenu – entièrement, bien sûr. En Virginie-Occidentale il l'a emporté à trois contre un, si je me souviens bien. À partir de là, est-ce…

Vous voulez que je vous raconte une anecdote amusante sur la nuit où nous avons gagné en Virginie-Occidentale ? Au fond, cette soirée était angoissante. Nous ne voulions pas revivre une nuit comme à l'hôtel Pfister. Du coup nous sommes rentrés à Washington et nous avons dîné avec les Bradlee avant d'aller au cinéma.

Quel film, vous rappelez-vous ?

Nous sommes allés au Trans-Lux, mais le film était presque fini, alors nous avons été voir un drôle de film sur New York Avenue, le seul qui était encore visible et où nous pouvions entrer. C'était une histoire sinistre, sordide, un meurtre en Californie – vraiment morbide [10]. Nous sommes rentrés chez

9. Alors qu'il faisait campagne pour John F. Kennedy en Virginie-Occidentale, Roosevelt déclara aux journalistes que Humphrey était « un bon démocrate, mais j'ignore ce qu'il pouvait bien fabriquer pendant la Seconde Guerre mondiale » (Schlesinger, *Robert Kennedy et son temps*, p. 124). En fait, le sénateur du Minnesota avait essayé d'entrer dans l'armée mais il avait été réformé pour cause de hernie.

10. Ce mélodrame était *Propriété privée*, de Leslie Stevens, au budget si faible que le film fut tourné chez Stevens, à Hollywood Hills, avec son épouse Kate Manx dans le rôle principal. On y voit une ménagère s'acoquiner avec deux vagabonds, avec des scènes de viol et de meurtre. Dans les souvenirs de Bradlee, John F. Kennedy soupçonnait (à juste titre) *Propriété privée* d'avoir été mis à l'index par l'Église catholique, et il disait en plaisantant que certains électeurs de Virginie-Occidentale hostiles aux catholiques auraient peut-être voté pour lui s'ils avaient su qu'il avait vu ce film.

nous, déprimés par ce film, et nous avons attendu que le téléphone sonne. J'étais dans l'office en train de prendre des glaçons quand soudain j'ai entendu des hurlements de joie. Ils venaient d'appeler Jack, et les résultats étaient fabuleux en Virginie-Occidentale. Vite, nous avons sauté dans un avion pour filer sur place, et nous sommes arrivés en pleine nuit.

C'est la seule élection où c'est arrivé, n'est-ce pas ? La plupart du temps vous attendiez les résultats sur place.

Oui, nous étions toujours sur place.

La Virginie-Occidentale, c'était vraiment, ça passe ou ça casse. Et après, avez-vous eu l'impression de naviguer par temps clair ?

Oui, en tout cas pour Jack. Parce qu'il s'agissait surtout de faire des tournées et de parler aux gens.

Ensuite il est revenu pour la session spéciale du Sénat qui a commencé en août.

Chaque fois qu'il venait à Cape Cod pour un week-end ou une journée, notre petite maison était envahie. Imaginez, par exemple, cinquante Lituaniens débarquant à onze heures du matin avec des poupées folkloriques pour Caroline avant de disparaître. Ou Tom Mboya [11], puis le gouverneur Stevenson, Norman Mailer… le défilé n'arrêtait jamais. Sans compter les badauds devant la maison – j'avais commencé à construire une palissade mais elle n'était qu'à moitié finie. Cet été-là,

11. Tom Mboya (1930-1969) était un jeune leader nationaliste kenyan. Lors de leur rencontre, le 26 juillet 1960, à Hyannis Port, il convainquit John F. Kennedy, président du sous-comité du Sénat pour l'Afrique, que la fondation de la famille Kennedy devait soutenir les efforts de l'association Airlift Africa pour envoyer des étudiants africains dans les universités américaines. Parmi les jeunes Kenyans venus étudier en Amérique se trouvait Barack Obama Sr, ami et partisan de Mboya arrivé en 1959.

Lee et Stas [12] logeaient chez nous. Tout le monde pouvait les voir entrer ou sortir de la baignoire parce que leur chambre donnait sur la rue. Nous vivions dans une certaine promiscuité.

À propos de la convention, vous-même ou le Président, vous n'avez jamais eu peur en voyant la façon dont les choses se passaient ? Par exemple, tous les efforts de Stevenson et le piquet de grève de Johnson ?

J'étais à Cape Cod avec ma mère et mon beau-père, et Janet. J'étais seule parce que j'attendais John [13]. Mais je paniquais quand je lisais les journaux. C'est vrai, Jack m'appelait sans cesse, en général très tard dans la nuit, pour me rassurer. Mais j'étais vraiment inquiète. J'imagine que sur place ils étaient plus sereins. Bobby m'a dit qu'à peine il est arrivé à la convention, il a compris que Jack aurait la nomination.

Le Président vous appelait tous les jours, et Bobby, vous appelait-il ?

Non, non, Bobby me l'a raconté plus tard. Bobby ne m'appelait pas.

Si bien que vous avez raté, évidemment, le grand numéro de Stevenson [14].

---

12. Stanislas Albert Radziwill (1914-1976), surnommé Stas, prince polonais exilé, investisseur immobilier londonien, était le second mari de la sœur de Jacqueline, Lee. En 1960 il fit campagne pour John F. Kennedy parmi l'électorat polonais, et il fut le parrain de John.

13. Même si l'information resta confidentielle à l'époque, Jacqueline Kennedy traversait alors une grossesse douloureuse. Les médecins lui avaient demandé de bouger le moins possible en attendant la naissance prévue en décembre. « Janet » est sa demi-sœur, Janet Auchincloss.

14. À Los Angeles, le gouverneur de l'Illinois encouragea un mouvement exigeant sa désignation comme candidat démocrate à la présidentielle.

Jacqueline interviewée à Hyannis Port, 1960

Oui, je l'ai simplement vu à la télévision.

Mais vous avez vu des épisodes, tel le débat entre le Président et Lyndon. Vous avez raté les supporters de Lyndon invoquant la maladie d'Addison et[15]...

Si, je m'en souviens, d'autant plus que Lyndon Johnson est venu chez nous à Cape Cod après la Convention. Nous avons libéré notre chambre pour lui et Lady Bird. Nous dormions dans un petit lit dans une minuscule chambre d'invités. Ensuite nous sommes allés chez M. Kennedy, là où devait se réunir la presse le lendemain, et Lyndon s'est affalé dans le fauteuil de M. Kennedy. J'avais envie de lui dire : « Vous savez à qui appartient le fauteuil dans lequel vous venez de vous asseoir, après tout ce que vous avez dit sur cet

15. Avant la convention de Los Angeles, l'équipe de Lyndon Johnson avait émis des avis pessimistes sur l'état de santé du sénateur Kennedy.

homme [16] ? » Chaque fois que Lyndon prenait la parole ce soir-là, Lady Bird sortait un petit carnet et prenait des notes, tel un chien de chasse bien dressé. Il posait une question banale, « Votre sœur vit-elle à Londres ? », par exemple, et Lady Bird notait le nom de Lee et « Londres ». Je vous promets, elle notait chaque nom, chaque numéro de téléphone – c'était une drôle de façon de fonctionner [17].

Ils étaient un peu comme une équipe de hockey.

Oui, pour ainsi dire... elle avait tout le temps ces trois carnets verts remplis de notes.

Revenons au choix de Lyndon pour le ticket démocrate.

Tout le monde était déçu parce que Lyndon était celui qu'ils appréciaient le moins, mais je dois dire que Symington s'est particulièrement bien comporté [18].

---

16. À Los Angeles, Lyndon B. Johnson avait reproché à Joseph Kennedy (envers qui il s'était jusque-là montré très courtois et qui l'avait encouragé à se présenter à la présidentielle en 1956 avec Jack comme colistier) son pessimisme d'avant-guerre quant aux chances de la Grande-Bretagne face à l'Allemagne nazie. Johnson déclara : « Je n'ai jamais pensé que Hitler avait raison, *moi* ».

17. Hors micro, Jacqueline expliqua à Schlesinger que lors de cette visite, elle avait demandé à Lady Bird ce qu'elle faisait depuis la convention. Elle s'attendait à une réponse du genre : « Je me suis simplement reposée après cette maison de fous. » (Schlesinger, *Les Mille Jours de Kennedy*, p. 103.) Mais Mme Johnson répondit qu'elle adressait des mots de remerciements à tous les gens qui avaient été si gentils avec son mari à Los Angeles.

18. Le jour de sa nomination, Kennedy avait dit à Clark Clifford, ami intime de Symington, qu'il voulait prendre celui-ci comme colistier ; Symington avait mené sa propre campagne présidentielle, dans l'espoir d'être choisi après une impasse de la convention. Symington commença donc à rédiger son discours d'acceptation. Mais le lendemain, John F. Kennedy déclara à Clifford que, désormais convaincu de ne pouvoir gagner sans Lyndon, il devrait « revenir sur une proposition formulée de bonne foi » (Clark Clifford, *Counsel to the President*, Random House,

C'est vrai.

Ce n'était peut-être pas un grand homme d'État, mais ce jour-là il a été grand seigneur. Ça a fait de la peine à Jack. J'ai même écrit une lettre à Symington que je lui ai demandé de brûler. [*Elle rit.*] Et il m'a écrit pour me promettre qu'il l'avait détruite. Je lui avouais que je regrettais qu'il ne soit pas vice-président. Jack était obligé de prendre Lyndon comme candidat à ses côtés, pour le neutraliser, parce qu'il avait un tel ego qu'il aurait tout fait pour lui barrer la route. Je sais qu'il a fait en sorte que la session du Sénat ait lieu avant la convention [19].

1992, p. 318). Jacqueline écrivit à Eve Symington qu'il aurait été « tellement amusant que ce soit Stu et vous » (James Olson, *Stuart Symington*, University of Missouri, 2003, p. 362).

19. Lyndon B. Johnson avait demandé une session extraordinaire du Sénat, après la convention. Depuis toujours, Jacqueline appréciait Johnson – il trouvait qu'elle était plus « sympathique » avec lui que quiconque dans l'entourage de Kennedy, mais ce passage suggère la déception que Johnson lui causa lorsqu'il fut devenu président. Deux jours avant Noël 1963, Lyndon B. Johnson manifesta sa tendance à dépasser les bornes. Il téléphona à Jacqueline pour lui souhaiter de joyeuses fêtes (« Comment va ma petite fille ? », Lyndon B. Johnson à Jacqueline Bouvier-Kennedy, 23 décembre 1963, transcription d'un appel téléphonique enregistré, in Beschloss, *Reaching for Glory*, p. 18) sans lui dire que des journalistes l'écoutaient, afin de leur prouver combien il était proche de la veuve révérée. Et Robert Kennedy, qui détestait Johnson, lui avait raconté toutes sortes d'histoires, notamment l'anecdote selon laquelle, le lendemain de l'assassinat, Lyndon B. Johnson avait demandé à la secrétaire personnelle de John F. Kennedy d'évacuer son bureau de l'aile ouest, « pour que je puisse y installer mes filles », et avait souligné comment Johnson était revenu sur toutes sortes de décisions prises par Kennedy. Bien que troublée par les maladresses constantes de Johnson et par son hostilité à un certain nombre de choix politiques de John F. Kennedy, Jackie Kennedy appréciait Lyndon B. Johnson et avait beaucoup d'affection et d'admiration pour Lady Bird, qui l'avait souvent remplacée en tant que Première Dame. Jacqueline était également reconnaissante envers celle qui lui avait succédé pour avoir poursuivi son programme de restauration de la Maison Blanche, et pour avoir maintenu l'Association historique de la Maison Blanche et les autres améliorations visant à faire de cette résidence un musée de l'histoire et de la culture américaines.

Je crois qu'il l'a convoquée avant la convention.

C'est ça, pour que Jack ne puisse pas faire campagne et agir. Il lui a mis des bâtons dans les roues.

Finalement elle a eu lieu après.

Si vous aviez vu Johnson là-bas avec son immense ego, contrarié et amer. Au fond personne n'était content de la situation. Tout le monde était même très étonné qu'il ait accepté. Vous avez des gens qui pourront vous en dire plus long là-dessus... [*Chuchotements.*] En plus je crois qu'il avait bu, n'est-ce pas ?

Phil Graham était un excellent intermédiaire et il m'a longuement raconté comment il faisait et défaisait les rois. Si je ne me trompe, Joe Alsop pense qu'il est responsable du choix de Lyndon pour le ticket[20].

---

20. Philip Graham (1915-1963) était l'éditeur du *Washington Post* et un allié de Johnson qui, suivant l'habitude de nombreux propriétaires de journaux à l'époque, aimait jouer un rôle politique en coulisses. Dans le livre posthume où il expliqua comment il contribua au choix de Lyndon B. Johnson, il ne se présente en rien comme un faiseur de rois, pas plus qu'Alsop dans ses Mémoires. Selon son propre récit, Graham se limita à inciter les deux hommes à être candidats ensemble et, quand John F. Kennedy se fut rendu dans la chambre de Johnson au Biltmore Hotel pour conclure un accord avec lui, à encourager Lyndon B. Johnson à ne pas compromettre le « ticket » lorsque des libéraux en colère se firent menaçants. Robert F. Kennedy, qui détestait déjà le Texan en 1960, affirma par la suite que son frère ne lui avait proposé la vice-présidence que pour la forme, et que Johnson s'en était « emparé » (Robert Kennedy, entretien enregistré, bibliothèque Kennedy). Graham, Alsop et d'autres soutiennent que John F. Kennedy avait prévu, avant sa nomination, de faire une offre sérieuse à Johnson afin de s'attirer la sympathie d'importants États du Sud, et ainsi de gagner la présidence. On ne saura sans doute jamais à quel point Kennedy souhaitait vraiment avoir Johnson comme colistier.

Seigneur, je ne sais pas. J'imagine que Bobby pourrait vous expliquer tout ça.

Bobby était contre.

Oui, mais il est au courant. Tout ce que je sais, c'est qu'il y a eu un appel à huit heures du matin environ et que Lady Bird a répondu. Lyndon dormait encore. Jack est descendu. Lyndon a dit qu'il allait venir mais Jack a refusé et dit qu'il irait chez lui. Lyndon a tout de suite accepté. Je ne sais pas ce qui s'est passé entre-temps, et tout le monde a été assez étonné. Au fond, je ne sais pas si tous ces gens faisaient et défaisaient les rois ou non.

Joe et Phil étaient avec le sénateur Kennedy le mardi, et ils lui ont dit qu'il fallait qu'il ait Johnson sur son ticket. Le Président n'a pas moufté. Ensuite, d'après Phil, il l'a appelé et lui a dit : « J'ai envie d'y aller avec Lyndon. » Je crois que le Président a appelé Lyndon directement. Lyndon dormait et ça a été le début de l'affaire.
Lui arrivait-il d'en vouloir longuement à quelqu'un ?

Jamais ! Il m'arrivait même de l'entendre dire des choses aimables sur quelqu'un et je lui demandais : « Comment ça ? Tu dis des choses gentilles sur X ? Ça fait trois semaines que je ne peux plus le supporter. » Si je croisais la personne dans la rue, je me faisais un devoir de lui jeter un regard noir ou de traverser pour l'éviter, et Jack me répondait : « C'était il y a trois semaines. Aujourd'hui il a fait tel ou tel geste. » En politique, le vent tourne très vite, et Jack n'envenimait jamais la situation au point où il n'y a plus de réconciliation possible. Il disait souvent : « En politique tu n'as pas d'amis ou d'ennemis, tu as des collègues. » Non, ce n'est pas exactement ça…

Des intérêts. Palmerston disait qu'il n'y avait pas d'amitiés ni d'alliances permanentes, mais seuls des intérêts permanents.

Jack envisageait toujours les choses objectivement, comme des pions sur un échiquier, ce qui est bien. Comment aurait-il avancé s'il en avait voulu à toutes ces personnes avec qui il fallait qu'il collabore plus tard ? C'est la seule façon de faire – et c'est une des raisons pour lesquelles les femmes ne devraient pas se lancer dans la politique. Nous ne sommes pas taillées pour ça.

Oui. Il était d'un réalisme impressionnant dans ce sens-là. Je me rappelle qu'à Los Angeles, tout le monde a cru qu'à peine Lyndon s'était attaqué à son père, il avait signé sa mort. L'idée circulait qu'il y avait des règlements de compte entre Irlandais. Trop de gens avaient vu les films de John Ford[21].

C'est John Connally qui colportait la rumeur à propos de la maladie d'Addison de Jack. La veille de la mort de Jack au Texas, je lui ai avoué que j'avais horreur de Connally. Ce type était trop content de lui. Il avait passé son temps dans la voiture à rappeler à Jack à quel point il l'avait devancé au Texas. J'ai fini par demander à Jack : « Mais qu'est-ce qu'il cherche à te dire ? C'est vraiment grossier d'insister à ce point-là. » Jack m'a répondu : « C'est parce qu'il a de bons contacts avec des hommes d'affaires texans et il a obtenu un soutien qu'il n'avait pas jusqu'ici. Voilà ce qu'il cherchait à me dire[22]. » Jack a été adorable. C'était au moment où nous

21. Le cinéaste à qui l'on doit des films comme *Le Mouchard* (1935), sur un rebelle irlandais qui trahit un camarade.

22. John Connally (1917-1993), juriste et ami texan de Lyndon Johnson. Lors d'une conférence de presse, avant le vote à Los Angeles en 1960, Connally avait exigé un examen médical pour savoir si Kennedy était en assez bonne santé pour être président. John F. Kennedy le nomma quand même ministre de la Marine. Élu gouverneur de son État en 1962, Connally accompagna les Kennedy, avec son épouse Nellie, dans quatre villes texanes, les 21 et 22 novembre 1963. Dans le convoi de Dallas, Connally, démocrate conservateur, eut un dernier échange avec le Président, à propos d'un sondage à paraître qui le donnait gagnant contre John F. Kennedy au Texas en 1964. Kennedy répondit : « Ça ne me

allions nous coucher, il a ajouté : « Si tu commences à dire ou à penser que tu détestes quelqu'un, tu te comporteras comme si tu le détestais pour de bon » et « Nous sommes venus au Texas pour panser ce type de blessures et tu risques de nous en empêcher »[23]. Tout le monde détestait tout le monde. Mais Jack s'est contenté de me rappeler : « Il ne faut jamais entretenir de telles pensées à propos des gens. » Il m'a dit ça avec une profonde gentillesse.

Comme avec les supporters de Stevenson. Quand on pense que les personnalités les plus importantes de la campagne Stevenson à Los Angeles étaient George Ball, Bill Wirtz et Tom Finletter[24]*...*

C'est bien de savoir pardonner rapidement. C'est une qualité que Jack appréciait chez moi, dans notre mariage... Si jamais il y avait un léger nuage, j'étais toujours celle qui me précipitais vers lui pour lui dire, « Pardon, chéri, je t'ai blessé ? J'ai dit ce qu'il ne fallait pas ? » Il appréciait, parce que je pense que les hommes ont du mal à être les premiers à se réconcilier dans un cadre familial. Je suis incapable de le faire hors de ce cadre.

---

surprend pas » (John Connally, *In History's Shadow*, Hyperion, 1994, p. 10).

23. L'un des objectifs du voyage au Texas en novembre 1963 était de régler une dispute interne au parti qui, dans cet État, opposait Johnson et Connally à leur ennemi politique, le sénateur du Texas Ralph Yarborough. Connally refusa de prendre place dans le convoi présidentiel avec Yarborough. Yarborough refusa d'accompagner Johnson. À Fort Worth, le dernier matin, John F. Kennedy avait été obligé de crier à Yarborough : « Bon Dieu, Ralph, ça suffit comme ça » (Manchester, *Mort d'un président*, p. 133). Son homonyme Don Yarborough (aucun lien de parenté) avait failli battre Connally pour la nomination démocrate au poste de gouverneur du Texas en 1962.

24. Willard Wirtz (1912-2010) fut sous-secrétaire au Travail sous Kennedy avant de devenir ministre du Travail en 1962. George Ball (1909-1994) était sous-secrétaire d'État aux Affaires économiques. Thomas Finletter (1893-1980) était son ambassadeur auprès de l'OTAN. Les trois hommes avait été d'ardents stevensoniens.

Lui arrivait-il d'être déprimé ou était-il d'une équanimité absolue ?

D'une grande équanimité, sauf quand il avait trop longtemps souffert – à cause de son dos, par exemple, quand il avait fait ce qu'il fallait, marcher avec des béquilles quatre jours d'affilée, ou rester alité deux jours avec une compresse chaude, et que ça ne suffisait pas. Si la douleur persistait, il était vraiment démoralisé.

En 1960, son dos ne lui causait plus trop de soucis, mais pendant la campagne ?

Pas tant que ça, car au fond il avait une santé exceptionnelle. Une des raisons c'est qu'il travaillait trop. À partir de la Maison Blanche, tous les jours il faisait une sieste – quarante-cinq minutes, pas plus. Personnellement, je mettrais quarante-cinq minutes à m'endormir. Heureusement, ses problèmes d'estomac, de dos et tout le reste ne l'empoisonnaient pas tout le temps. Mais il abusait de ses forces. Il n'a jamais été aussi en forme et heureux que lors de ces années à la Maison Blanche.

Il n'a jamais eu de problèmes de sommeil ?

Non.

Jamais pris des somnifères ?

De temps à autre, en campagne, il en prenait un minuscule. Si nous rentrions tard, qu'il fallait se lever tôt et que la chambre d'hôtel sentait trop mauvais. Pour être sûr de s'endormir et de se réveiller reposé le lendemain. Mais à peine, un minuscule petit bout, et ensuite plus rien. Nous avions vraiment besoin de dormir. Seigneur, nous n'avions que quatre heures en moyenne par nuit ! Je me rappelle que j'essayais de ne pas en prendre, je me retournais dans mon lit jusqu'au moment où je n'en pouvais plus et je lui en chipais un – de temps en temps.

Vous avez donc passé l'été 1960 à Hyannis Port, pendant la session extraordinaire.

C'est ça.

Et ensuite, bien sûr, tout l'automne.

Voyons voir, j'ai passé le printemps à Georgetown, très occupée, ensuite je suis allée à New York pour cette grande parade avec serpentins. J'ai suivi le premier débat chez moi à Hyannis Port avec des gens qui étaient venus de Boston. Le deuxième, enfin celui qui a eu lieu à New York, j'y ai assisté. Celui de Washington aussi.

Vous vous souvenez de ce qu'il pensait quand la question des débats a été abordée ?

Je me souviens du débat qui a eu lieu à New York, où je l'ai accompagné. Il avait des piles de livres pour le briefer, c'était une journée très dense, on l'installait dans une pièce deux ou trois heures face à cinq ou six personnes qui lui posaient les questions les plus inattendues et les plus saugrenues. Heureusement, il était très bien préparé – comme pour un examen. Et, honnêtement, très sûr de lui – enfin, non, pas si sûr de lui. Mais il ne gémissait jamais, ne se plaignait pas, ne s'inquiétait pas non plus. Le jour où il m'a appelée à la fin du débat de Washington, il m'a dit en riant que la température était atrocement élevée et que Nixon transpirait. Il avait assez confiance en lui.

Le sénateur Kennedy lors du premier débat l'opposant au vice-président Richard Nixon, 26 septembre 1960

Que pensiez-vous pendant le premier débat ?

Je pensais ce que tout le monde pensait. Je n'en revenais pas. C'était évident. Limpide. Ça a vraiment changé la donne. Jack m'a toujours dit que sa campagne de 1952 avait basculé le jour où il était apparu avec Lodge[25] dans l'émission *Meet*

25. Henry Cabot Lodge Jr (1902-1985), sénateur républicain du Massachusetts. Issu d'une vieille famille bostonienne, il était le petit-fils du sénateur homonyme qui anéantit le rêve de Woodrow Wilson en refusant que l'Amérique n'adhérât à la Société des Nations après la Première Guerre mondiale. Son face-à-face avec le très respecté Lodge fut pour John F. Kennedy un atout, au même titre que son débat avec le vice-président des États-Unis. Après avoir été battu par Kennedy, Lodge fut

the Press. Le plus dur était passé et les choses avaient commencé à jouer en sa faveur. Alors, pour en revenir à ce premier débat, ça se voyait qu'il l'emportait. On l'entendait dans la rue, partout.

Le Président savait que le débat était une chance pour lui, mais il ne pensait pas que Nixon accepterait. Vous vous en souvenez ?

Pas vraiment. Je me rappelle de discussions au cours du printemps. Mais je ne sais pas ce qui a finalement décidé Nixon à accepter.

Ce fut sa grande erreur. Il a accepté parce qu'à Whittier College il était excellent débatteur, donc il pensait l'emporter. Il se disait que ce serait une bonne occasion d'affronter ce gamin en direct.

Oui, je me souviens de discussions, de soirées où des gens venaient pour préparer le débat. Mais je ne me souviens pas vraiment de la dernière ligne droite.

Je sais qu'à cause de la naissance de John, vous n'avez pas participé à toute la campagne présidentielle. Mais savez-vous sur qui le Président se reposait pour sa stratégie de campagne et le reste ?

Essentiellement sur lui-même. Lorsqu'il était à la maison, je l'entendais téléphoner et donner des instructions aux gens. Sinon je pense qu'il s'appuyait surtout sur Bobby.

Il soumettait systématiquement ses idées à Bobby. Il n'était pas toujours d'accord avec lui, comme pour Lyndon Johnson, par exemple, mais il voulait toujours savoir comment Bobby réagirait.

---

nommé par Eisenhower ambassadeur auprès des Nations unies, avant de devenir en 1960 le colistier du candidat perdant Richard Nixon.

Son père également – si vous saviez, j'étais tellement heureuse que M. Kennedy puisse intervenir. Il emmenait Billy Green [26] au Pavillon ou ailleurs. Mais il discutait aussi avec son père pour écouter ce qu'il avait à ajouter. Tous ces vieux messieurs…

John Bailey, est-ce qu'il comptait [27] ? C'était le président du comité…

Oui, nous avons toujours adoré John Bailey. Le Connecticut est le premier État où nous sommes allés après notre mariage, et Jack y a prononcé un discours. Cela dit, non, je ne crois pas qu'il faisait appel à lui pour avoir son avis.

D'après ce que j'ai vu, c'est plutôt lui-même qui orchestrait le show.

Bobby et les autres répétaient sans cesse : « Personne ne doit s'attaquer au candidat. » Dans ce sens, Bobby faisait office de pare-choc. Contre ceux qui se bagarraient entre eux, si quelqu'un se mettait à en vouloir à Ted Sorensen dans tel État, par exemple… Tous ces problèmes, Bobby devait les affronter pour que les gens ne s'en prennent pas à Jack. Ce qu'il faisait volontiers. Il a fini par avoir l'image de celui que les gens n'aiment pas, mais il fallait qu'il soit dur pour protéger Jack. Bobby me l'a avoué l'autre jour : c'est rassurant d'avoir quelqu'un qui se bat à votre place, que les gens attaquent, pas vous-même. Ça me rappelle Frank Morrissey

---

26. William Green (1910-1963), représentant de Philadelphie au Congrès, était le président démocrate du conseil municipal de la ville. Jacqueline donne ici une vision minimaliste des efforts de Joseph Kennedy en faveur de la campagne de son fils.

27. John Bailey (1904-1975), chef des démocrates du Connecticut, un des premiers partisans de Kennedy, que le Président nomma président du Comité national démocrate.

m'expliquant que le candidat ne pouvait pas quitter une pièce de son propre gré. C'est lui, Frank Morrissey, qui devait le prendre par la main pour qu'il sorte. Jack faisait semblant de résister : « Non, Frank, je n'ai pas envie d'y aller. » [*Schlesinger rit.*] Il y avait toujours des gens pour le protéger et jouer ce rôle.

Dites-moi, comment avez-vous passé la journée, juste avant les élections ?

Tout le monde était à Cape Cod. Enfin, non...

Vous êtes allés à Boston...

Oui, nous nous sommes réveillés à Boston, donc nous avions dû y dormir la veille.

Il y avait eu un grand rassemblement au Boston Garden la nuit précédente. Vous y étiez, n'est-ce pas ?

Non, je n'y étais pas. J'étais à Cape Cod et j'ai dû me lever très tôt pour qu'on me conduise au 122 Bowdoin Street[28] et de là nous sommes allés au bureau de vote. Puis nous sommes rentrés à Cape Cod à bord du *Caroline*[29], et cette interminable journée a commencé. Je me rappelle que nous avons mangé du ragoût de poisson. On pouvait encore s'asseoir dehors. À propos de la journée la plus longue, vous ne devinerez jamais qui est sorti du garage en courant tout à coup : Cornelius Ryan, qui avait écrit *Le Jour le plus long*, en

28. Ce modeste appartement, assez éloigné du dôme doré de la Boston State House, que John F. Kennedy avait loué en 1946 afin d'avoir une adresse bostonienne lors de sa première campagne pour le Congrès, servit ensuite d'adresse électorale pour Jackie et lui.

29. L'avion Convair acheté par la famille Kennedy pour la campagne de John F. Kennedy en 1960.

brandissant une affiche du film [30]. « Que faites-vous ici ? » nous lui avons demandé. Nous ne le connaissions pas vraiment, mais il s'est tout de suite présenté. Jack s'est mis à lui poser un tas de questions sur *Le Jour le plus long*. Il faudrait interroger Ryan là-dessus – je pense qu'il avait réussi à entrer grâce à Pierre [31].

Quel type de journée était-ce ?

Il faisait frais, c'était une journée d'automne typique à Cape Cod, mais très dégagée. Je me rappelle que nous nous sommes allongés sous le porche avec des couvertures pour profiter du soleil de l'après-midi. La maison de Bobby avait été transformée en poste de commande – avec radios, téléphones, tableaux, collaborateurs. Cela dit Jack essayait de rester à distance.

Comment était-il ?

Agité, mais au fond serein.

Il avait arrêté de faire des spéculations à ce stade...

Oh non, il n'en parlait plus. Il avait ce qu'il aimait, ce fameux ragoût de poisson, puis la rencontre avec Cornelius Ryan. Le pauvre homme était ébahi. Et les balades le long de la plage, parce que nous savions que le pire n'arriverait qu'à la fin de la journée. J'ai oublié dans quelle maison nous avons dîné, mais nous avons tout suivi de chez nous. Je me souviens que Cornelius a déboulé en déclarant à Jack : « Désormais, vous savez que vous êtes président. » Jack a répondu très

30. Cornelius Ryan (1920-1974) était l'auteur irlandais de *Le Jour le plus long*, best-seller de 1959 qui fut adapté au cinéma par Darryl F. Zanuck, pour la Twentieth Century Fox.

31. Le porte-parole de la Maison Blanche, Pierre Salinger.

calmement : « Non, non. » J'ai suivi les résultats jusqu'à vingt-trois heures, minuit, mais on savait que ça durerait toute la nuit. Du coup on m'a envoyée me coucher. Ensuite – c'était adorable de sa part –, Jack est monté pour m'embrasser et me souhaiter bonne nuit, puis les filles Kennedy, et nous nous sommes prises dans les bras, mais elles s'apprêtaient à passer une nuit blanche. Cette nuit-là Jack a dormi dans la chambre voisine. Le lendemain matin, quand je me suis réveillée, je me suis précipitée pour entendre la bonne nouvelle, mais non, rien.

Il avait fini par aller se coucher.

Oui, vers quatre heures du matin. Il était huit heures et demie, neuf heures moins le quart.

Dormait-il quand vous êtes entrée ?

Oui. [*Rires.*]

Vous l'avez réveillé ?

Je me suis précipitée sur lui, mais il dormait et j'ai été obligée de le secouer, le pauvre. Il s'est levé et tout le monde est sorti – vous connaissez les photos –, tous en imperméable. Les journalistes commençaient à affluer. Il devait être environ midi ou une heure quand le verdict est tombé.

Nixon a fini par reconnaître sa défaite.

Ensuite il a fallu que je rencontre les journalistes chez Ethel. Je me souviens des femmes qui me demandaient : « Quel type de Première Dame pensez-vous que vous serez ? » Elles étaient épouvantables. Puis nous nous sommes faits prendre en photo dans la maison principale. Et nous sommes descendus à

Le président élu John F. Kennedy (portant Caroline) et la future Première Dame, Hyannis Port, le lendemain de l'élection de 1960

l'Arsenal, mais M. Kennedy ne voulait pas venir. Par délicatesse, il préférait rester en retrait. Je l'ai pris par le bras en l'encourageant : « Allez, cette fois-ci vous venez. »

[*John Kennedy Jr entre dans la pièce.*]

John, tu veux parler ? Voilà, tiens le micro un peu à distance… comme ça. Alors, tu es allé à l'aéroport aujourd'hui ?

John : Oui.

Tu as aimé ?

John : Oui.

John, qu'est-ce qui est arrivé à ton père ?

John : Il est parti au Ciel.

Il est parti au Ciel ?

John : Oui.

Tu te souviens de lui ?

John : Oui.

De quoi te souviens-tu exactement ?

John [*coquin*] : Je ne me souviens de rien !

Tu ne te rappelles pas quand tu te précipitais dans son bureau ?

John : Oui.

Et quand il jouait avec toi ?

Le président Kennedy avec John sous la colonnade de l'aile ouest

John : Oui. Vous pouvez enregistrer John ?

D'accord, nous allons l'enregistrer.

[*John quitte la pièce.*]

Vous souvenez-vous de l'instant où le Président a compris qu'il serait président ?

Je crois que nous étions dehors quand quelqu'un a hurlé : « Nixon a reconnu sa défaite ! » Mais à ce stade-là on le savait, grâce aux votes, il fallait simplement que Nixon admette sa défaite.

Oui.

Et une fois que nous le savions, que faire ? Évidemment, nous sommes tombés dans les bras les uns des autres.

Diriez-vous que votre mari était croyant ?

Oh, oui. Il ne ratait jamais la messe du dimanche ni rien. Je me suis souvent demandé si c'était de la superstition, parce qu'au fond il n'était pas vraiment sûr, mais tant qu'à faire il avait décidé de croire.

Le pari de Pascal[32].

Je me souviens qu'un jour il m'a cité Somerset Maugham disant : « Souffrir ne rend pas noble, cela rend amer. » Alors j'ai des doutes. Il a dû avoir quelques explications avec Dieu, pour ainsi dire… Il devait se demander : « Pourquoi tout cela

32. Selon Blaise Pascal, même si l'existence de Dieu ne pouvait être prouvée par la raison, il fallait faire comme s'Il existait puisqu'il n'y avait rien à perdre à vivre dans la crainte de Dieu, et peut-être tout à gagner.

m'arrive-t-il à moi ? » Mais il ne le formulait jamais tout haut. Je ne pense pas qu'on puisse être élevé comme il l'a été sans penser que…

De fait, il admettait la dimension religieuse de l'existence et la foi. Il aimait l'idée que ses enfants soient élevés comme de bons catholiques, l'idée d'aller à la messe le dimanche.

Il n'était ni athée ni agnostique. Oui, il croyait en Dieu. Il était comme nous tous, on ne réfléchit pas vraiment à ces choses-là jusqu'au jour où il nous arrive un pépin. D'ailleurs, je vous avoue qu'en ce moment j'ai tendance à penser que Dieu est injuste… Mais Jack récitait sa prière, vraiment.

Il récitait sa prière tous les soirs ?

Oui, mais très vite, comme un petit rite. Il entrait, s'agenouillait au bord du lit ou sur le lit, et la récitait. Ça lui prenait trois secondes, puis il faisait le signe de croix. Sauf que je ne me souviens pas l'avoir vu la réciter à la Maison Blanche. C'était un peu une habitude d'enfant, comme se brosser les dents. Mais c'était attendrissant. Et je trouvais ça drôle d'être là, à côté de lui.

A-t-il eu des amis proches dans le clergé ?

Pas des amis proches, non. Je sais qu'il voyait monseigneur Hannan, mais plutôt pour des raisons politiques, c'est celui qu'il a toujours préféré. Le père Cavanaugh était un grand ami de son père, c'était un homme très ouvert. Il l'appréciait [33].

---

33. Philip Hannan (1913-) était évêque auxiliaire de Washington. Aumônier militaire pendant la Seconde Guerre mondiale, il fut parachuté dans les Ardennes et aida à libérer un camp de concentration. Tout au long de sa présidence, John F. Kennedy évoqua avec lui diverses questions religieuses et politiques, et il officia lors de ses funérailles. John

Monseigneur Wright à Worcester ?

Oui, il l'aimait beaucoup. Et bien sûr, il adorait le cardinal Spellman [34].

Il l'aimait vraiment ?

Au début, après notre mariage, je sais qu'ils se sont brouillés, mais une fois élu président, il s'est réconcilié avec lui.

Vraiment ?

Oui, parce que le cardinal Spellman s'est mobilisé en faveur de Jack. Il a complètement changé. Avant, il était affreusement conservateur. À propos d'un autre, le cardinal Cushing [35], Kenny O'Donnell m'a raconté qu'il prononçait ses sermons en le menaçant sur le mode : « Un jeune homme qui ne va pas dans une université catholique… » en pointant le doigt

---

Cavanaugh (1899-1979), prêtre catholique, fut président de l'université Notre-Dame de 1946 à 1952.

34. Le cardinal Francis Spellman (1889-1967) fut archevêque de New York de 1939 à sa mort. Bien qu'il eût célébré les mariages de Robert et d'Edward Kennedy, il soutint vigoureusement Richard Nixon en 1960, sans doute parce que, dans sa volonté de prouver son adhésion au principe de séparation de l'Église et de l'État, John F. Kennedy s'était opposé à un financement fédéral des écoles paroissiales et à la nomination d'un ambassadeur américain au Vatican. En 1945, Spellman inaugura l'Alfred E. Smith Memorial Foundation Dinner, événement mondain destiné à collecter des fonds pour les œuvres catholiques ; durant les campagnes électorales, ce dîner fait généralement l'objet de plaisanteries de la part des deux candidats, comme ce fut le cas en 1960.

35. Le cardinal Richard Cushing (1895-1970) fut archevêque de Boston de 1944 à sa mort. Fils d'un forgeron irlandais immigré, cet homme à la voix rocailleuse avait d'abord voulu faire une carrière politique. Intime de la famille Kennedy, il célébra le mariage de John F. Kennedy avec Jackie, pria lors de l'investiture et des funérailles de John F. Kennedy, et soutint sa veuve lorsqu'elle se remaria en 1968 avec Aristote Onassis.

sur Kenny, parce qu'il avait été à Harvard. Heureusement le cardinal Cushing a évolué.

Vous parliez de Cushing, je pensais que nous parlions de Spellman ?

J'ai dit Spellman ?

Oui.

Oh, mon Dieu !

D'où ma surprise.

[*Rires.*] Non, non, je voulais dire Cushing. Impossible, je n'ai pas pu dire Spellman.

Bon, bien sûr qu'il a évolué.

Oui, Cushing a dit tout ce qu'il fallait, tout ce qu'un catholique devrait dire. Il n'aimait pas le cardinal Spellman.

C'est vrai, je l'ai entendu critiquer le cardinal Spellman. Cushing était très loyal. Et il avait une espèce de tempérament exubérant, n'est-ce pas ?

Oui, il est très drôle. Un peu comme dans le film *La Dernière Fanfare*, avec une façon bourrue de parler. Jack a toujours été très dévoué à Cushing, et vice versa.

Vous vous souvenez de monseigneur Lally, du Pilote *de Boston ?*

Je n'ai aucun souvenir, même pas de son nom.

Et Spellman ?

Je me demande pourquoi M. Kennedy ne l'aimait pas. Spellman avait invité Nixon au dîner pour Al Smith, n'est-ce pas ? C'est vrai, il était si ouvertement contre Jack. En plus il était très maniéré. Il a cherché à trancher la gorge de Jack plus d'une fois, croyez-moi, il n'aurait été d'aucun secours. Il n'y a pas eu aussi une histoire avec des évêques portoricains[36] …

Si.

Cushing a fait une déclaration très juste et a bien réagi, contrairement à Spellman. Beaucoup de catholiques sont très à droite. Dont Spellman, justement. Aujourd'hui il en subit les conséquences – compte tenu de la nouvelle vague de l'Église[37]. Je suis ravie !

Quel dommage que le Président et le pape Jean XXIII ne se soient jamais rencontrés.

C'est vrai.

Et au confessionnal ?

Jack allait se confesser à Noël et à Pâques, mais il y avait toujours des files interminables. Heureusement il avait un agent du service de sécurité présidentielle qui faisait la queue pour lui, il fallait compter une heure d'attente. Au dernier moment, vite, Jack se faufilait, si bien que personne ne l'a

36. En octobre 1960, trois évêques catholiques à Porto Rico déclarèrent que voter pour un candidat déconseillé par l'Église était un péché pour tout catholique, donnant ainsi des arguments à ceux pour qui aucun catholique ne pouvait être élu président des États-Unis. Ravi de nuire à John F. Kennedy juste avant le vote, le cardinal Spellman approuva publiquement cet édit des trois évêques. Le cardinal Cushing s'y opposa.

37. Spellman se trouva dans le camp des perdants, dans le débat sur les réformes progressistes lancées en 1962 par le pape Jean XXIII au concile de Vatican II.

jamais reconnu. Le prêtre ne l'a jamais su. Je me rappelle surtout en Floride, à Noël et à Pâques. Dans une petite église de West Palm Beach, pas celle où nous allions le dimanche. Alors, oui, il allait se confesser, comme tout le monde.

C'est étonnant de voir qu'il y arrivait sans…

Un jour il m'a raconté en plaisantant que parfois les prêtres vous envoyaient vous confesser juste avant un petit déjeuner de communion, et lui avouait : « J'ai oublié de dire mes prières de la mi-journée », ou « J'ai séché la messe mercredi ». Il était tellement drôle à ce propos. Mais c'était important pour lui. Il a toujours pratiqué. Encore une fois, est-ce que c'était par superstition, éducation, ou autre chose ? Je dois dire que, souvent, je ne l'accompagnais pas à la messe.

J'ai toujours eu l'impression que Bobby était plus croyant que le Président.

Oui. Beaucoup plus. Par exemple, il participait aux prières des neuf premiers vendredis du mois, comme Ethel [38].

---

38. Allusion à la coutume catholique consistant à recevoir la communion le premier vendredi de chaque mois pendant neuf mois.

Quatrième conversation

LUNDI 23 MARS 1964

Je crois que la dernière fois nous nous sommes plus ou moins arrêtés à Hyannis Port, le jour de l'élection. Si je me souviens bien, vous êtes restés deux jours sur place. Marian et moi, nous sommes venus déjeuner le vendredi qui a suivi les élections.

Oui. J'avais oublié que c'était après l'élection.

Puis, je crois, vous êtes allés à Palm Beach l'après-midi même.

Jack est allé à Palm Beach et je suis rentrée à Washington parce que c'était juste avant la naissance de John.

C'est ça.

Il a dû se reposer deux jours en Floride avant de revenir à Washington. Plus tard, il est rentré pour Thanksgiving – il n'arrêtait pas d'aller et venir. Ce jour-là nous sommes descendus en voiture à Middleburg [1] pour trouver une maison à louer, il est reparti, et John est né tard dans la nuit.

1. Middleburg, Virginie, était la capitale *de facto* du « comté chasseur » de cet État. Ils cherchaient un lieu où passer leurs week-ends en famille, loin de la ville, et où Jacqueline pourrait monter à cheval et chasser le renard.

Quelle est la date de naissance de John ?

Le 25 novembre, le jour de Thanksgiving. Jack a fait demi-tour, il a fait virer l'avion et il est resté chez nous à Georgetown, en en profitant pour former son gouvernement et aller à pied à la maternité trois fois par jour au moins [2].

Quels souvenirs avez-vous de la formation de son gouvernement ?

C'est difficile à dire parce que j'étais à la maternité. J'apercevais à peine toutes ces personnalités qui défilaient, ou je les imaginais debout dans la neige devant chez nous. Jack venait me voir et me parlait de certaines – McNamara [3], par exemple. Je me rappelle, quand nous sommes descendus en Floride, le 20 novembre, Dean Rusk [4] est venu nous voir le

2. Les Kennedy avaient prévu que Jacqueline accoucherait au New York Hospital, comme pour Caroline, à la mi-décembre. Mais le 24 novembre 1960, alors que le président élu s'envolait pour Palm Beach, un message radio lui apprit que, le travail ayant commencé prématurément, son épouse avait été emmenée en ambulance à l'hôpital de l'université de Georgetown. En arrivant, elle demanda : « Est-ce que je vais perdre mon bébé ? » Peu après minuit, John F. Kennedy Jr naquit par césarienne.

3. Robert McNamara (1916-2009), né à San Francisco, fils d'un marchand de chaussures, était professeur à la Harvard Business School. Il avait une foi absolue en la valeur de l'analyse statistique. Après la Seconde Guerre mondiale, pendant laquelle il étudia l'efficacité des bombardements américains en Asie, il s'éleva dans la hiérarchie de la société Ford, dont il devint président en 1960, deux jours après l'élection de John F. Kennedy. Désireux d'avoir au moins un important homme d'affaires républicain dans son cabinet, Kennedy le rencontra chez lui, à Georgetown, et lui proposa le Trésor ou la Défense. McNamara accepta cette seconde option, à condition de pouvoir nommer sa propre équipe. Impressionné par sa ténacité, Kennedy accepta. Sous Johnson, McNamara fut responsable de l'escalade au Vietnam, jusqu'à sa démission en 1968.

4. Dean Rusk (1909-1994), de Cherokee County, Géorgie, fut sous Truman secrétaire d'État adjoint pour l'Extrême-Orient, puis président de la fondation Rockefeller. Faute de pouvoir nommer au Département d'État une des personnalités qu'il avait envisagées, Kennedy se tourna vers le doux mais tenace Rusk, qu'il ne connaissait pas, et se consola en songeant qu'il prévoyait de toute manière d'être son propre secrétaire d'État.

Les membres du gouvernement prêtent serment
devant le *Chief Justice* Earl Warren, 21 janvier 1961

premier soir. Nous avons dîné avec lui. Si je ne m'abuse, soit Jack essayait de le convaincre de… ou est-ce que Dean Rusk avait accepté et ils en discutaient ?

Le Président a longtemps hésité entre Rusk et Bill Fulbright[5].

C'est ça. Après il y a eu la conférence où Caroline est entrée avec mes chaussures à talon[6]. C'était au moment où le

5. J. William Fulbright (1905-1995) fut sénateur démocrate de l'Arkansas de 1945 à 1975. Membre du Comité des relations étrangères au Sénat, présidé par Fulbright, John F. Kennedy avait admiré son allergie à la sagesse conventionnelle, mais il savait que comme secrétaire d'État, Fulbright aurait été condamné par son opposition aux droits civiques et par son soutien déclaré aux États arabes, qui l'auraient gêné pour négocier avec les pays d'Afrique et avec Israël, et qui auraient pu éloigner les électeurs afro-américains et juifs.

6. Allusion au jour où le président élu recevait des journalistes avec Fulbright derrière la maison des Kennedy à Palm Beach : Caroline, âgée de trois ans, fit irruption, chaussée des escarpins à talon de sa mère.

sénateur Fulbright était là, pour que Jack lui annonce qu'il ne pouvait pas le prendre, non ?

Je crois que Bobby était opposé à Fulbright à cause de ses prises de position sur la question de la ségrégation, jugeant qu'il ne serait pas... idéal pour l'Afrique.

Qu'en pensez-vous ? Vous regrettez que Fulbright n'ait pas été choisi ?

Oui.

Moi aussi.

Qu'est-ce qui vous a frappé chez Rusk ? Le Président ne le connaissait pas jusque-là.

Il était très calme. Mais je ne pourrais pas beaucoup vous aider parce que c'est une époque où j'étais peu vaillante. La plupart du temps j'étais au fond de mon lit. Quant à Dean Rusk, je dirais que c'était un homme plutôt compatissant. Quand vous le rencontrez, il est très impressionnant, mais en réalité il avait du mal à passer à l'acte.

Vous avez raison, il dégage une impression de grande intelligence et il est extrêmement fort quand il s'agit d'analyser une situation. En revanche il est beaucoup moins bon quand il s'agit d'y répondre.

Il a une peur bleue dès qu'il faut prendre une décision. Or nous avons besoin d'un secrétaire d'État qui ait du cran. Je ne sais plus si nous en avons parlé lors de notre dernier entretien, mais ça rendait fou Jack à la Maison Blanche, par exemple quand il attendait une réponse à une question banale sur telle ou telle mesure prise par les Russes. Je crois que c'était après Vienne [7]. Dean Rusk a mis six semaines à réagir, rédigé onze rapports, et Jack disait toujours : « Bundy [8] et moi, nous travaillons plus en une journée à la Maison Blanche qu'eux là-bas en six mois. » Dean Rusk était victime de cette apathie et de cette peur de prendre les mauvaises décisions qui affectent beaucoup de gens

7. À la fin mai 1961, les Kennedy se rendirent à Vienne, où le Président eut deux jours d'entretiens avec le dirigeant soviétique Nikita Sergueïevitch Khrouchtchev (1894-1971). Les deux hommes ne s'étaient rencontrés qu'une seule fois auparavant, brièvement, au Capitole en septembre 1959, alors que John F. Kennedy était sénateur ; Khrouchtchev était venu aux États-Unis rencontrer le président Eisenhower à Camp David. Maintenant que Kennedy était au pouvoir, chacun voulait jauger l'autre. Kennedy espérait qu'à huis clos, sans devoir se soucier du public, Khrouchtchev et lui pourraient atteindre une sorte de *modus vivendi* planétaire concernant Berlin, Cuba, l'Asie du Sud-Est et autres poudrières de la guerre froide. Khrouchtchev, qui s'était hissé au pouvoir sous Staline, ne voyait que faiblesse dans cette attitude de Kennedy. Sachant que les Soviétiques possédaient bien moins de missiles nucléaires que les États-Unis, il voulait surmonter ce handicap militaire en impressionnant le nouveau président américain par sa férocité. « Si vous voulez la guerre, c'est votre problème », lui dit-il. Kennedy quitta Vienne ébranlé : « Le moment le plus dur que j'aie connu. » Khrouchtchev déclara à ses assistants que Kennedy était « trop intelligent et trop faible ». C'est parce qu'il avait sous-estimé le Président à Vienne qu'il décida de défier Kennedy en 1962 en envoyant des missiles offensifs à Cuba.

8. McGeorge Bundy (1919-1996), républicain sous Eisenhower, était le fils d'un diplomate de Grand Rapids, Michigan, surnommé « le plus brillant étudiant de Yale » (David Halberstam, *On les disait les meilleurs et les plus intelligents*, Paris, Robert Laffont/Hachette, 1974, p. 57), et d'une mère appartenant à une vieille famille bostonienne. Parfaitement francophone, il collabora à vingt-six ans à la rédaction des Mémoires d'un ami de son père, Henry Stimson, ministre de la Guerre de Franklin D. Roosevelt pendant le conflit mondial, et devint le plus jeune doyen de la faculté jamais nommé à Harvard. John F. Kennedy le nomma conseiller à la Sécurité nationale, poste jusque-là très subalterne. Après la baie des Cochons, grâce à son instinct aigu du pouvoir, Bundy convainquit Kennedy que ses fonctions devaient être très élargies, afin que le Président disposât d'un conseiller à plein temps pour le protéger des mauvais avis du cabinet ; cette nouvelle conception s'est imposée. Bundy éprouvait une telle affinité avec le Président qu'il devint démocrate.

du Département d'État. Il n'était donc pas si efficace. Mais Jack était loyal, il se sentait affreusement coupable, et il a essayait de trouver un moyen de l'écarter sans le heurter. Je vous en ai déjà parlé, non ?

Non, pas devant le magnétophone, alors continuez.

Il réfléchissait pour savoir qui il pourrait nommer secrétaire d'État après un remaniement. Il avait de nombreuses personnes en tête. McNamara, par exemple, mais il hésitait. Bundy ? Mais il lui fallait quelqu'un de vraiment fort. Comme je voyais qu'il avait des remords vis-à-vis de Dean Rusk, je lui suggérais : « Et s'il retournait à la fondation Rockefeller ? », mais Jack me répondait : « Non, non, il a coupé les ponts avec eux. » Il ne voulait pas le blesser, en même temps il fallait qu'il le remplace. Aujourd'hui je lis partout dans les journaux – je ne sais pas si c'est vrai ou non – que Lyndon adore Dean Rusk.

Non, je pense que Lyndon serait d'accord avec vous. Le problème, c'était le contraste entre McNamara et Dean Rusk. McNamara a toujours su, non seulement diriger son ministère, mais aussi faire des recommandations et être très clair sur les questions qui se posent, proposer des solutions et s'assurer que certaines soient appliquées. Le Président devait se dire : si seulement Rusk avait le talent de McNamara.

C'est vrai. Et Jack comptait faire encore plein de changements. Par exemple, il voulait se débarrasser de J. Edgar Hoover[9] qui venait d'être renouvelé. Pour notre prochain

9. J. Edgar Hoover (1895-1972) fut le premier directeur du Federal Bureau of Investigation, qu'il contribua à créer, et de son ancêtre, de 1924 à sa mort. Les admirateurs de Hoover citaient sa réussite à la poursuite des criminels et des communistes. Ses détracteurs notaient les haines proliférantes de Hoover (par exemple, Martin Luther King et les rares journalistes et politiciens qui osèrent le critiquer), ses excentricités (après un

entretien, j'arriverai avec les notes que j'ai prises, dont cinq ou six mesures qu'il voulait prendre pour de bon.

Vraiment ?

Oui, et elles ont toutes été prises mais dans le mauvais sens.

Hum... McNamara était un nouvel arrivant. Le Président ne le connaissait pas, si je ne me trompe ?

Effectivement, mais McNamara était venu chez nous à Georgetown, et la première question qu'il a posée à Jack, c'est : « Vous êtes vraiment l'auteur du *Courage dans la politique* ? » Ce qui montre, une fois de plus, qu'un léger doute persistait. Heureusement McNamara vouait un vrai culte à Jack, et il a répondu qu'il adorerait prendre le poste.

Il lui avait offert le Trésor à l'origine, je crois.

Vraiment ? Je sais que Lovett a eu le choix entre le Département d'État, la Défense et le Trésor, mais il n'a pu accepter aucun de ces postes, et Jack a conclu : « C'était un sacré

---

accident de voiture en prenant un virage à gauche, il ordonna à son chauffeur de renoncer définitivement à tourner à gauche), ses violations des libertés civiles et ses tendances napoléoniennes. Tous admettent que Hoover passa ses années au FBI à accumuler une puissance sans précédent et largement inexplicable, avec ses dossiers remplis d'informations potentiellement dommageables pour ceux qui voudraient l'arrêter. En 1960, John F. Kennedy récemment élu sentit que, surtout avec sa marge étroite, il était pratiquement obligé de nommer aussitôt Hoover à sa propre succession. Mais contrairement à ses prédécesseurs, Kennedy demanda au vieil homme de passer par le ministre de la Justice – en l'occurrence, Robert Kennedy, que Hoover détestait, comme c'était prévisible – et il espérait qu'une réélection triomphale pour son second mandat lui permettrait de renvoyer le directeur du FBI et de le remplacer par une personnalité plus respectueuse des libertés civiles. Par contraste, le président Lyndon Johnson fit Hoover quasiment directeur à vie.

hommage rendu à cet homme de penser qu'il pouvait avoir un de ces trois postes, malheureusement il est trop malade [10]. » Ensuite il y a eu le gouverneur Stevenson qui voulait le Département d'État, à qui il a fallu répondre qu'il aurait les Nations unies.

Ça a posé beaucoup de problèmes au Président, ou au fond ça l'amusait ?

C'était assez pénible. La décision a été difficile à prendre, mais il ne voulait pas lui donner le Département d'État. Ce n'est pas très agréable d'annoncer ça à quelqu'un. Je me rappelle que leur échange sur le pas de la porte a fini de façon un peu floue, Stevenson a répondu qu'il n'avait rien à ajouter, ou il a fait une remarque curieuse. Vous pouvez regarder, vous verrez ce qu'il a dit [11].

Pourquoi pensez-vous qu'il a décidé de ne pas nommer Stevenson au Département d'État ?

Pourquoi fallait-il qu'il lui offre un tel poste ? Stevenson n'avait jamais levé le petit doigt pour lui. Ceci dit, Jack

---

10. Robert Lovett (1895-1986) était banquier d'investissement à Wall Street et fut le dernier ministre de la Défense de Truman. John F. Kennedy souhaitait entretenir la continuité avec le précédent gouvernement démocrate en nommant une personnalité estimée, mais Lovett déclina toute nomination, pour raisons de santé.

11. Lorsqu'il se rendit chez Kennedy à Georgetown pour s'enquérir de son avenir, Stevenson fut déconcerté quand le président élu lui proposa non pas le secrétariat d'État mais le poste d'ambassadeur auprès de l'ONU. Après leur rencontre, sur le seuil, dans le froid, Kennedy annonça aux journalistes qu'il avait demandé à Stevenson d'aller à l'ONU et que celui-ci avait répondu qu'il devait y réfléchir. La méfiance de Stevenson était compréhensible, mais à une époque où d'autres acceptaient volontiers n'importe quelle nomination présidentielle, Kennedy fut agacé d'être publiquement repoussé. Les amis de Stevenson le persuadèrent que s'il refusait l'ONU, les Américains l'oublieraient. Stevenson accepta donc à contrecœur.

n'avait aucune amertume, regardez le nombre de personnes qu'il a nommées alors qu'elles s'étaient opposées à lui ou avaient soutenu quelqu'un d'autre. Stevenson était incapable de prendre une décision et il l'agaçait. Il n'aurait jamais supporté de l'avoir à ses côtés tous les jours en train de se plaindre. Jack serait devenu fou. Et je ne pense pas que Stevenson aurait été aussi bon que Fulbright. Il n'aurait pas été tellement mieux que Dean Rusk. Enfin peut-être que si.

Je suis d'accord. Son but était de s'entourer de gens assez solides pour savoir prendre les bonnes mesures. C'est ce qui l'a attiré chez Fulbright. Et il pensait que parce que le Sénat connaissait Fulbright il aurait confiance en lui.

C'est vrai. Pauvre Fulbright. Si seulement il avait été nommé – Lyndon l'aurait apprécié. En outre il avait raison. C'est le seul qui était d'accord avec Jack… ou était-il contre la baie des Cochons [12] ?

Contre. C'est le seul qui s'y est opposé de façon claire au cours d'une des réunions.

Apparemment, au cours de la deuxième réunion, il a soutenu l'idée. Quoi qu'il en soit, j'ai beaucoup d'estime pour Fulbright.

Quand est-ce que Dillon [13] est entré en scène ?

12. En avril 1961, John F. Kennedy approuva une version révisée d'un plan secret légué par Eisenhower pour envoyer des exilés cubains, soutenus par la CIA, envahir Cuba afin de renverser le gouvernement de Fidel Castro. Quand le débarquement de la baie des Cochons échoua, causant au Président un embarras colossal moins de trois mois après son investiture, Kennedy en assuma publiquement la responsabilité.

13. C. Douglas Dillon (1909-2003) était l'héritier républicain d'une banque d'investissement, et fut ambassadeur d'Eisenhower en France et sous-secrétaire d'État avant d'être nommé ministre des Finances par John F. Kennedy.

Au début, mais là encore j'étais à la maternité.

Mais vous connaissiez les Dillon depuis Washington, n'est-ce pas ?

Tout à fait.

Pas si bien que ça, si je ne m'abuse.

Pas très bien. Nous avions été dîner chez eux une ou deux fois, et je connaissais un peu Phyllis Dillon. De tout le gouvernement, ce sont les seuls avec qui nous sortions, eux et les McNamara.

Le fait de prendre Bobby dans le cabinet a-t-il été la cause de...

Ça a été affreux. J'imagine que c'était une idée de M. Kennedy. Bobby me l'a avoué, c'est leur père qui le voulait. Bobby pensait que ce serait nuisible pour Jack, qui lui-même était conscient des problèmes que ça poserait, même s'il ne l'a jamais reconnu devant son frère. Au fond Bobby avait envie de s'éloigner et d'enseigner. Il a refusé plusieurs fois, répétant qu'il n'avait pas pris sa décision, jusqu'au jour où Jack l'a appelé et lui a déclaré : « Tu viens, tu n'as pas le choix. » La messe était dite. À l'inverse, Eunice harcelait Jack pour qu'il nomme Sargent [14] à la tête de la Santé et de l'Éducation parce qu'elle rêvait d'être l'épouse d'un ministre. Ce qui prouve l'ambition de certains, ambition que Bobby n'avait pas.

14. Robert Sargent Shriver (1915-2001) travaillait pour Joseph Kennedy au Merchandise Mart de Chicago lorsqu'il rencontra la fille de son employeur, Eunice, qu'il épousa en 1953. Durant l'interrègne, il fut un très efficace recruteur de talents pour le président élu. Kennedy le nomma premier chef de son nouveau Peace Corps. Shriver dirigea ensuite la « guerre contre la pauvreté » du président Johnson, fut ambassadeur en France et candidat démocrate à la vice-présidence en 1972.

L'*attorney general* Robert Kennedy et le président Kennedy dans le Bureau ovale, avril 1962

D'après vous, qu'avait en tête le Président pour Bobby, si ce n'est la Justice, en le faisant venir à la Maison Blanche ?

Il avait l'habitude de travailler avec lui et de l'avoir à ses côtés quand il avait une décision délicate à prendre. Il avait besoin de cette proximité – un peu comme avec Bundy. Il a toujours voulu Bundy pour le poste de Bundy, non ? Ou est-ce qu'il s'est décidé après ?

Je pense qu'il l'avait en tête depuis le début, oui. Il a pris sa décision en décembre, quand il était à Palm Beach. Là, il a jugé que c'était le type idéal pour le poste de conseiller à la sécurité nationale.

Pourtant le poste a beaucoup évolué suivant la façon dont Jack et Bundy l'ont façonné, non ?

Oui. À l'époque de personnalités comme Gordon Gray[15]*, c'était un job assez routinier, mais il s'est transformé, en partie à cause du talent de McGeorge Bundy, en partie à cause de la faiblesse de Rusk…*

Jack avait compris qu'il avait besoin de ça, vous pensez ?

Oui, parce que c'était devenu un job beaucoup plus important.

De même qu'il a compris qu'il avait besoin du général Taylor après la baie des Cochons. Il a plus ou moins créé le poste pour lui. Mais je voulais vous dire autre chose à propos de… Mon Dieu, je perds le fil.

À propos de Bundy ?

15. Gordon Gray (1909-1992) occupait le poste à la fin des années Eisenhower.

De Franklin Roosevelt, qui voulait la Marine. Mais McNamara refusait. Franklin est toujours persuadé que c'est Henry Ford qui a conseillé à McNamara de ne pas le prendre, en vertu d'un raisonnement tordu. Ça a été très dur pour Franklin. Heureusement il l'a bien pris, avec gentillesse [16].

Je me demande pourquoi McNamara s'opposait à lui ?

Soit Henry Ford, soit McNamara avait eu un entretien avec Franklin. McNamara était contre lui dès le départ. Mais je suis sûre qu'il aurait été très bien.

Il aurait fait un très bon secrétaire de la Marine.

Tout à fait.

Franklin est intelligent et il a une grande capacité de travail, j'ai toujours entendu dire du bien de ce qu'il a fait au Commerce.

Jack avait des remords vis-à-vis de lui. Il lui a offert le poste d'ambassadeur au Canada, en Italie, partout où il le pouvait. Je vous parle du début de la présidence, avant. Il savait tout ce qu'il devait à Franklin, mais chaque fois Franklin refusait, il préférait gagner un peu d'argent et s'occuper de sa Fiat, jusqu'au jour où – ça devait être l'hiver dernier – nous dînions chez les Roosevelt et il a été question du poste de sous-secrétaire d'État au Commerce. Franklin avait avoué à Jack qu'il en rêvait. En rentrant dans la voiture Jack était ravi de voir qu'il avait enfin un poste pour lui. Le fait est qu'ils ont signé.

---

16. John F. Kennedy attribuait à Franklin D. Roosevelt Jr une partie de sa victoire dans la primaire cruciale de Virginie-Occidentale : il rassura de nombreux électeurs qui s'inquiétaient de son catholicisme mais qui vénéraient le président Roosevelt pour avoir sauvé leur maison et leur emploi pendant la Grande Dépression.

Et Udall[17] *? Vous le connaissiez ?*

Pas vraiment. Pas plus que les autres sénateurs. D'après moi, Jack le voulait depuis le début à ce poste, vous ne pensez pas ?

Si.

Jack lui devait beaucoup pour l'Arizona. En plus il était brillant, Jack a toujours dit que c'était un des meilleurs ministres de l'Intérieur. Il s'intéresse beaucoup aux questions de patrimoine. Il avait toujours été prévu pour ce poste ou pour… l'Agriculture, non ? Il y avait trois personnes, dont Herschel, si je ne m'abuse ?

Herschel Newson ?

Herschel quelque chose, et Docking, c'est ça ?

Docking était gouverneur du Texas.

Oui, nous le connaissions, nous avions logé chez eux. Herschel Loveless, non ?

Herschel Loveless, oui, l'ancien gouverneur de l'Iowa.

C'est ça. Mais Jack ne l'aimait pas beaucoup. En tout cas, il a compliqué la situation. Jack s'est entretenu avec lui, mais il était profondément découragé. Il adorait Orville Freeman [18].

---

17. Stewart Udall (1920-2010) était représentant démocrate de l'Arizona quand John F. Kennedy le nomma secrétaire à l'Intérieur.

18. Orville Freeman (1918-2003) était gouverneur du Minnesota avant de devenir secrétaire à l'Agriculture sous Kennedy. C'était un ancien Marine qui, comme le Président, avait été décoré du Purple Heart pour ses hauts faits dans le Pacifique sud durant la Seconde Guerre mondiale. Freeman prononça le discours de nomination de John F. Kennedy à Los Angeles en 1960.

Je ne sais pas s'il a toujours voulu offrir un poste à Orville Freeman ni comment Orville Freeman est apparu.

C'est Orville qui avait annoncé la nomination de Jack Kennedy à Los Angeles.

Oui, mais je me demande pourquoi il ne l'a pas nommé à ce poste dès le début.

Orville n'en voulait pas. Il voulait être procureur général.

Je vois.

Ou secrétaire aux Armées, pour une raison qui m'échappe. En outre il avait le sentiment que le problème agricole était insoluble.

Je me rappelle que pendant la convention Jack faisait des promesses à tout le monde. Je pense à deux ou trois personnes comme Loveless.

Oui, surtout aux politiciens du Midwest.

C'est ça.

Pour les séduire. Et Hodges[19] *?*

Je ne me souviens pas qu'il y ait eu un problème avec lui, ni qu'ils aient pensé à un autre pour son poste. Qui a eu l'idée

19. Luther Hodges (1898-1974) exerça un mandat de gouverneur de Caroline du Nord ; il fit basculer son État en faveur de John F. Kennedy comme vice-président en 1956. Le président élu, qui avait besoin d'au moins un homme du sud des États-Unis dans son cabinet, le nomma secrétaire au Commerce.

de Hodges ? Je crois que c'est Sargent. Jack devait penser qu'il avait besoin de quelqu'un de plus âgé.

C'était un charmant vieux monsieur, originaire du Sud…

En qui un homme d'affaires du Sud aurait confiance. Je n'ai aucun souvenir de Jack faisant des remarques sur lui, ni de quel type de secrétaire au Commerce Hodges a été.

Puis Ed Day à la direction des Postes.

Je ne sais pas non plus pourquoi c'est lui qui a été choisi.

Ils voulaient un Californien.

C'est vrai. En tout cas, c'était vraiment la cinquième roue du carrosse. Il était un peu bêta… Je n'ai jamais eu beaucoup d'estime pour lui.

Donc, dans son gouvernement, les seuls que le Président connaissait un peu avant, mis à part Bobby, c'était Douglas et Stewart Udall.

Et Freeman.

Freeman, oui. Et Rusk, McNamara, Hodges et Day[20]*, et, bien sûr, Arthur Goldberg, nous allions l'oublier.*

C'est vrai.

Goldberg était un vieil ami.

---

20. J. Edward Day (1914-1996) avait été commissaires aux assurances dans l'Illinois sous le gouverneur Adlai Stevenson avant d'exercer ses fonctions en Californie.

Oui, d'ailleurs il a toujours su qu'il voulait Arthur à ce poste. Il était furieux de ne pas avoir pu le nommer au Travail, mais il suivait de très près les nominations à la Cour suprême. Cela dit, j'ai été sidérée par la politique d'Arthur – en particulier la loi qui permet d'écrire tout ce qui vous chante contre quelqu'un. Arthur a même précisé que vous pouviez le faire avec une malveillance délibérée [21]. C'est un des trois qui étaient pour. Quand j'y pense, ce sont des propos de ce genre qui ont en partie tué Jack [22]. Ils sont complètement coupés de la vraie vie, là-bas, à la Cour suprême. Arthur Goldberg est brillant, mais je n'ai jamais rencontré quelqu'un qui parlait autant de lui-même.

Ça a toujours été le cas ou…

J'ai appris à le connaître quand Jack était président. J'étais horrifiée. Oui, je sais, il est très brillant. Mais quelle honte d'être aussi content de soi.

Mis à part Rusk et Day, le Président était assez satisfait de son gouvernement, vous ne pensez pas ?

Si, d'ailleurs il ne pensait pas beaucoup à Day, parce que, honnêtement, la direction des Postes, est-ce un problème ?

---

21. Le 9 mars 1964, le procès *New York Times v. Sullivan* décida qu'un plaignant dans un cas de diffamation devait prouver que l'accusé avait eu des intentions malfaisantes, avait diffamé en toute connaissance de cause ou sans se soucier de véracité. Ce verdict facilita la publication de commentaires désobligeants sur les présidents et d'autres personnalités publiques. Sentant qu'il ne pourrait jamais établir fermement les motivations d'un accusé, Goldberg préféra se tenir à distance de la presse.

22. Allusion à une publicité de l'extrême droite parue en pleine page dans le *Dallas Morning News* lors du dernier matin de John F. Kennedy, accusant le Président de trahison ; il signala à Jacqueline que Dallas, bastion de la droite radicale, était « le pays des dingues » (Manchester, *Mort d'un président*, p. 138).

Non, et Day a mené cette affaire avec une vraie compétence.

Peut-être, mais je le trouvais un peu sot. Cela dit c'est ce que je pense, je n'en ai jamais parlé avec Jack. J'ai du mal à croire qu'il avait beaucoup d'estime pour lui.

C'est un de ses points forts, cette intuition des gens qu'avait le Président, sa capacité à choisir des personnalités qu'il connaissait très peu, y compris Lovett et McCloy[23]*, par exemple. Il les avait à peine rencontrés avant, n'est-ce pas ?*

À peine, oui. Enfin, bien sûr, il les connaissait, mais pas plus que ça. Il percevait très bien les gens en parlant avec eux, même si, pour Dean Rusk, il s'est trompé, et encore, comme vous le disiez, Dean Rusk fait merveilleusement illusion. Il donne l'impression de pouvoir sauver le monde.

Comment arrivait-il à les jauger ? Il discutait avec eux, bien sûr, ensuite il demandait des rapports à Sarge[24] *?*

Oui, il lisait ces rapports, il écoutait ce que les autres en disaient, puis il les convoquait. Comme un entretien d'admission dans une école. Il s'enfermait deux heures avec la personne dans le salon et ils discutaient.

Il vous a dit de quoi ils parlaient ?

C'était une époque vraiment difficile pour lui, ces journées étaient très chargées. Quand il venait me voir à la maternité… Je vous ai dit ce qu'il m'a avoué à propos de McNamara, et je

23. John McCloy (1895-1989) fut assistant du secrétaire à la Guerre de Franklin D. Roosevelt pendant la guerre, Henry Stimson, ainsi que juriste républicain de Wall Street surnommé « le président de l'establishment ». Il conseillait John F. Kennedy en matière de désarmement.

24. Sargent Shriver, qui étudiait le profil des candidats à différents postes.

sais à quel point il était déçu par Loveless, qui n'avait aucune solution à proposer pour le problème des fermiers, aucune pensée originale. J'aurais dû l'interroger, mais quand vous vivez avec un homme aussi occupé, vous évitez de lui poser trop de questions à la fin de la journée. Vous comprenez en saisissant des bribes de ce qu'il explique à quelqu'un ou ce qu'il cherche à vous dire. Plus tard, je serai plus précise. Aujourd'hui, j'ai beaucoup d'absences à propos de sujets dont je me souvenais très bien avant.

Ça reviendra. Qu'est-ce qui le préoccupait le plus, à part Franklin et Stevenson, à cette période ? Vous souvenez-vous d'un sujet qui semblait le tarauder ?

Je me rappelle qu'il a confié à Clark Clifford l'organisation de la transition. Mais ça n'a posé aucun problème. Il était très content de Clifford. J'en ai déjà parlé, peut-être ?

Non.

Juste après son élection, il a convoqué Clark Clifford. Je crois qu'il l'avait prévenu bien avant : « Si je suis élu, il faut que tu sois prêt à prendre en main la période de transition. » Clark s'était donc préparé, et chaque personne nommée à un poste a passé trois mois, de novembre à janvier, littéralement assis derrière le bureau avec son prédécesseur. D'après Jack, jamais une transition n'avait été aussi bien organisée.

Quelles pensées vous inspirait, vous, l'idée de vivre à la Maison Blanche ?

L'idée m'inquiétait [25]. Vous imaginez, tout ce qu'on peut se dire : « Ça doit être un vase clos, les services secrets, je ne

25. Après l'élection, John F. Kennedy comprit que cette perspective était si déprimante pour son épouse qu'il demanda à Franklin D. Roosevelt Jr de la rassurer.

verrai plus jamais mon mari… » Mais à peine Jack a été nommé, j'ai sauté de joie et j'étais ravie pour lui, jusqu'au moment où j'ai compris que je vivais la plus belle période de ma vie. Nous n'avons jamais été aussi proches – je n'imaginais pas cette proximité physique liée au fait d'avoir un bureau dans le même bâtiment et de se voir plusieurs fois par jour. Il y avait toujours beaucoup de tension, mais je me rappelle que je me disais : « Qu'est-ce qui m'a pris de me faire tant de soucis. Vivre à la Maison Blanche ne signifie pas la fin de notre mariage. » Mais ce fut une époque très heureuse [26]. Évidemment, une fois à la Maison Blanche, j'ai commencé à m'interroger sur le moment où nous en sortirions. Je pensais à Jack qui aurait cinquante et un ans au moment où il en partirait. C'était un lion en cage, encore très jeune, capable d'accomplir tant de choses. Parfois je lui en parlais parce que je m'inquiétais. Il me rassurait en me répondant : « Tu verras, le jour où ça arrivera, ça ne posera aucun problème. »

Parlait-il de ce qu'il envisageait de faire après son mandat présidentiel ?

Oui. Au début il prenait ça à la légère et évitait le sujet en déclarant : « Oh, je serai ambassadeur en Italie ! », par exemple, et je réagissais en lui conseillant de se représenter au Sénat. Un jour j'ai avoué à Bobby que je me faisais du souci pour Jack et que je me demandais s'il ne pourrait pas prendre le siège de Teddy au Sénat, parce que Jack m'avait expliqué qu'ils n'accepteraient jamais d'avoir deux frères. Bobby est allé voir Teddy avant de revenir pour m'annoncer

26. En juin 1962, Jacqueline écrivit à son ami William Walton : « Cette vie ici, que je redoutais et qui m'a d'abord accablée, je l'ai maintenant bien en mains et je vis les plus beaux jours de ma vie, pas à cause de ma position, mais parce que ma famille est tellement soudée. C'est la dernière chose à laquelle je m'attendais à la Maison Blanche. » (Jacqueline Bouvier-Kennedy à William Walton, 8 juin 1962.)

Jack, Bobby et Teddy,
Hyannis Port, 1960

que Teddy avait promis qu'il ne se présenterait pas si Johnny – c'est comme ça que l'appelaient ses frères – déclarait sa candidature. J'étais très émue, parce que c'était le poste le plus important que Teddy pouvait espérer obtenir.

Oui.

Malheureusement Jack a été profondément blessé quand je lui en ai parlé. Il était touché que je me préoccupe de son avenir, mais il m'a répondu : « Non, jamais, je ne ferai jamais ça. Prendre le siège de Teddy ? Comment peux-tu imaginer une chose pareille ? Retourne voir Bobby et dis-lui que c'est impensable. » Cette histoire illustre très bien la force du lien entre les trois frères.

Oui.

Vous avez Bobby demandant à Teddy de renoncer à son siège, Teddy acceptant avec joie, et Jack refusant. En fait, Jack pensait devenir soit directeur d'un grand journal, soit… je ne sais plus. L'autre jour Bundy m'a dit qu'il pensait aller à la télévision. Il en parlait parfois à Ben Bradlee : « Tu crois que je pourrais acheter le *Washington Post* ? » demandait-il sur un ton plutôt joyeux. C'était facile de voir quand l'idée lui plaisait. À mon avis, il aurait fait le tour de la planète, écrit un livre, travaillé sur son projet de bibliothèque, il se serait vraiment investi.

Où pensez-vous que vous auriez vécu ?

Sans doute à Cambridge. Ou à Washington, mais aujourd'hui je sais que ça aurait été une erreur. Jack disait qu'il fallait quitter Washington. Il avait raison. C'est trop dur pour un ex-président de vivre dans cette ville, tellement centrée autour de la présidence.

Il m'avait avoué qu'il envisageait de vivre à Cambridge trois ou quatre mois par an.

Cambridge et New York, disons. C'est sans doute ce qui aurait fini par se faire.

Le journal aussi, il m'en a…

Ça aurait été…

Une possibilité.

Oui, ça aurait été un superbe job à plein temps pour lui. Bundy m'en a parlé l'autre jour. J'étais triste parce que Jack aurait sans doute vécu ses vraies années de bonheur plus tard. Il disait qu'il aurait pu devenir le « président de l'Ouest ». Partout où il aurait été, les gens auraient écouté ce qu'il avait à dire. Bundy m'a même expliqué qu'au bout d'un certain temps, la demande pour qu'il revienne aurait été telle qu'ils auraient peut-être réfléchi pour envisager un troisième mandat – pas successif, mais plus tard. Je me souviens quand je m'exclamais : « Si seulement ils pouvaient voter une loi pour te garder à jamais ! » Le fait est que lorsque vous quittez la Maison Blanche – et Jack me le rappelait sans cesse –, vous tremblez en ramassant vos journaux tous les matins – par exemple quelqu'un peut faire une gaffe, comme dans le cas de Skybolt [27], et tout peut s'écrouler. Le Président est obligé de garder un œil sur chacun, partout, or seul quelqu'un de jeune et brillant comme Jack aurait pu. Il aurait été sur les

---

27. En 1962, les États-Unis annulèrent brusquement le programme de construction de missiles Skybolt, dont certains avaient été promis au Premier ministre britannique Harold Macmillan pour l'inciter à fermer son propre programme de missiles sol-air. Le traitement apparemment cavalier que Washington réserva à son allié britannique amoindrit le prestige de Macmillan dans son propre pays.

dents en permanence, tout en sachant qu'il n'avait plus le pouvoir d'intervenir. Pourtant Jack s'en défendait sans cesse : « Mon Dieu, non, jamais, huit ans ici, ça suffit ! » Et vous compreniez qu'en effet c'était assez – assez de responsabilités. Regardez les photos de Lincoln, par exemple, au fil des années, il a l'air de plus en plus vieux et épuisé. Ça se voit sur les photos de Jack. Même s'il n'en parlait jamais. Autant il évoquait certains problèmes, autant il ne se plaignait jamais, ne s'apitoyait jamais sur son sort. Il avouait simplement, un peu comme un prisonnier songeant à sa sortie : « Oh non ! huit années ici, ça suffit amplement. »

Quand avez-vous commencé à envisager la restauration de la Maison Blanche ? Avant de vous y installer ?

Une fois que Jack a été élu, je pense, ou quand je m'imaginais épouse de président. J'étais convaincue qu'il fallait la restaurer. Puis en Floride, entre Noël et l'investiture, j'ai demandé qu'on m'envoie des livres et de la documentation de la bibliothèque du Congrès. Arrivée sur place, j'ai passé une semaine au lit dans la chambre de la Reine, mais je me souviens que j'ai consulté David Finley, et sans doute John Walker, ça a donc commencé tout de suite[28]. Il suffisait de voir cet endroit ! J'y avais déjà été, évidemment, pour des réceptions

---

28. David Finley (1890-1977) fut le premier directeur de la National Gallery of Art ; le premier président de l'Association historique de la Maison Blanche, fondée par Jacqueline Kennedy ; membre de son Comité des beaux-arts de la Maison Blanche (au nom du Comité, il refusait les dons indésirables) ; de 1950 à 1963 il présida la Commission américaine des beaux-arts, qui supervisait la conception des bâtiments et monuments fédéraux dans la capitale. Comme Jacqueline l'écrivit à un autre haut fonctionnaire, Bernard Boutin, elle trouvait en Finley « un homme très cultivé + un défenseur du patrimoine – mais si seulement il agissait avec un peu plus de vigueur, tant de choses pourraient être sauvées ». John Walker III (1906-1995) fut directeur de la National Gallery de 1956 à 1969. Après l'investiture, Jacqueline était encore en convalescence suite à la naissance traumatique de John.

du Congrès, et le jour de mon petit tour avec Mme Eisenhower.

Comment s'est passée cette visite ?

J'avais lu dans les journaux que la coutume veut que la Première Dame fasse visiter les lieux à celle qui doit lui succéder. Mais je n'en avais aucune envie parce que j'étais sur le point d'avoir John. J'avais donc demandé à Tish [29] de se mettre en contact avec Mary Jane McCaffrey, la secrétaire de Mme Eisenhower. Sauf que Mme Eisenhower avait recommandé à Mme McCaffrey de surtout ne rien faire pour aider notre personnel.

Comment ?

Heureusement Tish la connaissait un peu. Mary Jane et elle se retrouvaient régulièrement en catimini pour le déjeuner. Tish aimait beaucoup Mary Jane, qui ne lui donnait que de bons conseils. J'ai donc répondu : « Si c'est une visite à laquelle Mme Eisenhower tient, il faudrait qu'elle ait lieu très vite parce que je ne sais pas quand je vais avoir mon bébé. » Apparemment quand Mme McCaffrey a transmis le message à Mme Eisenhower, elle a bondi en s'exclamant : « C'est ma maison et il est hors de question que quiconque la visite ! » Je vous avoue que j'ai été soulagée. Ensuite j'ai été à la

29. Letitia Baldrige (1925-), grande, énergique et passionnée, était une amie des Auchincloss. Comme Jacqueline, mais avant elle, elle avait fait ses études à Farmington et à Vassar. Elle travailla dans deux ambassades américaines en Europe, et avait démissionné de son poste de cadre chez Tiffany pour ouvrir sa propre agence de relations publiques à Milan lorsque, en juillet 1960, Jackie l'appela pour lui confier l'organisation des réceptions de la Maison Blanche « si Jack réussit » (Letitia Baldrige, entretien enregistré, bibliothèque Kennedy). Quand Baldrige quitta son emploi au printemps 1963, John F. Kennedy lui dit qu'elle était la femme la plus « émotive » qu'il ait rencontrée.

maternité, John est né, et les choses ont pris une tournure plus ennuyeuse. La presse s'est mise à construire toute une histoire autour de Mme Eisenhower. Elle n'arrêtait pas de pester contre Tish et les autres. Elle voulait que je lui rende visite avant que nous partions en Floride. Ce jour-là je suis sortie de la maternité à midi, alors que nous devions partir en Floride à quatorze heures trente. Je venais d'avoir une césarienne et j'avais du mal à marcher. Mais comme une sotte, j'ai répondu que j'irais. Je le regrette. On m'avait promis que j'aurais une chaise roulante. Or rien, je n'ai jamais vu la moindre chaise roulante. Au contraire, on m'a traînée d'étage en étage, pièce par pièce, sans me proposer la moindre chaise, et tout ça devant la presse. Quand je suis rentrée, j'ai eu une crise de larmes qui a duré deux jours. Comme si on m'avait arraché mes dernières forces. Ce n'était pas particulièrement élégant de la part de Mme Eisenhower [30].

Affreux, oui. Mais pourquoi, à votre avis ?

Elle était incroyable. Elle faisait sans cesse référence à la Maison Blanche en disant « ma maison », « mes tapis »... Ce n'est pas le président Eisenhower qui a lâché pendant la campagne : « Chaque fois que Mamie [31] imagine cette fille à la Maison Blanche, elle siffle entre ses dents, s-s-s-s... » en ajoutant je ne sais quel son charmant ? Il y avait du venin dans l'air. Plus tard j'ai entendu dire qu'elle devenait folle en apprenant les changements que nous faisions. J'imagine que ce n'est pas très agréable d'apprendre que la nouvelle Première Dame entreprend ce que vous auriez dû entreprendre. « J'ai entendu dire que le salon Rouge était mauve », elle

30. Elle apprit par la suite que Mme Eisenhower avait demandé qu'on dissimulât un fauteuil roulant derrière un paravent décoratif et qu'on ne le sortît que si Jacqueline Kennedy en faisait la demande expresse. Après s'être envolée pour Palm Beach, celle-ci passa quinze jours au lit.

31. Prénom de Mme Eisenhower.

Le président Eisenhower rencontre le président élu Kennedy
dans le Bureau ovale

lâchait, par exemple. Je ne lui en ai pas voulu, d'ailleurs, mais j'aurais trouvé normal qu'elle fasse preuve d'un peu plus de sympathie au début.

Je comprends. Comment est-ce que le Président et le président Eisenhower…

Le président Eisenhower a été très correct le jour de leur première rencontre à la Maison Blanche. Je ne sais pas de quoi ils ont discuté, mais Eisenhower a déclaré : « Je vais vous montrer la vitesse à laquelle les hélicoptères peuvent arriver. » Là-dessus il a appuyé sur un bouton et trois minutes plus tard les engins étaient là et nous nous sommes envolés pour faire un petit tour.

Que pensait le Président d'Eisenhower ?

Notes de Jacqueline Kennedy avant l'investiture, sur la chambre de Lincoln (en haut) et le salon Est (en bas)

Présentation du guide de la Maison Blanche,
The White House : An Historic Guide

Vue sur le Bureau ovale depuis le bureau du président Kennedy

Pas grand-chose. Jack était conscient de tout ce qui aurait pu être fait pour le pays, alors qu'Eisenhower avait renoncé. Je ne pense pas qu'il avait beaucoup d'estime pour lui. Pourtant il me rappelait souvent : « Imagine l'état de santé de cet homme. Il a les joues roses, et il sourit et glousse sans cesse. » Ah ! autre anecdote amusante. Dans la Maison Blanche, sur le seuil du bureau de Jack du côté de la chambre, nous pensions qu'il y avait des termites. Le sol était criblé de petits trous. J'ai interrogé l'intendant, M. West[32], parce que j'avais peur que la Maison Blanche s'écroule, comme à l'époque de Truman. C'était les clous de ses chaussures de golf. Incroyable, non ! J'imagine que M. Eisenhower marchait dans toute la Maison Blanche avec.

Pareil dans le bureau du Président.

Oui. Aujourd'hui on ne les voit plus, grâce à l'usure.

Vous souvenez-vous de la visite de Nixon à Palm Beach ? Il n'est pas venu vous voir entre l'élection et l'investiture ?

Ce n'est pas Jack qui s'est déplacé ?

Si, vous avez raison. Nixon séjournait pas loin, en Floride.

Dans un hôtel[33].

C'est ça. Le Président est allé le voir. Avant la naissance de votre fils.

---

32. J. Bernard West (1912-1983), qui fut huissier principal de 1957 à 1969, à la tête du personnel domestique de la Maison Blanche, avait une relation étroite et efficace avec Jacqueline Kennedy. Il accueillit avec plaisir ses efforts pour restaurer la Maison Blanche et lui apporta une aide cruciale.

33. Les deux hommes se rencontrèrent dans une villa proche de l'océan, près du Key Biscayne Hotel.

Oui, pendant que j'étais à Washington. Smathers [34] y est allé avec Jack, non ? Ou est-ce que Smathers y est allé seul, et c'est lui qui nous aurait raconté que Mme Nixon était à bout de forces, allongée comme un cadavre dans un fauteuil, immobile, l'air amer et désespéré. Quelqu'un a raconté ça à Jack. Il paraît qu'elle disait n'importe quoi, par exemple : « Il faut recompter les voix ! » Mais je ne me souviens pas vraiment de l'entretien de Jack avec Nixon. Mme Kennedy m'avait recommandé de tout noter par écrit l'année qui a suivi mon mariage, et je l'ai fait, alors que la période n'a aucun intérêt. Mais ces années-là, où j'aurais dû prendre des notes, j'ai laissé tomber.

Que pensait le Président de la restauration ?

La restauration ?

De la Maison Blanche.

Il s'y intéressait. Il s'intéressait à tout ce qui me tenait à cœur, mais ça l'inquiétait un peu. Pour être sûr que tout soit bien mené, il m'a envoyé Clark Clifford. Or Clark Clifford était embarrassé parce qu'il aurait préféré que je renonce...

Pourquoi ? Pour des raisons politiques ?

« Impossible de toucher à la Maison Blanche » : c'était son credo. « Les Américains ont un rapport très particulier avec la Maison Blanche. Regardez le balcon de Truman [35]. Si vous

34. George Smathers, sénateur démocrate de Floride.

35. En 1947, le président Truman avait été accusé d'hérésie pour avoir ajouté un balcon au premier étage de la façade sud. En mars 1963, Jacqueline écrivit à David Finley, dont la tâche était de repousser les plaintes suscitées par les innovations de la Première Dame : « Le Président m'a dit que vous étiez la seule personne à avoir soutenu le président Truman lors de l'affaire du balcon ! Je ne savais pas cela, mais j'aurais dû, parce que cela vous ressemble tellement » (Jacqueline Bouvier-Kennedy à David Finley,

faites des changements, le résultat sera le même. » Je lui ai répondu : « Il n'y aucune raison pour que ce soit comme le balcon de Truman », avant d'évoquer Harry du Pont[36] et les conseillers que nous espérions attirer. Les travaux ont été entrepris peu à peu, il fallait monter tel ou tel comité, résoudre certains problèmes juridiques, mais je dois dire que Clark a été très efficace pour superviser le guide[37]. Et une

---

22 mars 1963). Finley répondit : « Pour être tout à fait honnête [...] j'étais d'accord avec les autres membres de la Commission, on ne devrait pas briser par un balcon la colonnade d'une demeure du XVIIIe siècle comme la Maison Blanche, même si cela se faisait dans les maisons de plantation au XIXe siècle. » Mais le Président ne s'était pas offensé de son objection, et « M. Truman et moi étions amis » (David Finley à Jacqueline Bouvier-Kennedy, 27 mars 1963). Quand Finley annonça qu'il allait quitter la Commission des beaux-arts, Jacqueline lui écrivit une des lettres sincères qui lui valaient la loyauté et l'affection de tous ceux avec qui elle travaillait : « Je n'aurais jamais cru qu'une chose aussi terrible puisse arriver, de mon vivant. Je n'imagine pas pouvoir vivre sans vous. Que vais-je faire ? [...] Je ne pourrai jamais trouver les mots pour exprimer toute la gratitude, l'affection et la reconnaissance que j'éprouverai pour vous jusqu'à mon dernier jour » (Jacqueline Bouvier-Kennedy à David Finley, 22 mars 1963).

36. Henry du Pont (1880-1969), héritier républicain d'une célèbre fortune, était un expert respecté en matière d'art américain, de mobilier et d'horticulture. Il avait fait beaucoup pour remodeler Winterthur, la propriété familiale de 350 hectares dans le Delaware, ouverte au public en 1951, avec salles d'époque et jardins. Du Pont présida le Comité des beaux-arts de Jackie Kennedy pour la conseiller sur la restauration de la Maison Blanche. Américaniste, du Pont était parfois horrifié par les improvisations dans le goût français de Stéphane Boudin. Lors de ses visites, du Pont redisposait parfois les meubles, après quoi Jacqueline les faisait discrètement remettre à leur place. Quand du Pont tenta de s'opposer à l'un des projets de Boudin pour la chambre Verte, elle écrivit à J.B. West : « Veuillez lui transmettre cette lettre où je sollicite humblement son approbation. Si nous ne l'obtenons pas, il aura le choc de me voir agir malgré tout ! »

37. Clifford aida également Jacqueline Kennedy à créer l'Association historique de la Maison Blanche, qui continue à contribuer à l'entretien des salles publiques de cette demeure, à acheter des peintures et des meubles. L'Association publie des réactualisations du guide, *The White House : An Historic Guide*, ainsi que des livres sur les présidents, les Premières Dames, et sur les jardins de la Maison Blanche, autant de collections lancées par Jacqueline Kennedy. Pendant les six mois qui suivirent

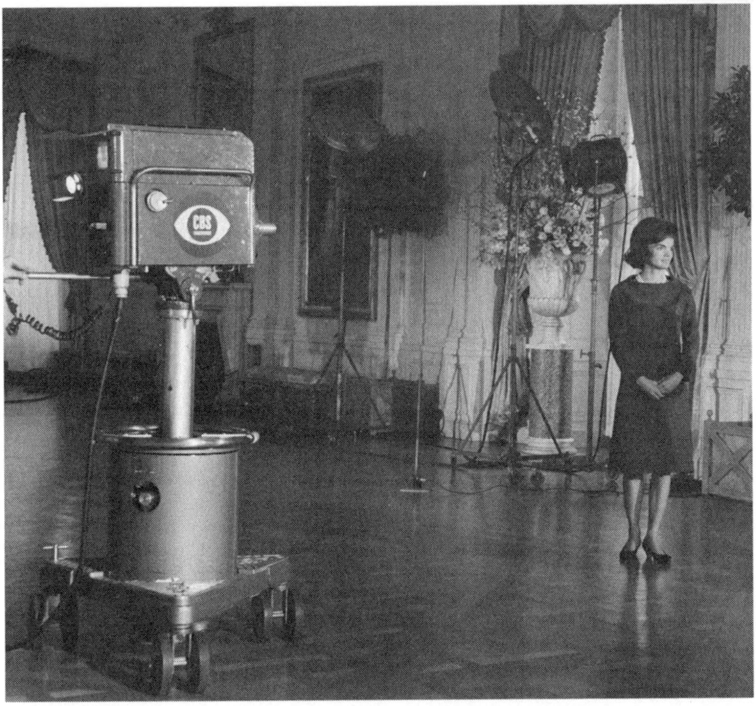

Jacqueline Kennedy durant la visite télévisée de la Maison Blanche

fois que Jack a vu que tout se passait bien, que nous étions bien conseillés, il a été ravi.

Il en était extrêmement fier. Il adorait faire visiter les lieux.

Oui. Vous vous souvenez quand je lui ai retrouvé le bureau [38] au tout début ? Et la visite guidée pour la télévision [39] ? Il était mignon, tellement fier de moi. Mais nous n'avions

sa mise en vente, le guide fut acheté par un demi-million de lecteurs, ce qui remplit les coffres de l'Association récemment fondée.

38. Parmi les trésors négligés de la Maison Blanche, Jacqueline découvrit le bureau fabriqué au XIXe siècle avec le bois du *H.M.S. Resolute*, qui devint célèbre dans le Bureau ovale de John F. Kennedy et que depuis tous les présidents ont utilisé, sauf Gerald Ford.

39. En février 1962, 56 millions de téléspectateurs suivirent la visite des restaurations de la Maison Blanche, émission d'une heure qui valut à Jacqueline un Emmy Award.

jamais assez d'argent. Évidemment, les gens n'étaient pas prêts à abandonner leurs plus beaux meubles, ou alors on se retrouvait avec une batterie de tasses de thé qu'une vieille dame nous donnait, avec cinquante dollars en prime. Je me souviens de la période où j'essayais de rédiger le guide de la Maison Blanche. La conservatrice était incapable de s'asseoir pour travailler – Mme Pearce. Elle préférait prendre le thé avec ses collègues. Ça a été difficile, mais nous avons fini par l'écrire. Malheureusement, Jack McNally, ce joyeux petit Irlandais responsable des visites, a déclaré que c'était un outrage, que ça désacralisait… l'idée de vendre le guide sur place le choquait. Beaucoup de gens estimaient qu'il était hors de question de vendre un guide à la Maison Blanche. J'ai insisté en promettant qu'il serait d'une qualité exceptionnelle. J'en ai parlé à Jack, qui était entouré d'avis négatifs, mais il m'a écoutée et conseillée : « Vas-y, c'est bien. » C'était délicat de sa part, d'autant plus que tout s'est bien passé.

Avez-vous eu droit à des critiques sur ce que vous avez entrepris à la Maison Blanche à la fin ?

Jamais, au contraire, un intérêt incroyable. En plus il y avait les visites. Tous les soirs Jack rentrait du bureau en m'annonçant : « Nous avons eu plus de monde aujourd'hui que les Eisenhower au cours de leurs deux premières années. » Et le guide se vendait très bien. Jack était fier comme Artaban. Je vais vous expliquer quelque chose de merveilleux à son propos. Je n'ai pas vraiment changé à partir du moment où je me suis installée à la Maison Blanche, en revanche la presse, elle, donne de vous une image toute différente. Soudain tout ce qui était problématique : ma coupe de cheveux, le fait que je parlais français, que je n'adorais pas faire campagne, ni pétrir mon pain en plongeant les bras dans la farine, vous voyez ce que je veux dire… les gens pensaient que j'étais snob et que je détestais la politique… À peine

Le Président et la Première Dame à la Maison Blanche

nous nous sommes installés à la Maison Blanche, tout ce que je faisais était formidable, parce que tout ce que fait la Première Dame est par définition exceptionnel. Jack, lui, n'a jamais pensé que j'étais un problème[40]. Il était comblé – et j'étais comblée. Voilà pourquoi nos plus belles années ont été celles de la Maison Blanche.

Il était très fier, et fier de la culture qu'il découvrait grâce à vous. Il aimait bien parler de mobilier et de peinture, des sujets qui lui étaient plutôt étrangers jusque-là.

Je sais, mais il s'y est vraiment mis. Il s'intéressait à la sculpture. J'ai oublié dans quelles circonstances à l'origine. Ah, oui ! parce que Stas avait offert à Lee une tête romaine à Noël. C'est le premier objet de collection qu'il a vu et qui a vraiment retenu son attention. Il allait aussi chez Klejman, face à Parke-Bernet et face au Carlyle, à New York[41]. C'est lui qui a acheté toutes les sculptures grecques que vous voyez dans cette pièce – et les sculptures égyptiennes. Il avait un très bon œil. À propos de son goût, quand Boudin, ce décorateur français qui était un érudit,

40. Jacqueline se montre ici modeste. Depuis leur grand voyage à Paris en mai 1961, et surtout depuis le succès de sa visite télévisée de la Maison Blanche, elle ne représentait plus un handicap politique, mais elle aurait été un atout majeur si le Président avait pu briguer un second mandat. Le sachant, John F. Kennedy s'efforça de la persuader de l'accompagner lors des voyages prévus au Texas et en Californie en préambule de cette campagne. En sa présence, au Rice Hotel de Houston, lors de leur dernier soir ensemble, le Président demanda à Dave Powers de comparer la foule qui les avait salués ce jour-là à celle qu'il avait rencontrée lorsqu'il était venu seul à Houston l'année précédente. Kennedy rayonna lorsque Powers répondit que c'était à peu près la même, « mais [qu']il y avait environ 100 000 personnes de plus pour voir Jackie » (Sorensen, *Kennedy*, p. 207).

41. Pendant leur séjour à la Maison Blanche, les Kennedy conservèrent un appartement au Carlyle Hotel, à New York. Parke-Bernet était une maison de vente aux enchères et J.J. Klejman un antiquaire.

Tête de jeune garçon et statuette d'Hercule, sculptures romaines achetées par John F. Kennedy lors de sa visite à Rome en 1963, comme cadeau pour son épouse

ancien directeur de la maison Jansen, me proposait de réaménager telle pièce ou d'accrocher telle peinture, souvent j'avais des doutes [42]. Je demandais à Jack son avis

42. Stéphane Boudin (1888-1967), président de la maison Jansen, agence de décoration parisienne, avait été conseiller pour les restaurations de Versailles, de la Malmaison, du château de Leeds et d'autres monuments historiques. Jackie Kennedy lui demanda de la guider pour son projet à la Maison Blanche. Elle dit à un de ses assistants : « En matière d'architecture, Boudin m'a plus appris que tous les livres que j'aurais pu lire » (James Abbott et Elaine Rice, *Designing Camelot*, Wiley, 1997, p. 86). Pour éviter la controverse qu'aurait pu susciter l'emploi d'un non-Américain, l'équipe s'efforça de maintenir Boudin à l'arrière-plan, avec le consentement de celui-ci. Mais en privé, Jacqueline estimait tout à fait adéquat de s'adresser à un Français, à cause de l'apport français à la Révolution américaine, du talent des Français pour mettre l'architecture et les arts au service de la gloire nationale, et parce que, en réfléchissant à l'aspect que devait présenter la Maison Blanche, elle était fascinée par la sensibilité des présidents Jefferson et Monroe, tous deux ex-ambassadeurs à Paris, qui avaient orné la demeure d'objets, de peintures et de meubles français ou de style français.

sans lui dire ce que Boudin en pensait. Or cinq ou six fois, je les ai notées, Jack m'a répondu la même chose que Boudin. J'étais déçue par le salon Bleu la première fois que je l'ai vu. Je trouvais que le changement était trop important [43]. Mais Jack aimait. Il avait un œil excellent et repérait toujours ce qu'il y avait de mieux. Il avait du goût pour les gens, les livres, la sculpture, le mobilier, les pièces, les maisons. Il a acheté notre maison de Georgetown parce qu'elle avait une poignée de porte ancienne, et il aimait son allure un peu vieillotte. Pour notre dixième anniversaire de mariage il a été adorable. Après le dîner, soudain notre femme de chambre, Provi, est entrée dans la chambre avec trente petites boîtes. Elles venaient toutes de chez Klejman, sauf une... Comme il savait que je collectionnais les dessins, il en avait acheté deux chez Wildenstein [44]. Au début de notre mariage il m'offrait toujours des objets qu'il aimait, par exemple, une lettre de Byron ou une lettre de John Quincy Adams. Mais ce soir-là j'ai compris que le cadeau qu'il voulait que je choisisse, c'était un bracelet d'Alexandrie. Un objet très dépouillé, en or, une sorte de serpent. C'était le cadeau le plus simple, mais je voyais bien qu'il en était fou. Il le tenait au creux de sa main.

Comment avait-il sélectionné ces objets ? Sur catalogue ?

Je pense qu'il avait téléphoné à Klejman pour lui demander de lui envoyer une sélection. Il avait dû recevoir une cinquantaine d'objets déposés dans sa chambre parce qu'il avait passé

43. Elle craignait de faire scandale avec la nouvelle décoration, qui n'était plus dominée par la couleur bleue. Mais en 1980, elle considérait que cette pièce était « le chef-d'œuvre de Boudin », avec son « impression de majesté, de cérémonie, d'arrivée, de grandeur » (Abbott et Rice, *op. cit*, p. 101).

44. Wildenstein & Company était une galerie d'art de Manhattan.

Bracelet-serpent égyptien offert à Jacqueline par John F. Kennedy pour leur dixième anniversaire de mariage

presque tout le dîner enfermé dans sa chambre. Il en avait choisi environ quinze dont il pensait que je les aimerais. Notamment un mors de cheval assyrien. Il était fasciné par l'idée qu'il date de… je ne sais pas… la guerre contre les Perses ou autre. D'ailleurs c'était peut-être un mors de cheval perse. Sylvia Whitehouse[45] était chez nous ce soir-là et elle riait. Elle a n'a pas pu s'empêcher de lancer : « Nous aurions peut-être pu avoir un cadeau un peu plus personnel pour un dixième anniversaire de mariage. » Jack voulait essayer le mors sur le poney de Caroline pour voir l'effet que ça faisait. [*Schlesinger rit.*]

Vous souvenez-vous de votre première journée à la Maison Blanche ?

Oui. Mais je ne vous en ai pas déjà parlé ?

45. Sylvia Whitehouse Blake (1930-) avait été la camarade d'études de Jacqueline à Vassar et l'une de ses demoiselles d'honneur. Son mari, Robert, était diplomate.

Pas devant le magnétophone.

Il y avait le Dr Travell. Je me souviens que le lendemain matin on m'a allongée sur le lit de la chambre de la Reine. À l'époque nous vivions de ce côté-là parce qu'on était en train de repeindre notre aile.

Vous parlez du jour de l'investiture ou du lendemain ?

Du lendemain. Le Dr Travell me maintenait la jambe en l'air parce que j'avais un problème. Je n'arrivais plus à marcher. Quand tout à coup, vous ne devinerez jamais qui déboule dans la chambre ? Jack et le président Truman, qui est devenu cramoisi, le pauvre. Je crois qu'il n'avait jamais vu une femme au lit en chemise de nuit, à part la sienne. Du coup ils sont ressortis, et Jack est revenu en glissant une tête et me demandant : « Je peux entrer avec lui ? » Figurez-vous que nous avons eu une conversation très enjouée. Jack avait apporté un livre de Robert Frost. Le soir nous avons dîné sur des plateaux dans le petit salon Lincoln. J'adorais ces moments-là.

Et le jour de l'investiture ? Vous souvenez-vous des jours qui l'ont précédée, du discours et du reste ? Le Président était-il anxieux ?

Oui, je me souviens qu'il rédigeait son discours quand nous étions en Floride [46]. Et toutes ces feuilles jaunes qu'il rapportait pour me lire des passages et en raturer d'autres. Je ne l'ai jamais entendu prononcer la totalité du discours avant le jour de l'investiture, mais j'ai parfaitement reconnu chaque passage qu'il m'avait lu quand il les a prononcés ce jour-là. En Floride nous avions une petite chambre, mais le reste de la maison était bondé, et j'étais au lit la plupart du temps. Jack

46. Dans la chambre d'angle, au rez-de-chaussée de la maison de ses parents à Palm Beach.

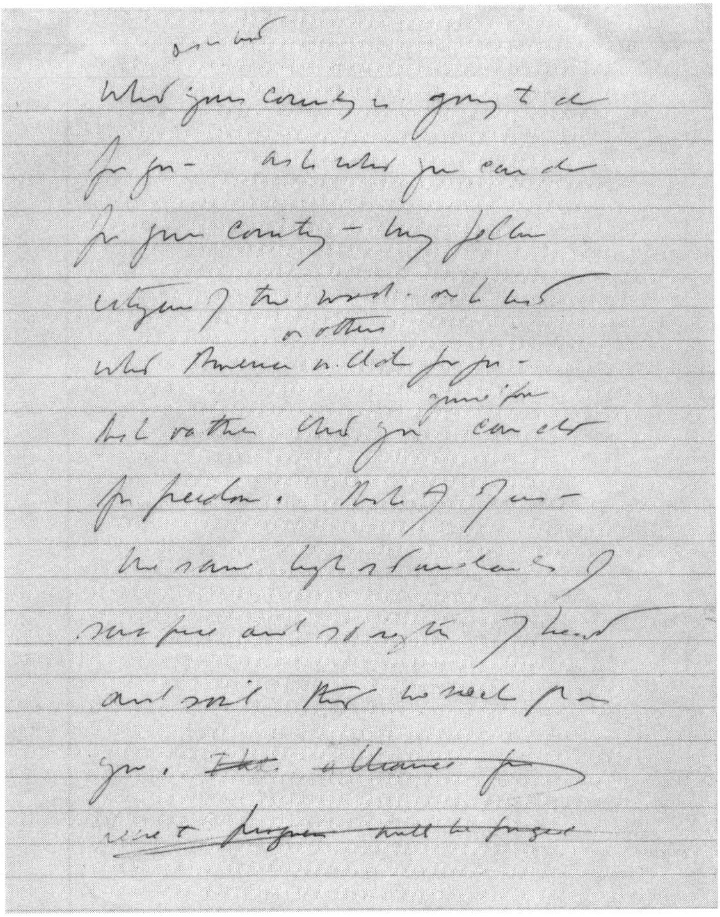

Brouillon manuscrit du discours d'investiture

débarquait avec son cigare et un énorme bloc de feuilles jaunes à la main, il s'asseyait au bord de mon lit, me lisait de nouveaux passages, feuilletait son bloc, gribouillait quelques notes, et posait le tout en pile sur son bureau qui débordait de papiers, comme dans toute la pièce – il y en avait partout. Ensuite il sortait parce qu'il avait un rendez-vous ou pour jouer au golf. Il était vraiment heureux à cette époque – en pleine forme, comblé.

D'après vous, avait-il une préoccupation particulière à ce moment-là ?

Non, parce qu'il avait l'art de prendre en main et de résoudre chaque problème dès qu'il se présentait. C'est ce qu'il aimait. Il ne s'inquiétait jamais démesurément parce qu'il avait une ligne de conduite : « Il faut que ce travail soit fait, or il a toujours été fait par des êtres humains. » Il existe quelque part une très bonne citation de lui à ce sujet [47]. Il savait qu'il pouvait assumer la charge présidentielle aussi bien qu'un autre.

Qui y avait-il en Floride avec vous ?

M. et Mme Kennedy. Bobby a dû venir deux ou trois fois. Il y avait toujours quelqu'un – Sam Rayburn [48], avec Lyndon et Lady Bird, une fois. Vous n'imaginez pas : vous alliez dans la salle de bains parce que vous aviez oublié votre peignoir, et vous ne pouviez plus ressortir parce que Pierre Salinger [49] avait improvisé un briefing pour la presse dans votre chambre. C'était à devenir fou. Jusqu'au jour où Jack a pris ses notes et les a fourrées dans sa serviette avant de rentrer à Washington. Au fond, je ne sais pas quand exactement il a écrit son discours.

Il est rentré tôt dans la semaine, si je me souviens bien, et vous êtes arrivée le mercredi.

---

47. Dans ce qu'il en vint à appeler son « discours de la paix » à l'American University en juin 1963, Kennedy déclara : « Ces problèmes sont créés par l'homme. Ils peuvent donc être résolus par l'homme. Et l'homme peut être aussi grand qu'il le désire. »

48. Samuel Rayburn (1882-1961) fut président de la Chambre jusqu'en 1961 et mentor du jeune représentant Lyndon Johnson.

49. Pierre Salinger (1925-2004) de San Francisco, bon vivant, ancien journaliste et assistant de Robert Kennedy, fut attaché de presse pendant la campagne de 1960, puis porte-parole de la Maison Blanche.

Oui, je suis revenue le jour du gala [50], peu importe le jour.

C'était le jeudi.

C'est ça.

Qu'avez-vous pensé du gala ?

Oh, c'était bien, une soirée très gaie, il y avait de la neige, c'était superbe. Malheureusement j'ai été obligée de partir au milieu. Et je me souviens d'un type épouvantable, un certain Alan King, un humoriste, n'est-ce pas ? Il n'arrêtait pas de faire des plaisanteries sordides sur le mariage. Des commentaires, toutes les femmes sont des mégères, par exemple… Je trouve ça affligeant de voir des comiques se comporter comme ça. À part ça, les gens étaient aux anges.

Où avez-vous dormi la veille, le mercredi ?

Chez nous, au 3307 N Street. Et le lendemain…

Ce fut difficile ? Vous étiez très excités ?

Oh oui !

Vous avez bien dormi ?

Nous étions comme des enfants la veille de Noël. Quand Jack est rentré j'étais réveillée. Je crois qu'il revenait d'un dîner organisé par son père chez Paul Young [51]. En tout cas, je n'arrivais pas à dormir et j'étais réveillée quand il est rentré.

50. Frank Sinatra (1915-1998), chanteur et ami de John F. Kennedy, avait organisé un gala pré-investiture, où se produisirent des personnalités hollywoodiennes comme le chanteur Nat King Cole et le comique Alan King.

51. Restaurant de Washington.

C'était une nuit exceptionnelle, d'ailleurs… comment dire, cette nuit nous avons dormi dans le même lit. Le lendemain matin il a fallu se lever et s'habiller, il y avait une tempête de neige, et cette atmosphère de surexcitation… Pas une seconde je ne me suis dit que je quittais définitivement ma maison pour m'installer à la Maison Blanche. Je n'ai pas pensé à lui faire mes adieux, si je puis m'exprimer ainsi. De là nous sommes donc allés à la Maison Blanche et nous avons pris le café dans le salon Rouge. Je me rappelle que j'étais assise sur le canapé à côté de Mme Nixon, qui était très jolie ce jour-là. Quand elle le voulait, elle avait un chic fou, très new-yorkais. Ce matin-là, elle portait un manteau noir en laine d'agneau persan et un chapeau. Il y avait aussi Mme Eisenhower – c'était très sympathique, tout le monde était réuni et buvait son petit café. Après, je suis allée avec Styles Bridges [52] et Mamie Eisenhower au Capitole. J'étais installée dans la voiture quand le président Eisenhower et Jack sont sortis, et Mme Eisenhower s'est exclamée, « Regarde-moi Ike [53] avec son haut-de-forme. On dirait Paddy l'Irlandais [54] ! » Au cours du trajet, elle m'a avoué que ce soir-là, pour la première fois de sa vie, elle composerait un numéro de téléphone parce que ça faisait trente ans qu'elle passait par un standard. Je n'ai pas pu m'empêcher de penser que ces gens sont des assistés, mais peu importe. En fait nous parlions de tout et de rien. Puis il y a eu l'investiture, le cardinal Cushing, le lutrin qui a pris feu, et l'épisode du pauvre Robert Frost [55].

---

52. Styles Bridges (1898-1961), sénateur républicain du New Hampshire, fut l'un des responsables de l'organisation de l'investiture.

53. Surnom de Dwight Eisenhower.

54. Ce commentaire n'était pas très diplomatique, de la part de Mme Eisenhower, adressé à l'épouse du plus célèbre Irlando-Américain du pays.

55. Durant le long discours de Cushing, de la fumée monta du pupitre, à cause d'un dysfonctionnement électrique, et quand le vieux poète vint lire un poème qu'il avait écrit pour l'occasion, il fut aveuglé par le soleil et dut réciter de mémoire son célèbre poème « The Gift Outright ».

Il existe une merveilleuse photo de vous sur laquelle on lit votre angoisse et votre sollicitude vis-à-vis de Robert Frost. Que s'est-il passé exactement ?

La neige créait une telle réverbération qu'il ne voyait plus ce qu'il avait noté sur sa feuille de papier. Du coup Lyndon s'est levé et a tendu son chapeau pour créer de l'ombre, et il a enfin pu lire. Mais on aurait dit qu'il était au bord des larmes, désespéré. Grâce à Dieu, il connaissait par cœur son poème « The Gift Outright », sur l'histoire de l'Amérique. Et quelle émotion de voir Jack l'écouter. Malheureusement je n'ai pas pu l'embrasser. Il y avait trois personnes entre lui et moi, et tout le monde me demandait : « Pourquoi Jack ne t'a-t-il pas embrassée après son discours ? », ce qu'il n'aurait sûrement pas fait, évidemment. Ensuite nous sommes sortis en ordre, solennellement, et il y en avait huit entre lui et moi. Je rêvais de le voir avant le déjeuner en tête à tête, mais il a fallu que je rejoigne les dames dans un salon pour un café et une petite liqueur, et Jack était avec les hommes. Heureusement, je l'ai retrouvé au Capitole, et vous n'imaginez pas à quel point j'étais fière de lui. Il existe une photo où j'ai la main posée sur son menton et il me fixe, les larmes aux yeux. Nous avons brusquement entendu le flash alors que nous pensions qu'il n'y avait personne. Les journaux ont écrit sous la photo : « Son épouse lui caresse le menton. » C'était beaucoup plus bouleversant qu'un baiser parce qu'il était au bord des larmes. [*Chuchotements.*] J'ai simplement murmuré : « Jack ! Quelle journée ! » Ensuite a eu lieu le déjeuner dans l'ancienne salle de la Cour suprême, au Capitole. Tout le monde faisait circuler son petit menu pour avoir un autographe, c'était très amusant. Avec Truman – j'étais assise à côté de Warren [56]. Puis

56. Earl Warren (1891-1974) était le gouverneur de Californie que Eisenhower nomma *Chief Justice* en 1953. Bien que républicain, Warren avait été ravi d'accueillir Kennedy plutôt que Nixon, son ennemi politique.

Le président Kennedy prononçant son discours d'investiture

NITED STATES NAVY

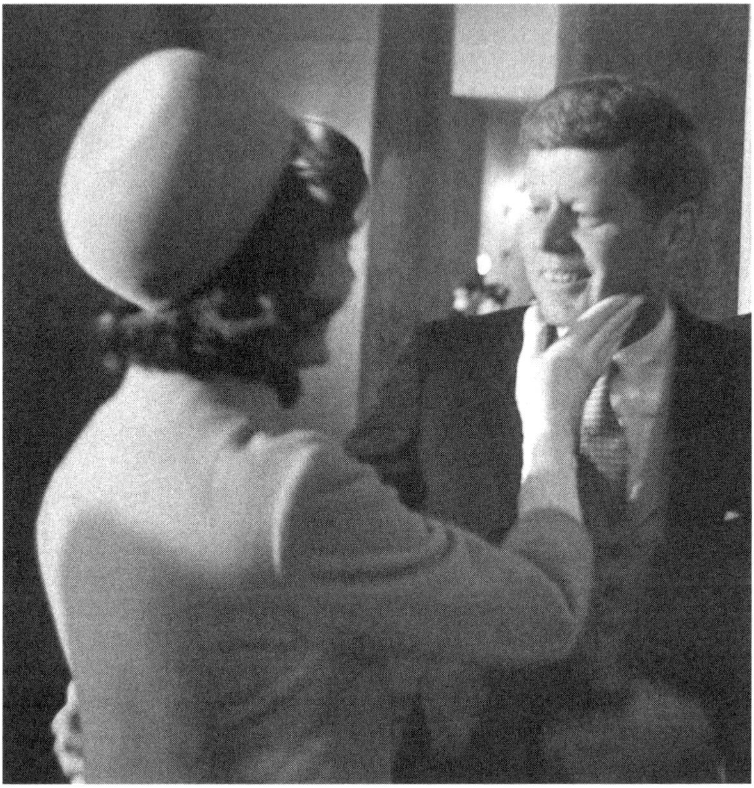

Jacqueline Kennedy accueille pour la première fois son mari devenu président

nous sommes allés suivre le défilé en voiture, mais nous ne savions pas vraiment saluer de la main. Puis deux minutes à la Maison Blanche, et nous voilà repartis pour rejoindre le podium. Si vous aviez vu Jack, il rayonnait. Sur le podium ils servaient de la soupe chaude, et lui ne voulait pas rater une minute du défilé. Il était tellement fier… Là encore je me suis éclipsée au bout de deux heures parce que j'étais épuisée. Mais Jack est resté jusqu'à la tombée de la nuit – je crois qu'il a même été le dernier à partir, puis il est revenu et il y avait une grande réception au rez-de-chaussée. J'étais allongée au lit. Ce soir-là il a dû assister à un dîner en l'honneur du gouvernement chez

Jane Wheeler [57]. J'ai dîné au lit avant qu'il revienne me cherche pour aller au premier bal. Il était environ vingt et une heures et il fallait que je m'habille mais je n'arrivais plus à sortir du lit. Je ne pouvais plus faire un geste. Paniquée, j'ai appelé le Dr Travell qui s'est précipitée dans ma chambre. Elle avait deux pilules avec elle, une verte et une orange, et elle m'a dit de prendre la pilule orange. Je l'ai avalée en lui demandant : « Qu'est-ce que c'est ? » C'était de la Dexadrine, un médicament que je n'avais jamais pris de ma vie, et que je ne reprendrai jamais. Dieu merci, ça a marché, j'ai pu me lever et m'habiller. Jack est monté me chercher et nous sommes descendus ensemble dans le salon Rouge. Il n'y avait pas grand monde – les Foley [58], je me souviens. Nous avons bu une coupe de champagne en portant un toast, et je me rappelle qu'il m'a félicitée pour ma robe, il a eu un mot encourageant, et nous avons filé au premier bal. C'était drôle de voir tous ces intendants. Le plus âgé, l'intendant en chef, ne lâchait pas Jack, et les trois autres n'arrêtaient pas de s'agiter. Mais au moment d'arriver au bal, quelle excitation ! Il y a une merveilleuse photo de Jack où on le voit pointer du doigt. Ensuite nous sommes allés au deuxième bal, au Mayflower, avec Lyndon, puis au troisième, au parc Wardman. J'avais l'impression d'être Cendrillon avant les douze coups de minuit, mais je pense que le médicament ne faisait plus son effet parce qu'arrivée au dernier je n'arrivais plus à sortir de la voiture. Jack m'a conseillé : « Rentre à la maison », et il m'a renvoyée avec un de ses intendants. Il a poursuivi de bal en bal avant de finir chez Joe Aslop.

À ce moment-là j'étais avec lui.

57. Jane Wheeler (1921-2008), hôtesse de Washington et partisan de Kennedy dès la première heure.

58. Edward Foley (1906-1982), juriste bien connu à Washington, ancien sous-secrétaire au Trésor sous Truman, et président du Comité d'investiture de Kennedy.

Le Président et la Première Dame
assistant au premier bal de l'investiture
au National Guard Armory, Washington

Il était au comble du bonheur. Je regrette de ne pas avoir partagé cette nuit avec lui. Il a dû rentrer vers trois ou quatre heures du matin et m'a réveillée. Je dormais dans la chambre de la Reine et lui, dans la chambre de Lincoln. C'était sa première nuit dans la chambre de Lincoln. Il était enchanté. Le lendemain, il s'est réveillé très tôt, comme moi, du coup je suis allée dans sa chambre parce qu'elle était plus ensoleillée. Nous nous sommes assis ensemble sur son lit, et... nous étions comme deux enfants. Vous imaginez, assis sur le lit de Lincoln ! Brusquement il a filé, plein d'entrain, du côté de son bureau, et deux minutes plus tard il est revenu avec Truman et Robert Frost. Ils étaient ravis pour lui. Mais Jack rêvait de revoir les enfants. L'aile où nous logions sentait encore la peinture et il n'arrêtait pas de me répéter : « Il faut absolument que tu les fasses revenir. » Les enfants lui manquaient beaucoup. Je crois qu'ils sont revenus deux semaines plus tard.

Comment envisagiez-vous vos moments de repos et de détente, au début, à la Maison Blanche ?

Ça n'a pas changé grand-chose. Jack ressemblait beaucoup à son père, il avait horreur de sortir de chez lui. Que ce soit à Georgetown, à Cape Cod, quand nous étions chez ma mère à Newport, même à la Maison Blanche, il détestait sortir.

Il a toujours détesté ?

Oui, comme son père, qui adorait rester chez lui parce que c'est là qu'il avait de bons petits plats et tout ce qui s'en suit. Jack a été élevé avec l'idée que du moment que tout se passe bien chez soi... Il adorait aller chez Joe [59] parce que c'était toujours bon. Mais nous vivions comme avant. Nous recevions les Bartlett,

59. Chez les Alsop.

ou David Gore, qui était encore à Washington. Il n'avait pas encore été nommé ambassadeur. Et Max Freedman, une fois. C'était des petits dîners-plateaux.

Vous êtes sortis plus souvent au cours du premier hiver, il me semble.

Non, nous ne sommes sortis que deux fois ou trois fois cet hiver. Une fois chez Lorraine Cooper parce que Jack l'adorait. Cela dit il n'avait pas très envie d'y aller parce qu'elle mettait toujours les petits plats dans les grands. Ce n'était pas très amusant pour lui. À part ça, nous sommes allés une fois chez Joe, et une fois chez Rowlie, où il y avait Jock Whitney et toute la bande [60]. Mais ces trois sorties ont provoqué un tel remue-ménage qu'on aurait dit que nous sortions tous les soirs. Après nous avons arrêté, ou peut-être que nous sommes sortis une fois au printemps, chez Joe. Nous préférions recevoir des gens. Jack travaillait très tard le soir, et il fallait jongler avec les siestes des enfants pour qu'il les voie. Il aimait passer une demi-heure avec eux avant le dîner. Alors s'il fallait prendre un bain, se changer, sortir, c'était trop pénible. Rester chez soi à la Maison Blanche, c'était un plaisir.

Vous regardiez souvent des films, par exemple ?

Pas très souvent, non. Je ne sais pas… trois, quatre fois par an, je dirais ?

Non, plus que ça, j'en suis sûr.

60. Rowland Evans (1921-2001) était correspondant à Washington pour le *New York Herald Tribune*. John Hay « Jock » Whitney (1904-1982) était le propriétaire et éditeur du journal.

Le premier hiver, nous avons dû en avoir un certain nombre. Mais quatre ou cinq, pas beaucoup plus. L'été, à mon avis, nous en avons vu plus.

Sûrement, j'en ai vu au moins quatre ou cinq avec vous ou avec lui.

Vous pensez ?

Ceci dit il ne regardait jamais un film plus d'une demi-heure.

Je me souviens de ce film français, *L'Année dernière à Marienbad*, oh ! il l'a détesté, celui-là. Parfois il voulait me montrer un film de la United States Information Agency, ou un documentaire sur une des mesures qu'il avait prises. Mais rarement.

Comment démarrait-il la journée ? À quelle heure se réveillait-il ?

À huit heures moins le quart, quand George [61] venait frapper à notre porte. Il se levait et allait prendre son petit déjeuner dans sa chambre. Moi, soit je me faisais monter le mien, soit je somnolais encore un peu. Ensuite les enfants arrivaient et se précipitaient sur la télévision, quand tout à coup on entendait des rugissements qui venaient des dessins animés ou de cet animateur qui proposait des séances de gymnastique. Jack prenait son petit déjeuner assis sur une chaise avec un plateau face à lui, lisant les cinquante journaux du matin ou les piles de livres qu'il devait passer en revue avec Bundy, toujours au milieu de ce vacarme. Puis il prenait un bain dans la salle de bains des invités. C'est drôle, c'était celle que les hommes utilisaient après le dîner. Le bord de la baignoire était couvert de petits animaux

61. George Thomas (1908-1980), Afro-Américain originaire de Berryville, Virginie, fut longtemps le domestique de John F. Kennedy. Il vivait au deuxième étage de la Maison Blanche.

flottants, des canards, des cochons roses… parce que Jack demandait des jouets pour s'amuser avec John. Il était capable de travailler alors que les enfants s'agitaient autour de lui. Il repassait toujours par ma chambre avant de descendre au bureau, et soit je dormais encore, soit je prenais mon petit déjeuner. Tous les matins il descendait avec Caroline dans son bureau…

Vers neuf heures et demie.

Oui. Attendez, huit heures moins le quart… non, un peu plus tôt. Il devait consacrer une heure environ à prendre son petit déjeuner, lire les journaux, prendre son bain. Plus tard, c'est John qui a eu droit à l'accompagner au bureau tous les matins.

George était-il déjà à la Maison Blanche ou suivait-il le Président depuis le début ?

Il a commencé à suivre Jack au Congrès.

Il est donc arrivé…

C'est Jack qui l'a découvert. Il travaillait chez Arthur Krock [62], qui lui en avait parlé. Ensuite il a passé deux ans chez la mère d'Ethel, il est venu chez nous en 1957 et ne nous a plus quittés depuis.

Où est-il aujourd'hui ?

---

62. Arthur Krock (1886-1974) était chroniqueur conservateur au *New York Times*. Krock avait été l'intime de Joseph Kennedy et avait conseillé Jack durant la rédaction de sa thèse, *Why England Slept*, mais il avait rompu avec eux en 1960 à cause de libéralisme croissant de John F. Kennedy pendant sa campagne. Vieil ami du grand-père de Jacqueline, John V. Bouvier, et de son beau-père, Hugh Auchincloss, Krock l'avait aidée à trouver un emploi au *Washington Times-Herald*.

Le président Kennedy jouant avec Caroline et John,
en chemin vers le Bureau ovale

À Washington. Il vient très souvent nous voir. Nous ne le laisserons jamais tomber. Le pauvre, il se met à trembler sérieusement, je lui ai demandé s'il voulait travailler ici, malheureusement il est trop âgé, mais à la Maison Blanche, quand je pense à quel point il amusait Jack. C'est lui qui ouvrait la porte pour qu'un autre esclave apporte le plateau de petit déjeuner de Jack. George ouvrait simplement les rideaux et le robinet du bain, avant de monter à l'étage où toute la petite armada du mess cirait les chaussures et préparait les affaires de Jack.

Le Président rentrait toujours déjeuner.

Oui.

Il n'a jamais déjeuné dans son bureau, non ?

Jamais, ou alors il avait un déjeuner professionnel dans la grande salle à manger du rez-de-chaussée. Il cloisonnait les étages pour préserver nos appartements privés. Ça n'était pas comme aujourd'hui, où tout le monde peut visiter la salle de bains et le reste [63]. C'est peut-être parce que Jack avait des enfants jeunes.

Il n'aimait pas beaucoup les déjeuners professionnels, n'est-ce pas ? J'avais l'impression qu'il préférait voir les gens dans son bureau.

Oui, ces déjeuners lui pesaient. Ensuite il remontait, mais il était épuisé. À la fin d'une matinée dans votre bureau à la Maison Blanche, vous êtes à bout, vraiment à bout de nerfs. Alors un long déjeuner avec du vin et tout… il remontait et essayait de faire une petite sieste. Avant il n'en faisait jamais, mais à la Maison Blanche, il s'est mis en tête que ce serait bien pour sa santé. Il a toujours dit que Winston Churchill

---

63. Allusion aux visites exubérantes conduites par Lyndon Johnson lorsqu'il était président.

faisait la sieste pour reprendre des forces. Mais ces siestes... mon Dieu, je vous en ai parlé, déjà ?

Non.

Elles duraient quarante-cinq minutes : il se déshabillait et se mettait en pyjama, se glissait dans son lit, s'endormait puis se réveillait.

Il dormait, il arrivait vraiment à s'endormir ?

Oui. Pourtant je ne pouvais pas m'empêcher de penser, à quoi bon se changer pour trois quarts d'heure ? Personnellement, je mettrais trois quarts d'heure à m'endormir. Parfois nous déjeunions dans sa chambre, et lui était dans son lit. Ensuite je fermais les rideaux, j'ouvrais la fenêtre pour sa sieste et je revenais le réveiller. J'en profitais pour passer une petite heure avec les enfants. Tout était réglé comme du papier à musique – quarante-cinq minutes, puis il retournait au bureau. Ensuite il travaillait jusqu'à, disons, huit heures du soir.

Nageait-il tous les jours ou ça a commencé plus tard ?

Quand il est arrivé à la Maison Blanche il était au mieux de sa forme. Il avait retrouvé tous ses muscles. Il jouait au golf, environ dix-huit trous – tout ce dont il avait été privé depuis une éternité. Mais du jour au lendemain il a été rivé à son bureau pendant six semaines sans bouger. Il ne remontait jamais l'allée à pied, ne nageait pas, et tout à coup il a recommencé à avoir des problèmes de dos. Il avait perdu toute sa tonicité musculaire. C'était un cauchemar, il a eu très mal. Le Dr Travell le soignait à la Novocaïne, jusqu'au moment où, enfin... [*S'adressant à John*] Allez, ouste, file !

John : Pourquoi ? [*John s'en va.*]

Le fait qu'il ne faisait aucun exercice...

De toutes façons il n'en avait jamais beaucoup fait, mais quand il était en campagne, sauter de la voiture, arpenter les rues, tout ça le maintenait en forme. Et pour la première fois de sa vie, en Floride, entre l'élection et l'investiture, il en a beaucoup profité, il jouait au golf deux ou trois fois par semaine, il nageait, il se promenait sur la plage. Jamais il n'avait connu une période d'exercice régulier aussi longue. Malheureusement il a tout perdu en restant assis derrière son bureau, et de nouveau il a eu recours au Dr Travell, à la Novocaïne, mais ça ne servait plus à rien. Il a fallu attendre le mois de novembre. J'étais furieuse contre elle, parce que plusieurs médecins me conseillaient d'appeler Hans Kraus[64], qui était capable de vous remettre sur pied grâce à certains exercices. Les médecins sont jaloux les uns des autres et elle ne voulait pas que Kraus intervienne. J'avais vu tant de docteurs manipuler Jack que j'étais à bout, et je suis allée chercher moi-même son chirurgien du dos et le Dr Kraus. J'ai obligé le Dr Travell à accepter la présence de Kraus. Il a commencé par une série d'exercices que Jack s'est mis à pratiquer tous les soirs avec le chef de la Marine. Par exemple, essayer de toucher ses doigts de pied, s'allonger sur le ventre

64. Hans Kraus (1905-1995), alpiniste autrichien et expert orthopédique qui préconisait l'exercice comme remède aux blessures dorsales. Quand les problèmes de dos de John F. Kennedy s'aggravèrent en 1961, il consulta Kraus, qui accepta de le prendre comme patient à condition que le Dr Travell fût écartée et qu'il pût contacter Kennedy à tout moment par ligne directe. Horrifié de voir que Travell avait simplement traité la douleur avec de la Novocaïne, en laissant s'atrophier les muscles de la poitrine, de l'abdomen et du dos, Kraus annonça au Président qu'il aurait bientôt besoin d'un fauteuil roulant s'il n'adoptait pas un régime strict. Grâce aux soins de Kraus, John F. Kennedy put déclarer à des amis en 1963 qu'il ne s'était jamais senti mieux et qu'il avait envie de se remettre au golf. Le Dr Travell, bien connue du public en tant que première femme médecin à la Maison Blanche, fut autorisée à conserver son titre et à faire comme si elle soignait toujours le Président.

en tâchant de lever une jambe… J'ai tout de suite vu les effets, même s'il a encore beaucoup souffert cet hiver, et en mai, au Canada, rappelez-vous…

Ce n'était donc pas le fait de planter un arbre au Canada qui aurait tout déclenché, mais le manque d'exercice.

Effectivement.

Combien de temps consacrait-il à ces exercices quotidiens ?

Environ un quart d'heure. Des abdominaux assis, ou alors on lui tenait une jambe pour qu'ensuite il la soulève seul. Jack n'a jamais été capable de toucher ses doigts de pied. Il n'a jamais été plus loin que les genoux. Il était incapable de mettre ses chaussures, de se pencher aussi bas.

Vraiment ?

Je vous promets, il suffisait de l'observer quand il essayait de ramasser un objet à terre pour voir à quel point il était raide. Or au bout de deux mois d'exercices, il a réussi à toucher ses doigts de pied et à faire tout ce qu'il n'arrivait pas à faire jusque-là. Grâce au Dr Kraus, ses progrès étaient vraiment encourageants, mais si vous aviez vu à quel point il avait perdu espoir, avant. Il traversait des périodes très noires. Kraus l'a beaucoup aidé, et ça lui a redonné le moral.

Les soirées de la Maison Blanche – les soirées les plus extraordinaires que j'ai connues – étaient-elles…

Je vais vous dire pourquoi j'ai commencé à en organiser. À la Maison Blanche, je me suis rendu compte que je pouvais très bien me distraire, filer à New York, par exemple, pour dîner au restaurant ou aller au théâtre. Et Jack, qui n'aimait pas sortir quand il vivait chez lui, aimait bien faire un petit tour à New York, voir une pièce, aller au Pavillon [65] – découvrir de nouvelles têtes. Nous étions… comment dire, jeunes, enjoués, on ne pouvait exiger qu'il se prive de tout pour n'avoir qu'une vie pleine d'ennuis. La première fois que j'ai eu l'idée d'organiser une soirée, c'est au moment où Lee logeait chez nous. C'était un bon prétexte. J'ai décidé d'inviter tous les amis de Jack qui vivaient à New York ou ailleurs, les amis qu'il ne voyait jamais. C'est pourquoi il y avait peu de gens de Washington au cours de ces soirées. Or Jack a adoré. C'est lui qui me suggérait régulièrement d'organiser une soirée. Je crois qu'en tout nous en avons eu cinq. Tous les trois ou quatre mois, quand nous sortions d'une période sombre, quand j'avais le cou coincé à cause de la tension, ou après un coup dur, il me lançait : « Organisons une soirée ! » Il adorait parce que… c'était une façon de reprendre des forces. Quand il voyait que la pression était trop pénible, il pouvait aussi m'inciter à aller voir Lee à New York. Au moment de notre installation à la Maison Blanche, je me sentais très faible, à cause de la campagne, la naissance du bébé… et soudain il a fallu faire tourner cette maison, choisir un chef, surveiller la cuisine, les fleurs, les travaux d'aménagement, de restauration, et j'en oublie. À la fin de la journée j'étais parfois au bord des larmes, mais il fallait que je fasse bonne figure quand Jack rentrait du bureau. Heureusement il était compréhensif. J'ai toujours pensé que notre mariage avait tenu grâce à ces… brèves séparations qui entretenaient la flamme de notre amour.

Où passiez-vous le week-end au cours de cette première année ?

65. Joseph Kennedy était l'un des propriétaires du restaurant new-yorkais Le Pavillon.

Glen Ora, Middleburg, Virginie

À Glen Ora[66]. Nous ne pensions jamais à profiter de Camp David. Je m'étais mis en tête qu'il fallait que nous ayons une maison à la campagne, mais Jack avait horreur de Camp David où il allait avec Eisenhower. Il disait : « C'est l'endroit le plus lugubre que je connaisse », vu de l'extérieur en tout cas. Taz Shepard, son aide de camp de la Marine, le harcelait pour qu'il y aille. Et Tish m'avait avoué : « La Marine est blessée et démoralisée qu'il refuse d'y aller. » Si bien qu'un jour j'ai annoncé : « Cette fois-ci, on va à Camp David. »

66. Propriété située à Middleburg, Virginie, que les Kennedy louèrent en 1961 et 1962. En juillet 1962, elle la décrivit comme « l'endroit le plus intime dont je puisse rêver pour contrebalancer notre vie à la Maison Blanche » (Jacqueline Bouvier-Kennedy à Eve Fout, juillet 1962, in Sally Bedell Smith, *La Vie privée des Kennedy à la Maison Blanche*, trad. F. Fauchet, Paris, First, 2004, p. 173). Les campagnes, les voyages et la grossesse avaient empêché Jacqueline de monter régulièrement à cheval depuis son mariage en 1953.

Jacqueline Kennedy à cheval, à Glen Ora, avec Caroline et John

Jack a fini par s'y attacher parce que c'est un lieu très bien aménagé, et nous y sommes allés régulièrement, mais quand même, la plupart du temps nous passions le week-end à Glen Ora, qu'au fond il n'aimait pas tant que ça.

Pourquoi est-ce qu'il n'aimait pas Glen Ora ?

Il n'avait pas grand-chose à y faire. À Camp David, on pouvait regarder des films. Glen Ora est une petite maison un peu sombre. Il aimait bien me regarder monter à cheval – être heureuse, en plein air toute la journée. Papa[67] lui avait recommandé : « Débrouillez-vous pour qu'elle monte à cheval et elle sera de bonne humeur. » Il avait raison. Mais il faut faire un petit effort pour sortir et aller jouer au tennis. Ou faire dix tours de la

67. John Vernou Bouvier III (1891-1957) était le père jovial que Jacqueline adorait.

pelouse. Si vous restez à l'intérieur, vous fumez vos cigarettes, vous travaillez et vous passez la journée au téléphone jusqu'à ce vous ayez la voix enrouée, vous ne risquez pas d'être d'humeur enjouée. C'est au printemps que nous avons commencé à aller à Camp David. Jack arrivait rarement le vendredi soir, plutôt le samedi à l'heure du déjeuner. Il dormait toute l'après-midi, puis regardait la télévision ou autre de son lit. Il avait besoin de faire le vide. Nous avions toujours un ou deux amis, nous dînions, nous nous couchions tôt, puis le lendemain, la messe, les journaux, de nouveau la sieste. Il se justifiait en disant : « Je me fiche de Glen Ora, parce que j'en profite pour dormir. »

Ses week-ends étaient sacrés pour lui. Il partait presque tous les samedis.

Pratiquement tous les week-ends, oui, sauf… c'était en 1962 ? Il avait des contraintes liées aux élections ou à des dîners de charité à New York, non ? Cet automne-là, nous avons passé deux ou trois week-ends dans notre nouvelle maison en Virginie [68].

Il a été en déplacement deux ou trois fois.

À Tampa et Dallas [69]. Comme c'était une année de campagne, il ne fallait pas s'attendre à avoir beaucoup de week-ends libres.

---

68. En 1963, les Kennedy firent construire une maison de sept chambres, en stuc ocre et pierre des champs, avec une vue exceptionnelle sur les Blue Ridge Mountains, sur un terrain de quinze hectares à Atoka, Virginie. Ils la baptisèrent Wexford, du nom de la demeure ancestrale des Kennedy en Irlande.

69. Avant de partir pour le Texas, John F. Kennedy passa un long week-end à Tampa et à Miami, où il prononça des discours, et à Palm Beach, où il séjourna chez son père avec son camarade de Harvard, Torbert MacDonald, et regarda un match de football à la télévision. Ayant perdu beaucoup d'appuis dans la plupart des États du Sud profond qu'il avait conquis en 1960 lors de sa lutte pour les droits civiques, il lui semblait essentiel pour sa réélection d'emporter la Floride en 1964.

À cheval et à la chasse

Vous connaissiez Tish depuis toujours ? C'était une vieille amie ?

Je l'avais connue à l'université à Paris. Elle travaillait avec Mme Bruce à l'ambassade, et je l'avais retrouvée à Rome où elle était toujours avec Mme Luce[70]. C'était une boule d'énergie. Je me souviens que je me suis dit : « Je ne peux pas y aller sans Tish », et je l'ai appelée dès que Jack a été nommé. Nommé ou élu ? Non, élu, je crois. Tish est une personne formidable, je l'aime profondément, mais elle avait un tel dynamisme que… quand j'y pense, aujourd'hui, elle a fini par m'épuiser. Elle m'envoyait un tas de courriers auxquels je n'avais pas besoin de répondre. Même le week-end, elle me faisait parvenir des chemises jusqu'à ce que je lui dise d'arrêter. À la Maison Blanche, par exemple, j'étais assise avec Jack le soir, et brusquement un coursier déboulait pour me déposer un dossier sur les genoux. J'ai cru que je deviendrais folle, du coup Jack m'a conseillé d'abandonner le bureau de l'aile est – non, ouest, là où nous vivions : « Évite d'avoir ton bureau du côté où nous vivons », il m'a recommandé. À partir de là, j'ai installé mon bureau dans la salle des Traités. C'était beaucoup plus agréable. Souvent, quand nous étions seuls, le soir, Jack feuilletait un livre ou réglait des dossiers,

70. Evangeline Bell Bruce (1918-1995) était la seconde épouse de David Bruce (1898-1977), qui fut ambassadeur de John F. Kennedy à Londres après avoir rempli les mêmes fonctions à Paris et à Bonn. Clare Boothe Luce (1903-1987) était la seconde épouse de Henry Luce (1898-1967), fondateur de ce qui fut sans doute le groupe de presse qui eut alors le plus d'influence sur l'opinion publique américaine, *Time-Life*. En partie à cause de sa vieille amitié avec Joseph Kennedy, qui avait persuadé Luce en 1940 de préfacer le premier livre de Jack, *Why England Slept*, et qui alla jusqu'à regarder le discours d'acceptation démocrate de son fils à la télévision avec Luce après avoir dîné ensemble, l'éditeur conservateur s'était montré étonnamment bienveillant envers John F. Kennedy durant la campagne de 1960. Mais lorsque Kennedy devint président, son épouse plus doctrinaire, ancienne représentante du Connecticut au Congrès et ambassadrice en Italie, eut tendance à le sermonner comme s'il était encore l'étudiant qu'il était lors de leur première rencontre.

et je prenais une chemise sur mon bureau pour passer en revue tous les petits points que j'avais à voir. Évidemment, ce n'est pas l'atmosphère idéale pour votre mari au moment où il rentre du bureau. Mais là au moins, je pouvais laisser les dossiers de Tish s'empiler plusieurs jours d'affilée et tout régler en une séance [71].

Nancy était une amie beaucoup plus proche [72] ?

Nancy était ma cothurne à l'université. Dès qu'elle est arrivée à la Maison Blanche, la vie a changé. Nous avions beaucoup plus de temps pour profiter de… nous arranger pour que Jack en profite davantage. J'avais essayé de la faire venir plus tôt mais elle ne voulait pas.

Nancy est une femme adorable. En plus elle est très drôle et très vive.

---

71. Jacqueline avait choisi une pièce de l'aile familiale que les familles présidentielles avaient récemment appelée salle Monroe et qu'elle rebaptisa salle des Traités. Utilisée comme salle du Cabinet, de la présidence d'Andrew Johnson jusqu'à celle de Theodore Roosevelt, elle fut redécorée par Jacqueline Kennedy pour devenir une pièce victorienne, vert sombre, incluant la table sculptée d'Ulysses Grant, des meubles de la fin du XIXe siècle, avec au mur des fac-similés encadrés d'accords signés entre ces murs, comme le traité de paix par lequel William McKinley mit fin à la guerre hispano-américaine.

72. Nancy Tuckerman (1928-), amie intime de Jacqueline (la Première Dame l'appelait « Tucky ») et organisatrice des réceptions de la Maison Blanche de juin à novembre 1963. Les deux femmes se connaissaient depuis l'âge de neuf ans, lorsqu'elles allaient toutes deux à la Chapin School, à New York, puis elles partagèrent une chambre à Farmington où, d'après les souvenir de Tuckerman, Jackie la faisait passer sous le ventre de son cheval « vingt fois par jour pour m'obliger à surmonter ma peur des chevaux » (The Estate of Jacqueline Onassis, 23-26 avril 1996, vente Sotheby's). Enceinte, Jacqueline prévoyait de « prendre le voile » et de réduire ses apparitions publiques, alors que Tish Baldrige lui imposait un calendrier chargé.

Jacqueline Kennedy et ses enfants lors de la fête d'adieu de Letitia Baldrige, 1963

C'est vrai.

Sous une apparence timide – différente de l'impression qu'elle donne.

Nancy est féminine. Tish serait plutôt féministe. Elle adorait déjeuner au mess de la Maison Blanche et discuter avec les hommes. Elle est formidable, mais tellement différente de moi, vraiment, elle m'a épuisée.

Et Pam[73] *?*

---

73. Pamela Turnure (1937-) était attachée de presse de Jacqueline Kennedy, qui lui demandait de donner aux journalistes « le minimum

Pam était fabuleuse, d'autant qu'au début je ne pensais pas avoir besoin d'une attachée de presse. Mais Jack était furieux du comportement de Tish vis-à-vis des journalistes. Elle avait organisé sa propre conférence de presse au Sulgrave Club, avant l'investiture, en convoquant la télévision et tout le reste. Ce jour-là, elle s'est permis de déclarer en riant : « Oui, nous allons raccrocher tous les tableaux aux murs tête bêche » – soi-disant pour avoir l'air moderne. Elle nous a créé de vrais problèmes, dont les premiers gros titres négatifs sur nous dans les journaux. Un jour, Jack m'a prise à partie en me lançant : « Pas un seul des membres de mon gouvernement n'a donné une interview. Alors tu peux me dire ce que fout cette Tish Baldrige ? » Elle aimait tellement la presse que j'ai compris que si je voulais préserver notre vie privée – elle répétait sans cesse : « Il faut absolument que nous invitions Betty Beale [74] pour le premier dîner officiel » – il fallait que j'aie quelqu'un qui me ressemble. Or la petite Pam était une amie de ma sœur. À l'époque, Jack leur avait trouvé à toutes les trois – Lizzie Condon [75], qui travaille avec moi aujourd'hui, Pam et Nini [76] – un job d'été au Sénat. Pam avait travaillé aux côtés de Jack. Elle était restée au Sénat, alors que les autres étaient parties et s'étaient mariées. Je savais qu'elle réagissait comme moi. Il était évident qu'elle aurait sa place à la Maison Blanche, jusqu'au moment où je lui ai proposé d'être mon attachée de presse, mais l'idée la terrifiait et elle a refusé. Je lui avais expliqué que si elle travaillait bien et si j'étais contente d'elle, de toutes façons la

---

d'informations avec le maximum de politesse » (Mary van Rensselaer Thayer, *Jacqueline Kennedy*, p. 31).

74. Elizabeth Virginia Beale (1911-2006), personnalité extrovertie, tenait une chronique mondaine très lue à Washington.

75. Elizabeth Guest Condon (1937-) fut plus tard l'épouse du cinéaste George Stevens Jr.

76. Nina Gore Auchincloss Steers (1937-) était la demi-sœur de Jacqueline.

La Première Dame remercie le chef de la minorité au Sénat, Everett Dirksen, le vice-président Johnson et le chef de la majorité Mike Mansfield de l'avoir aidée à obtenir du Capitole un lustre pour la salle des Traités, 28 juin 1962

presse la trouverait mauvaise, inversement, si la presse l'appréciait, elle ne me serait pas d'un grand secours. Voilà pourquoi elle a eu du mal à se décider. Finalement elle a été parfaite, mais ça a été très dur pour elle.

C'est une chic fille. Quant à West, vous en aviez hérité, n'est-ce pas ?

Oui, J.B. West était le majordome de la Maison Blanche. Il était arrivé à l'époque de Roosevelt, et je crois qu'il avait été promu majordome sous Truman. C'est lui qui fait tourner cette immense maison, vous imaginez ? Et essentiellement lui qui fait en sorte que l'on y soit heureux. Il s'occupait de tout. J'avoue que je suis à court de superlatifs pour en parler, ou d'énergie.

Et Mme Pearce[77] *?*

Ah, Mme Pearce ! Personne n'était mieux qualifié qu'elle pour être conservateur – elle avait tout, un diplôme de l'université de Winterthur, en plus c'est une fille brillante comme pas

77. Lorraine Waxman Pearce (1934-), première conservatrice de la Maison Blanche, avait fait ses études à Winterthur et était spécialiste de l'impact français sur les arts décoratifs en Amérique. Tout en trouvant Pearce « aussi excitée qu'un chien de chasse » (Mary van Rensselaer Thayer, *Jacqueline Kennedy*, p. 318), Jacqueline Kennedy n'appréciait guère son désir de se mettre en avant. Pour sa part, dépourvue de toute expérience politique, la jeune Pearce était intimidée par les relations complexes entre la Première Dame, son Comité des beaux-arts, l'Association historique de la Maison Blanche, du Pont et Boudin. Au bout d'un an, Jacqueline modifia ses fonctions et lui confia la supervision du nouveau guide de la Maison Blanche. En septembre 1962, la Première Dame écrivit à du Pont : « Pourquoi certaines personnes sont-elles si assoiffées de publicité, alors que cela empoisonne tout ? Je déteste ça et je m'en méfie, et parmi les gens qui ont travaillé pour moi, aucun de ceux qui aimaient la publicité n'était digne de confiance. » (Jacqueline Bouvier-Kennedy à Henry du Pont, 28 septembre 1962.)

Nancy Tuckerman, le majordome J.B. West (déguisé en surveillante du pensionnat de Jacqueline Kennedy) et la Première Dame

deux. M. West m'a expliqué ce qui lui est arrivé. Imaginez-vous : elle débarque à la Maison Blanche, grisée par ses nouvelles fonctions, et tout à coup elle lève le pied et ne répond plus au courrier. Quelqu'un nous avait fait don de cinquante mille dollars, un autre avait envoyé une lettre six mois plus tôt, ou six semaines plus tôt, mais n'avait pas reçu de réponse, et pendant ce temps-là madame prenait le thé avec ses collègues conservateurs. Voilà ce que m'a expliqué M. West : « La Maison Blanche provoque un syndrome que nous appelons la maison-blanchite, qui frappe plus de personnes qu'on ne l'imaginerait, et souvent les plus inattendues. » Or il a vraiment frappé Mme Pearce. Un jour je suis tombée sur elle dans la chambre de Jack avec M. Ginsburg et M. Levy, deux antiquaires de New York. Elle était là, dans la chambre de Jack, à notre étage, privé, en train de fouiller sous le lit ou sous la table. Je lui ai immédiatement demandé : « Lorraine, quelle mouche vous a piquée de proposer à ces deux personnes de monter ? » Elle était outrée, elle m'a rétorqué que si elle ne pouvait pas leur demander d'inspecter la marqueterie ou je ne sais quoi, elle s'adresserait directement au Président. Elle est devenue tellement prétentieuse qu'elle ne servait plus à rien et il a fallu la renvoyer. Par ailleurs, à propos du guide, elle pensait qu'il faudrait dix ans pour le rédiger. Heureusement, je ne me suis pas laissé impressionner et je lui ai répliqué : « Je suis désolée, nous n'avons pas dix années devant nous. Regardez tout ce que le Président arrive à faire, lui. » C'est à ce moment-là qu'est arrivé un archiviste timide, un peu rat de bibliothèque, Bill Elder [78], qui s'est révélé très bon conservateur. Il fuyait les projecteurs, hélas, lui aussi aimait tellement fouiller sous les meubles qu'il ne répondait jamais au courrier ni au téléphone. Cela dit il était bien meilleur. Pour en revenir à Lorraine, j'ai insisté pour qu'elle

78. William Voss Elder III (1933-) succéda à Mme Pearce comme conservateur.

rassemble toutes les informations nécessaires, et nous avons fini par rédiger notre guide. Voilà comment nous fonctionnions : elle m'envoyait une fournée d'illustrations et écrivait une partie des légendes, puis je choisissais celles que je voulais. Mais c'était un processus compliqué, et Jack me reprochait sa présence, sur le mode : « C'est quoi le problème de cette fille ? Elle a la chance de sa vie, le plus beau poste des États-Unis dans son domaine... un des plus intéressants ! » La maison-blanchite l'avait frappée de plein fouet. Pam, elle, n'en a jamais été victime. Très peu de gens du côté de Jack en ont été victimes. Enfin, je ne sais pas, vous êtes meilleur juge que moi. Tish adorait décrocher le téléphone en annonçant : « Ici la Maison Blanche », ou « Envoyez toute la porcelaine de la Maison Blanche par avion au Costa Rica », ou alors elle demandait qu'on expédie des haricots verts par avion pour tel dîner officiel. N'importe quoi pourvu qu'elle puisse afficher son pouvoir. La maison-blanchite... fascinant, non ? Vous voyez tout de suite quels sont vos amis qui en sont atteints parce que du jour au lendemain ils vous traitent différemment. Sur le moment je me disais que si j'écrivais un livre, je l'intitulerais *Le Poison de la présidence,* parce que c'est une fonction qui empoisonne profondément vos rapports avec les autres.

Comment cela se traduisait-il ?

Par exemple, certaines personnes que vous n'avez plus le temps de voir autant qu'elles le voudraient se mettent à dire des horreurs sur vous. Des amis proches ne changent pas d'attitude, mais d'autres sont tellement grisés à l'idée de devenir connus qu'ils lâchent des petites remarques comme : « Caroline a dit ci ou ça. » Ils mentent en déclarant qu'ils étaient présents à tel ou tel événement. Ou Untel qui ne vous adressait jamais la parole se pique de vous appeler régulièrement ou essaie de vous faire parvenir un cadeau sublime.

Je me rappelle, André Meyer, le premier donateur de la bibliothèque de Jack, un homme bourru, à la tête de la banque Lazard à New York, au début, il ne voulait rien donner à la Maison Blanche – il en avait assez d'être sollicité et harcelé[79]. Mais le jour où je lui ai dit que rien ne l'y obligeait, il a apprécié et finalement il a été d'une grande générosité. Il est venu me voir dix jours après la mort de Jack avec un chèque de 25 000 dollars pour sa bibliothèque, alors que je ne lui avais rien demandé. Je le voyais beaucoup quand j'étais à New York parce qu'il logeait dans la suite au-dessous de la nôtre au Carlyle. J'aimais bien dîner avec lui. Souvent il me prévenait : « Vous verrez, quand vous aurez quitté la Maison Blanche, beaucoup de ceux que vous croyiez vos amis se volatiliseront. Je serai toujours votre ami parce que… », or c'est vrai, je le vois régulièrement aujourd'hui.

Vraiment ?

J'ai toujours su distinguer parmi les gens. Je ne suis fâchée avec personne, mais je repère tout de suite ceux qui sont attirés par le pouvoir et se précipitent sur le Président. Ça m'est égal. Il suffit de lire ce que certains écrivent, c'est évident. M. Kennedy disait qu'à partir du moment où vous pouvez compter le nombre de vos amis sur les doigts d'une main, vous pouvez vous estimer heureux. J'ai les amis que j'ai toujours su que j'aurais, et je…

J'ai vu André Meyer il y a quelques jours à New York. Je dînais avec Mendès France[80] qui logeait aussi au Carlyle. Ils sont

79. André Meyer (1898-1979) était un réfugié juif français qui dirigeait les opérations américaines de la banque d'investissement Lazard Frères. Il rencontra la Première Dame lorsqu'il finança la réalisation de la tapisserie d'Aubusson pour le salon Rouge de style Empire. Après la mort du président Kennedy, Meyer devint l'un des plus proches amis de Jacqueline.

80. Pierre Mendès France (1907-1982) fut président du Conseil de 1945 à 1955.

tombés l'un sur l'autre dans l'ascenseur. Meyer est quelqu'un de très aimable, il m'a parlé de vous avec une réelle affection.

J'ai tendance à penser qu'il est misanthrope.

Bourru, oui.

Jusqu'au moment où il se prend d'affection pour vous et… Il adorait et admirait Jack alors qu'il le connaissait à peine. Il estimait que c'était le seul vrai démocrate. Un jour il m'a avoué : « J'ai vraiment honte de mes collègues de Wall Sreet. Ils sont incapables de mesurer la portée de ce que cet homme est en train d'accomplir. »

Très bien, je pense que c'est assez pour aujourd'hui.

Oui.

Cinquième conversation

MARDI 24 MARS 1964

En 1960, le dossier Cuba s'est invité dans la campagne. Castro inquiétait-il beaucoup le Président ? Vous rappelez-vous ce qu'il avait éprouvé lorsque Castro était pour la première fois apparu sur le devant de la scène [1] *?*

Je me rappelle qu'il avait été épouvanté par le phénomène Castro. Nous connaissions Earl Smith, qui avait été ambassadeur pour Eisenhower [2]. Quand nous étions en Floride, Earl n'avait que Castro à la bouche. Oui, Jack était écœuré de voir que l'administration Eisenhower avait laissé Castro prendre le pouvoir. Et c'est alors que le *New York Times* publia les reportages de Herbert Matthews [3]. Je me souviens qu'on en

1. Fidel Castro Ruz (né en 1926) et ses guérilleros firent leur entrée triomphale dans La Havane en janvier 1959, après avoir renversé le dictateur cubain Fulgencio Batista. En avril, il se rendit à Washington, à l'invitation du National Press Club, mais le président Eisenhower refusa de lui accorder une audience. L'année suivante, Castro se mit à importer du pétrole soviétique et à exproprier les firmes américaines.

2. Earl E.T. Smith (1902-1991), financier natif de Newport, passionné de chasse et de pêche, habitant New York et Palm Beach, fut ambassadeur à La Havane de 1957 à 1959. Son épouse, Florence Pritchett Smith (1920-1965), était l'amie du président Kennedy depuis son enfance.

3. Herbert Matthews (1900-1977) était correspondant du *New York Times* à Cuba ; on reprochait à ses reportages d'être trop pro-Castro.

parlait beaucoup. Même Norman Mailer a écrit quelque chose, il était très pro-Castro [4].

Selon Earl Smith, le problème venait de ce que Castro était communiste, ou de ce qu'il collaborait avec les communistes ?

Oui, il a écrit un livre à ce sujet [5]. Il disait toujours qu'il avait des difficultés avec le Département d'État. Je me souviens qu'il parlait constamment d'un certain M. Rubottom. Il avait essayé de les mettre en garde à propos de Castro, mais c'était comme s'il jetait des pièces de monnaie dans un puits sans fond. Il n'arrivait jamais à faire passer le message au Département d'État. Donc je suppose en effet qu'il considérait Castro comme communiste.

Et selon le Président, l'erreur de notre politique étrangère avait été de [ne pas] s'interposer, mais d'un autre côté, il n'avait aucune sympathie pour Batista ?

Non, pas du tout. Je me rappelle simplement qu'on en parlait.

Puis il y eut la campagne, et ensuite Allen Dulles fut nommé [6].

---

4. Norman Mailer (1923-2007), romancier et essayiste, surtout connu pour *Les Nus et les Morts* (1948). Mailer écrivit dans *Esquire* l'article laudatif « Superman Comes to the Supermarket » sur la victoire de John F. Kennedy à la convention de 1960, mais au printemps suivant, après la baie des Cochons, il dénonça le Président pour avoir soutenu l'invasion et il déclara que Castro était l'un de ses « héros ».

5. Le livre de Smith, *The Fourth Floor* (1962), reprochait au secrétaire d'État adjoint Roy Rubottom et à d'autres hauts fonctionnaires d'Eisenhower d'avoir laissé Castro prendre le pouvoir à Cuba.

6. Allen Dulles (1893-1969) était juriste à Wall Street et frère du secrétaire d'État d'Eisenhower. Il fut directeur de la CIA de 1953 à 1961. Avec J. Edgar Hoover, il compta parmi les premiers à être confirmés à leurs fonctions par le président élu John F. Kennedy, et comme Hoover, au nom de la continuité. Le 23 juillet 1960, Dulles vint à Hyannis Port

Oui, Dulles était venu à Hyannis. Les deux premières personnes que Jack pensait devoir garder étaient J. Edgar Hoover et Allen Dulles. Allen était charmant... enfin, pas tant que ça. [*Rires.*]

Dans son livre, Nixon dit que le Président avait été prévenu pendant la campagne, ce qui est faux, puisque Dulles et le Président ont tous les deux affirmé qu'ils avaient seulement découvert en novembre que nous avions formé les Cubains en secret[7].

Il ne m'a jamais dit qu'il ait su quoi que ce soit, donc je le crois.

Quand avez-vous pris conscience de ce qui se préparait[8] *?*

---

pour briefer le tout nouveau candidat démocrate en matière de sécurité nationale.

7. Dans ses Mémoires publiés en 1962, *Six Crises*, l'ex-vice-président Nixon affirmait que, lors du briefing de juillet, Dulles avait dit à Kennedy que depuis des mois, la CIA « non seulement soutenait et aidait, mais formait réellement les exilés cubains dans le but de soutenir l'invasion de Cuba ». Nixon reprocha à John F. Kennedy d'avoir abusé de cet accès à des informations classées afin de critiquer en octobre 1960 le gouvernement d'Eisenhower pour n'avoir pas aidé les « combattants de la liberté » désireux de renverser Castro. Pour préserver le secret de l'opération, Nixon prétend s'être senti obligé de défendre le point de vue contraire lors des débats avec Kennedy, alors qu'en réalité il avait pris la défense des projets de la CIA visant à éliminer Castro.

8. Allusion à la tentative d'invasion de la baie des Cochons en avril 1961 par des Cubains anticastristes, soutenus par la CIA. La CIA avait laissé entendre à Kennedy que si les exilés, une fois débarqués, réussissaient à créer une tête de pont à Cuba, l'insatisfaction de la population face à Castro pourrait entraîner un soulèvement national qui renverserait le dictateur et porterait au pouvoir les exilés ; en cas d'échec, ils pourraient « se fondre dans les montagnes » cubaines comme guérilleros. Toutes ces assertions furent démenties, ce qui nuisit gravement au prestige de Kennedy. Le cercle de John F. Kennedy reprocha à la CIA ses mauvaises informations et ses projets défectueux. La CIA et ses partisans reprochèrent à Kennedy de n'avoir pas suspendu l'ordre donné aux forces militaires américaines de se tenir à l'écart du combat.

On savait depuis toujours que Cuba était un problème. Chaque semaine, à chaque conférence de presse, il y avait du nouveau à propos de Cuba.

À partir de mars, la rumeur d'une invasion possible a commencé à circuler.

Dans ses conférences de presse, Jack était régulièrement obligé de dire que l'armée des États-Unis ne serait pas impliquée, pour éluder la question. Ensuite, j'ai appris que nous formions tous ces gens. Mais je me rappelle que Keating répétait chaque semaine que les missiles étaient toujours là, ou qu'il y en avait davantage [9]. On parlait toujours de Cuba, pour une raison ou pour une autre.

Vous rappelez-vous ce que le Président pensait du projet d'invasion ? Vous avez mentionné la réunion Fulbright.

Oh, bien sûr, cette perspective le mettait très mal à l'aise. Mais je me souviens surtout du week-end précédant l'invasion, vers le 13 avril. Nous étions à Glen Ora avec Jean et Steve Smith ; un après-midi, vers dix-sept heures, il a reçu un appel dans sa chambre. C'était Dean Rusk. La conversation a duré très longtemps, et à la fin, il avait l'air très déprimé. Je lui ai demandé : « Que se passe-t-il ? » J'imagine que Dean Rusk avait dû tout lui révéler, à moins que Jack ne lui ait donné son feu vert. Je pense que ce fut un coup de téléphone décisif [10].

---

9. En septembre 1962, le sénateur Kenneth Keating, républicain de New York, accusa les Soviétiques d'avoir placé des missiles offensifs à Cuba et l'administration Kennedy de vouloir dissimuler leur présence. Des semaines plus tard, la CIA fournit au président Kennedy les premières preuves incontestables, d'après photographies aériennes, qu'il y avait bien des missiles sur l'île.

10. Le dimanche 16 avril 1961 après-midi, six B-26 américains arborant des insignes cubains avaient déjà détruit près de la moitié de la force

Il s'agissait des frappes aériennes.

Dean Rusk voulait les annuler, je suppose. Jack était assis sur le bord du lit, tout à coup il a secoué la tête, il s'est mis à arpenter la pièce, il avait presque l'air de souffrir. Il est descendu et, c'était visible, il savait que ce qui était arrivé était mal. C'était terrible. D'habitude, il n'avait aucune difficulté à prendre une décision, il y réfléchissait, puis une fois la décision prise, il en était satisfait. C'est la seule fois où je l'ai vu complètement démoralisé. Ce fut un week-end affreux.

Pensez-vous qu'il était déprimé parce qu'il avait décidé d'annuler les frappes aériennes, ou parce qu'il avait approuvé le projet d'invasion ?

Je pense qu'il y avait plusieurs raisons combinées. L'invasion l'avait contrarié, mais aussi le fait de ne l'avoir accomplie qu'à moitié, sans aller jusqu'au bout. C'était une horreur qui lui était tombée dessus sans qu'il ait le temps de s'en dépêtrer. Et il m'a tellement parlé de Cuba, je ne me rappelle pas si c'était à ce moment-là ou plus tard, mais à chaque réunion, il s'exclamait : « Mon Dieu, de quelle bande de conseillers nous avons hérité ! » Par la suite, quand Taylor est devenu chef d'état-major, il disait : « Tu sais, je laisse au moins ça au prochain président » ou « Si seulement Eisenhower m'avait laissé quelqu'un comme ça. Tu te rends compte, m'avoir laissé

---

aérienne de Castro. La CIA supposa qu'une fois l'invasion en cours, John F. Kennedy reviendrait sur son engagement public de ne pas envahir Cuba et autoriserait l'armée américaine à aider ouvertement les combattants de la liberté qui débarquaient alors sur les plages cubaines. L'appel de Rusk signala au Président l'importance qu'il y avait à dissimuler le rôle joué par les États-Unis dans l'invasion. Kennedy retint l'U.S. Air Force jusqu'à ce que les exilés fussent établis à Cuba, une frappe aérienne pouvant alors être présentée de manière plausible comme partant du sol cubain. À ce moment, comme le savait Kennedy, l'invasion était menacée par une possible interdiction des frappes aériennes américaines.

quelqu'un comme Lyman Lemnitzer » et toute cette équipe [11]. Il n'y avait vraiment rien à en tirer. Et je me souviens qu'un jour, à la Maison Blanche – après ou avant l'échec de l'invasion – j'étais sur la pelouse avec les enfants et il est arrivé avec le professeur Cardona [12]...

C'était après l'invasion. Je pense que c'était un mercredi après-midi, parce que j'avais été envoyé en Floride le mardi soir, avec Adolf Berle [13], nous sommes revenus avec le professeur Cardona, et nous l'avons amené le mercredi en fin d'après-midi. Je pense que le Président est sorti pour vous le présenter.

Et il n'arrêtait pas de hocher la tête et de répéter que Cardona avait été formidable. Mais si vous voulez remonter la chronologie de Cuba, il y a d'abord eu cet affreux week-end. Nous sommes rentrés à Washington le lundi. Puis le mardi, nous avions la réception des membres du Congrès, pendant

11. Lyman Lemnitzer (1899-1988) avait été nommé en 1960 par Eisenhower président du Comité d'état-major conjoint. En mars 1962, Lemnitzer approuva un plan secret, l'opération Northwoods, permettant au gouvernement américain de commettre des actes terroristes à Miami et dans d'autres villes des États-Unis, actes qui seraient attribués à Castro comme prétexte pour une réelle invasion américaine de Cuba. Le plan suggérait même que si un astronaute américain périssait au cours d'une mission, il faudrait le reprocher à Castro. Horrifié par la proposition de Lemnitzer et encore irrité par la brutalité du général lors de la baie des Cochons, John F. Kennedy lui refusa cet automne-là un second mandat comme président du Comité.

12. José Miro Cardona (1902-1974) était juriste et professeur à La Havane, très critique envers Batista. Après la révolution, il fut brièvement Premier ministre de Castro avant sa rupture avec le dictateur et sa fuite vers la Floride. Avant la baie des Cochons, Cardona dirigeait le comité des Cubains anti-Castro qui coopéraient en secret avec la CIA et la poignée de responsables impliqués dans le projet d'invasion. Si les exilés cubains avaient réussi à conquérir une partie substantielle de leur île, ils auraient déclaré Cardona président provisoire de Cuba.

13. Adolf Berle (1895-1971) était professeur de droit, économiste et diplomate sous Franklin D. Roosevelt. Il conseillait le Département d'État pour tout ce qui concernait l'Amérique latine.

Portrait de Jacqueline Kennedy pris lors de la débâcle de la baie des Cochons

laquelle Jack a été appelé ; il est parti dans son bureau et quand il est revenu, j'étais déjà couchée [14]. Vous savez, c'est curieux, parce que l'année suivante, lors de la réception du Congrès, il a aussi été appelé pour un autre genre de crise,

14. Le mardi 18 avril au soir, lors de la réception annuelle donnée à la Maison Blanche pour le Congrès, John F. Kennedy fut appelé dans la salle du Cabinet, où une carte des Caraïbes avait été disposée, avec de petits bateaux aimantés. Kennedy dit à l'amiral Arleigh Burke, chef de l'U.S. Navy : « Je ne veux pas que les États-Unis soient impliqués là-dedans. » Burke répondit : « Bon sang, monsieur le président, nous le sommes pourtant ! » (Beschloss, *The Crisis Years*, p. 122). En guise de compromis, le Président autorisa six jets de l'USS Essex à survoler la tête de pont pendant une heure.

comme s'il devait toujours se passer quelque chose de terrible ces soirs-là. Et je pense que le mercredi, nous devions nous faire photographier, à moins que ce ne soit le jeudi. Mais Jack était agité comme une puce. C'était avec Mark Shaw [15], il est venu, il est resté assis dix minutes, nous n'avions aucune photo de nous deux ensemble qu'on puisse diffuser. C'était une période affreuse, et il avait vraiment l'air très mal.

Vous avez dû trouver pénible de vous rendre au dîner grec au milieu de toute cette agitation [16].

Oui, ce soir-là nous devions aller au dîner grec. Nous les avions invités à déjeuner, la veille ou le jour d'avant. Et ils étaient si gentils, ces Grecs. Ils étaient presque nos premiers visiteurs. Mais je me rappelle si bien, c'était le matin, il est revenu à la Maison Blanche et, dans sa chambre, il s'est mis à pleurer, seul avec moi. Vous savez, il a mis la tête entre les mains et a sangloté. Je ne l'ai jamais vu pleurer que trois fois. Deux fois, l'hiver où il était à l'hôpital, par pur découragement, il ne voulait pas pleurer mais ses yeux se remplissaient de larmes qui roulaient sur ses joues. Puis au moment de Patrick, l'été où il est revenu de Boston pour me voir à l'hôpital, il est entré dans ma chambre vers huit heures du matin, il a sangloté et il m'a serrée dans ses bras. C'était si triste, ses cent premiers jours, tous les rêves qu'il avait, et cette chose terrible qui nous est arrivée. Ce n'était pas à cause de ses cent premiers jours, mais parce qu'il pensait à tous ces pauvres gens qu'on avait envoyés se battre, pleins d'espoir, avec la promesse de les soutenir, et voilà qu'ils se faisaient abattre

15. Mark Shaw (1921-1969) était l'un des photographes de mode et de célébrités les plus connus de l'époque.

16. Constantin Karamanlis (1907-1998) était le Premier ministre grec. Le mercredi soir, alors que les Kennedy participaient à un dîner présidé par Karamanlis à l'ambassade de Grèce, John F. Kennedy savait que l'invasion était un échec inévitable.

comme des chiens ou qu'ils allaient mourir en prison. Il pensait tellement à eux. Puis Bobby est venu me voir. Vous savez, évidemment, il y avait des réunions tout le temps, à la Maison Blanche, alors Bobby est venu me trouver et m'a dit : « Reste très proche de Jack, s'il te plaît, sois là tout l'après-midi. » Je ne devais même pas sortir les enfants. Pour le réconforter, il était si triste.

Ce jour-là ou le lendemain, il m'a parlé de Bobby, il envisageait de le nommer à la tête de la CIA. Vous en souvenez-vous ?

Je me rappelle l'avoir entendu dire plusieurs fois : « Si seulement je pouvais avoir Bobby comme chef de la CIA ! » Mais il a dû songer que, politiquement, ça aurait été trop risqué. Il aurait vraiment aimé le nommer. Je ne sais pas quand il a choisi John McCone [17].

Il s'était écoulé environ six mois. Il l'a nommé à l'automne. Et alors que c'était à cause de mauvais conseils qu'il en était arrivé là, le Président n'a jamais accusé personne en public. Il citait souvent ce merveilleux proverbe chinois : « La Victoire a cent pères, le Désastre est orphelin [18]. » Savez-vous d'où il le tenait ?

Non. Il faudrait regarder dans les œuvres de Mao Tsé-toung, qui sont remplies de proverbes chinois. [*Rires.*] Mais il passait son temps à collectionner ce genre de dictons.

---

17. John McCone (1902-1991) était un homme d'affaires californien, président de la Commission à l'énergie atomique d'Eisenhower, et partisan de Nixon en 1960. John F. Kennedy le nomma successeur d'Allen Dulles, qu'il avait renvoyé après le désastre de la baie des Cochons.

18. Le 21 avril 1961, lors d'une conférence de presse, le Président déclara : « Selon un vieux dicton, la Victoire a cent pères mais la Défaite est orpheline. » John F. Kennedy assuma la pleine responsabilité de l'échec en tant que « responsable du gouvernement ». Les Américains lui accordèrent leur soutien et il atteignit dans les sondages le plus fort taux d'approbation de sa présidence, 81 %.

Selon moi, il considérait en privé que les principaux responsables étaient Lemnitzer et les chefs d'état-major.

Oui, vous savez, il ne disait jamais de mal d'eux, mais il évoquait Curtis LeMay avec une sorte de sarcasme désespéré [19]. Je me rappelle, lors de la deuxième crise de Cuba, il a reçu une photo de tous nos avions en Floride, ou dans tout le pays, immobiles sur les pistes. Et il a appelé LeMay. Ce type hurlait qu'il fallait aller tout bombarder, avoir une petite guerre, mais il avait laissé tous nos avions au sol. Ce n'était pas facile de travailler avec LeMay. Mais il n'y avait pas que lui, il y avait les chefs d'état-major, et ce pauvre Allen Dulles. Sans oublier Dean Rusk. À mon avis, tant qu'à y aller, il aurait fallu une couverture aérienne. Mais Dean Rusk était timide, Jack avait pris le train en marche… Il aurait mieux valu qu'on le laisse faire seul. C'était avant les cent jours [20]. Enfin, cette histoire de cent jours n'avait aucun sens, c'est la presse qui avait monté ça en épingle, à cause de Roosevelt.

Qu'avez-vous pensé de Dulles après tout cela ?

Jack avait toujours apprécié Allen Dulles, et réciproquement, c'était un homme honorable. Je pense que Dulles a disjoncté. Un peu plus tard, Jack s'est donné le mal de l'inviter à

19. Curtis LeMay (1906-1990), personnage haut en couleur, était chef d'état-major de l'U.S. Air Force, connu pour avoir supervisé les bombardements stratégiques pendant la Seconde Guerre mondiale, puis en tant que commandant des forces aériennes stratégiques. En 1962, lors de la crise des missiles cubains, LeMay devint le plus virulent de ceux qui exigeaient de John F. Kennedy que le bombardement de Cuba commençât sans attendre.

20. Depuis l'embellie qu'avaient permise les programmes créés par Franklin D. Roosevelt pour lutter contre la Grande Dépression durant les cent premiers jours de sa présidence, ce délai est utilisé par la presse pour évaluer prématurément les nouveaux présidents.

dîner... Charlie Wrightsman et Jayne[21] étaient à Washington, ils étaient invités à la Maison Blanche. Cela se passait quelques semaines, ou un mois, après Cuba. Depuis toujours, Dulles était leur petit protégé, ils le recevaient, ils le promenaient en Floride et partout. Mais là, Charlie Wrightsman a dit que, contrairement à son habitude, il ne verrait pas Allen Dulles, à cause de la façon dont il avait mené la baie des Cochons. Jack était écœuré, lui qui était toujours si fidèle envers les gens en difficulté. Alors il m'a prise à part et m'a dit : « Fais venir Dulles pour le thé ou pour boire un verre cet après-midi. » Et il a fait l'effort spécial de quitter son bureau pour passer quelques instants avec Jayne et Charlie Wrightsman, rien que pour montrer à Charlie ce qu'il pensait d'Allen Dulles. Et ça a fait un bien fou à Dulles. J'ai passé une dizaine de minutes avec lui avant que Jack n'arrive. On aurait cru le cardinal Mindszenty pendant son procès, il n'était plus que l'ombre de lui-même[22]. Jack est venu lui parler, lui a mis le bras sur l'épaule. Vous connaissez l'anecdote au sujet de John Pierpont Morgan ? « Si vous entrez avec moi dans la banque, vous n'aurez pas besoin de me prêter de l'argent[23] ». C'était tellement aimable, uniquement

21. Charles Wrightsman (1895-1986) était un magnat du pétrole de l'Oklahoma et un ami des Kennedy, tout comme son épouse, Jayne Larkin Wrightsman (1919-), intime de Jacqueline, qui fut membre de son Comité des beaux-arts afin de collecter des fonds pour la restauration de la Maison Blanche.

22. Jozsef Mindszenty (1892-1975), cardinal de Budapest, fut condamné, au terme de son procès en 1949, à la prison à perpétuité pour « trahison » envers le gouvernement hongrois dominé par les Soviétiques.

23. Selon la légende, lorsqu'un ami lui demandait un prêt, l'un des banquiers Rothschild répondait qu'il allait faire mieux : accompagner l'ami en question jusqu'à la Bourse de Paris et ainsi renforcer son prestige aux yeux des financiers. John F. Kennedy appréciait ce concept depuis longtemps. Après l'élection de 1960, par exemple, le président élu dit à son conseiller de campagne Hyman Raskin, de Chicago, qu'il allait lui offrir en remerciement un cadeau bien meilleur qu'un emploi fédéral : il allait faire venir Raskin dans sa maison de Georgetown (interview avec Raskin et Mémoires inédits de Raskin, cités in Beschloss, *The Crisis Years*).

pour donner une leçon à Charlie Wrightsman. Ça en dit long sur Jack. Bien sûr, il savait que Dulles avait tout gâché, mais il avait une certaine tendresse pour cet homme. Et puis juste après, il a nommé le général Taylor.

Il a d'abord demandé au général Taylor de diriger une enquête sur ce qui s'était passé, avec Bobby. Puis il a fait venir le général à la Maison Blanche, comme une sorte de conseiller militaire.

Le général Taylor était toujours en costume gris [24], et quand il y avait une réunion des chefs d'état-major, Jack disait parfois qu'on sentait des ondes de méfiance envers Taylor. C'était une situation difficile pour le général. Mais à sa grande surprise, tout a très bien fonctionné.

Connaissait-il déjà le général Taylor ?

Je suppose qu'il l'avait rencontré deux ou trois fois, parce qu'il parlait toujours de son livre. Et à propos de toutes les raisons pour lesquelles Taylor avait démissionné, il s'exclamait : « Vous imaginez Eisenhower en faire autant ? » Le général Gavin avait écrit un livre, lui aussi [25]. Jack avait beaucoup d'estime pour Taylor, et quand il a eu besoin d'un conseiller militaire, il a tout de suite su où le chercher.

Indépendamment du climat général, le personnel de la Maison Blanche était très mal à l'aise parce que nous sentions que nous avions mal servi le Président ; les uns étaient pour le projet, les

---

24. Général en retraite, Taylor était en civil.

25. James Gavin (1907-1990), légendaire commandant du 505ᵉ régiment de parachutistes le jour du Débarquement, fut le premier ambassadeur de John F. Kennedy à Paris. Comme Maxwell Taylor, le général Gavin avait quitté le Pentagone d'Eisenhower pour un désaccord sur la stratégie de défense et publia un livre pour s'en expliquer (*War and Peace in the Space Age*).

autres contre, mais nous sentions tous que nous n'avions pas agi comme nous l'aurions dû : nous nous étions laissé intimider par tous ces grands personnages et nous n'avions pas soumis le projet à l'examen critique qu'il était de notre devoir de pratiquer. A-t-il jamais commenté cet aspect ?

Non, jamais, mais je pense que vous n'avez rien à vous reprocher, quand on pense à votre action lors de la deuxième crise de Cuba. Vous avez d'abord dû vous faire la main et personne ne vous avait prévenus. Quand vous n'êtes qu'un nouveau venu, face à tous ces prétendus experts, que pouvez-vous faire d'autre que d'écouter leurs conseils ? C'est pour ça que Lyndon Johnson a eu tant de chance. Au moins il avait une équipe éprouvée. Après huit ans à aider le gouvernement, on pourrait espérer que ces gens sachent de quoi ils parlent. C'est ce qu'il disait, à propos de ceux dont il avait hérité. Voilà ce qui le rendait un peu amer.

Et en fin de compte, c'est vers Bobby qu'il s'est tourné, n'est-ce pas, plus que vers aucun autre, pour discuter et prendre conseil[26] *?*

Oui, et il a placé Bobby dans un comité[27]. Je pense que l'amitié entre Bobby et le général Taylor s'est nouée à ce moment-là parce que je disais qu'après Jack, Taylor était l'homme dont Bobby se sentait le plus proche à Washington, à part ses amis ou les gens du ministère de la Justice. Mais ils ont vraiment un grand respect l'un pour l'autre. C'est très touchant, entre un homme très jeune et un homme en fin de carrière.

26. C'est après la baie des Cochons que John F. Kennedy convainquit son frère d'étendre ses fonctions pour devenir son conseiller confidentiel et médiateur pour la politique étrangère, la défense et le renseignement, surtout en relation avec Cuba et l'Union soviétique.

27. Le président Kennedy demanda à Taylor de diriger un comité pour mener une enquête sur l'échec de la baie des Cochons. Parmi les membres du comité figuraient Robert Kennedy, Allen Dulles et l'amiral Arleigh Burke.

Le Président et la Première Dame s'adressent aux membres de la brigade d'invasion cubaine, à leur retour, à Miami, 1962

Vous avez dit qu'il y a eu deux fois où vous avez vu le Président très déprimé, sous pression : lors de la dispute pour le Comité d'État en 1956 et lors de l'affaire de Cuba.

Non, l'histoire du Comité d'État ne l'avait pas déprimé. Elle l'avait plutôt rendu nerveux, inquiet, il n'arrêtait pas d'en parler. Cette fois-là, il pouvait agir afin de gagner. Mais pour Cuba, pour cette série de bévues, il n'était pas aux commandes comme lorsqu'il s'est battu pour le Massachusetts. Et quand tout s'est terminé, il y a eu cette terrible dépression, tout le souci qu'il se faisait pour ces gens [28]. Il était plein de

28. John F. Kennedy se sentait responsable des quelque 1 200 envahisseurs capturés par Castro. Il était prêt à affronter les critiques dans son propre pays en encourageant une campagne publique, dont un Comité « Des tracteurs pour la liberté », dirigé par des Américains éminents, pour verser la rançon exigée par Castro : 60 millions de dollars, en tracteurs, médicaments, aliments pour bébé et matériel médical, en échange de leur

compassion, je l'entendais dans la manière dont il me parlait de Cardona ; il se sentait obligé de libérer tous ces prisonniers. C'était le Noël suivant. Non, celui d'après encore. Il y avait d'abord eu les tracteurs, Bobby s'y était engagé. À ce moment précis, un article est paru sur Bobby. Il y avait d'abord eu ces articles inintéressants, où l'on disait qu'il était sans pitié ; je me disais : « S'ils savaient quelle compassion ce garçon ressent. » Il ne supportait pas de les laisser moisir en prison. Cela aurait peut-être mieux valu, au lieu de quoi les gens ont vu rentrer la malheureuse brigade, et cela a rappelé à tout le pays ce terrible échec. Mais il voulait à tout prix les faire sortir de prison. Après ça, Jack a reçu une volée de bois vert à cause des tracteurs. Pourtant, il devait faire tout son possible pour les faire revenir. Autre preuve de la compassion de Bobby : l'hiver dernier, notre meilleur espion en Russie a été arrêté, Penkovsky[29]. Bobby sortait d'une réunion à la Maison Blanche, il m'a vue dans le jardin, il est venu s'asseoir sur un banc, il avait l'air si triste. Il a dit qu'il était allé voir John McCone : « C'est affreux, ils n'ont vraiment pas de cœur, à la CIA. Pour eux, les gens ne sont que des numéros. Il n'est que l'espion X-15. » Il leur avait répliqué : « Pourquoi ? Cet homme vous a envoyé trop de renseignements dangereux. Il finirait forcément par se faire arrêter, mais vous avez continué à en exiger davantage. Pourquoi personne ne l'a prévenu ? Pourquoi ne pas lui avoir dit de s'enfuir ? Il a une famille, une femme ou des enfants. » Bobby était tellement blessé de voir ces gens traiter un homme comme un numéro.

---

libération. En décembre 1962, les Kennedy accueillirent les Cubains libérés lors d'un congrès bruyant à l'Orange Bowl de Miami. Jacqueline dit en espagnol aux ex-prisonniers qu'elle espérait que John deviendrait aussi courageux qu'eux.

29. Oleg Penkovsky (1919-1963) était un précieux agent secret du renseignement occidental à Moscou lorsqu'il fut dénoncé, arrêté, jugé et exécuté.

Oui, dans ce contexte professionnel, on finit par ne plus traiter les gens comme des êtres humains. L'une des attaques les plus scandaleuses concernait l'accord sur les tracteurs. Notre pays aurait dû comprendre qu'il était de son devoir de faire le maximum pour libérer ces hommes, et je n'ai jamais accepté cette attaque. Mme Roosevelt, Walter Reuther et Milton Eisenhower avaient formé un comité pour obtenir leur libération[30].

Et tout le monde leur est tombé dessus à bras raccourcis. C'est vraiment inhumain.

Je pense que si le Président avait tant de sympathie pour Miro Cardona et les membres de ce comité, c'est que trois ou quatre d'entre eux avaient des fils.

C'est vrai. Je sais que Cardona avait un fils. Puis, quand la brigade cubaine est revenue, pour Noël 1962, ils sont d'abord venus l'après-midi chez les Paul, en Floride[31]. Ils n'étaient que cinq ou six. Oliva[32] et les autres nous ont tous montré une photo d'eux, prise avant ; ils l'avaient dans leur portefeuille. Ils avaient tous de magnifiques visages émaciés, comme sur les peintures du Gréco. Et quand ils nous montraient leurs anciennes photos, ils ressemblaient aux musiciens joufflus de Xavier Cugat[33]. Il n'y avait aucun pathos sur ces visages. Et avec nous, avec Jack, ils n'étaient pas du tout amers, ils le regardaient comme leur héros. C'était des

30. Le Comité « Des tracteurs pour la liberté ».

31. Pour ne pas déranger la famille de Joseph Kennedy à Palm Beach, le Président et la Première Dame louèrent la maison voisine, appartenant à M. et Mme C. Michael Paul.

32. Erneido Oliva Gonzalez (1932-) était commandant adjoint de la brigade d'invasion 2506 et venait d'être libéré des geôles de Castro. L'année suivante, il reçut en même temps que certains de ses camarades le rang d'officier supérieur de l'armée américaine.

33. Xavier Cugat (1900-1990), né en Espagne, avait passé son enfance à Cuba. Il dirigeait un orchestre à succès.

gens charmants. Depuis novembre dernier, ils sont venus, surtout en février pour déposer une couronne sur la tombe de Jack, c'est Bobby qui les a amenés, l'un d'eux est venu me voir. Ils ont tous dit qu'ils allaient quitter l'armée : maintenant que Jack est mort, ils n'ont plus d'espoir, plus aucun idéalisme. Ils vont tous essayer de trouver un travail, parce que c'est lui qui incarnait leur espoir [34]. C'est plutôt touchant.

Le Président avait été très ému par l'accueil qu'ils lui avaient réservé à Miami [35].

Oui, c'est l'une des scènes les plus émouvantes que j'aie vues. Tous ces gens qui criaient et faisaient de grands gestes, et les membres de cette pauvre brigade couverts de bandages.

Je pense qu'il s'est laissé entraîner à dire des choses qui ne figuraient pas dans le texte de son discours.

[*Rires.*] Je me rappelle ce qu'il a dit, puis je devais parler en espagnol. Vous devriez en parler avec Donald Barnes, c'est un homme merveilleux. Il a participé à tellement de choses, il faudrait vraiment l'interviewer [36]. De tous les interprètes que Jack avait, c'est toujours lui qu'il prenait pour l'espagnol. Il était tellement supérieur aux autres. Et grâce à lui, vous aviez de bonnes relations avec votre interlocuteur. Au

34. Si Oliva et ses camarades étaient déçus, c'était en grande partie parce que le président Johnson venait de mettre un terme à l'important programme d'action clandestine contre Cuba qu'avaient supervisé les frères Kennedy.

35. À l'Orange Bowl, tandis que les Cubains libérés criaient « Guerra ! Guerra ! Guerra ! », John F. Kennedy, très touché, accepta le drapeau de la brigade 2506 et s'engagea à le remettre « dans La Havane libre ».

36. Donald Barnes (1930-2003) était le principal interprète espagnol-anglais du gouvernement, et il fut dûment interviewé pour le programme d'histoire orale de la bibliothèque Kennedy.

Département d'État, certains interprètes n'étaient pas très bons. Celui que nous avions à Paris était lamentable. Le pauvre Sedgwick [37], il essayait de s'exprimer dans une sorte de français fleuri du XVIIIe siècle, qui ne ressemblait pas du tout à une traduction de ce que disait Jack. Les deux meilleurs interprètes que nous ayons eus, selon Jack, étaient Barnes et l'interprète d'Adenauer, qu'il employait en Allemagne au lieu du nôtre. Il l'empruntait à Adenauer.

Parlait-il parfois de l'avenir de Castro et de Cuba ? Qu'en pensait-il, d'après vous ?

Je ne sais pas du tout ce qu'il en pensait. Je me rappelle lui avoir posé la question cet automne-là, le jour dont je vous ai parlé, en octobre, il venait de se réveiller de sa sieste et avait l'air très soucieux. Il m'a répondu : « Je viens de vivre l'une des pires journées de ma vie. Il y a déjà dix ratés et il n'est que quatorze heures trente ». Il a précisé certains de ces dix ratés, j'aurais dû les noter. Je me rappelle qu'il y avait un raid sur Cuba qui avait échoué [38]. J'ai dit : « À quoi bon tous ces petits raids ? » Mais il n'a pas vraiment répondu, il a continué à parler. Il n'avait pas envie de me parler de Cuba parce que cela le rendait soucieux. Alors je ne sais pas ce qu'il avait en tête.

Qu'avez-vous pensé de l'interview de Jean Daniel [39] *?*

---

37. Charles Sedgwick (1912-1983).

38. Les raids lancés depuis la mer s'inscrivaient dans le cadre de l'action clandestine des États-Unis contre Castro.

39. Jean Daniel (1920-), rédacteur en chef du journal *L'Observateur*. En octobre 1963, il devait interviewer Castro. Avant son départ pour La Havane, son ami Ben Bradlee lui obtint une entrevue avec le président Kennedy, au Bureau ovale. Daniel déjeuna avec Castro le 22 novembre 1963, et ils apprirent ensemble l'assassinat du Président, « mauvaise nouvelle » selon Castro. Dans le numéro du 14 décembre 1963 de *New Republic*, Daniel écrivit que lors de sa conversation avec John F. Kennedy, le Président s'était montré étonnamment prêt à accepter la responsabilité

J'ai trouvé que les propos rapportés dans cet article ne ressemblaient plus du tout à Jack. Et je me rappelle le jour où Jean Daniel fut introduit dans le bureau de Mme Lincoln pour être présenté au Président[40]. L'article est sorti après la mort de Jack, et il ne sonnait pas du tout comme lui. Je ne m'en rappelle plus le contenu, mais ça ne sonnait pas vrai.

Le style ne lui ressemblait pas. Certaines choses étaient crédibles, d'autres non.

Je ne sais même pas si Jean Daniel parlait l'anglais.

C'est Ben Bradlee qui l'envoyait. À la fin, Miro Cardona est devenu furieux contre le gouvernement des États-Unis[41]*. Le Président comprenait sa frustration, je crois ?*

Oui, et il n'a jamais eu un mot contre lui. Simplement, quand Miro Cardona piquait une colère, c'était une contrariété de plus.

Le Président s'intéressait à l'Amérique latine parce que c'était devenu une priorité pour son administration. Il était allé en Argentine, n'est-ce pas, vers 1939 ?

En effet. Je pense qu'il était allé au Brésil et dans beaucoup d'endroits, mais il était très jeune, et je n'ai pas le souvenir de l'avoir entendu spécialement parler de l'Amérique latine

---

américaine dans la prise de Cuba par Castro et les excès qui s'en étaient suivis : « Jusqu'à un certain point », Batista avait été « l'incarnation » des « péchés » américains contre Cuba, et « à présent nous allons devoir payer pour ces péchés ».

40. Evelyn Norton Lincoln (1909-1995) fut la secrétaire personnelle de John F. Kennedy de 1953 jusqu'à sa mort.

41. Miro Cardona n'avait guère apprécié qu'après la crise des missiles, l'administration Kennedy semblât moins pressée de tenter de renverser Castro.

avant son arrivée à la Maison Blanche. Enfin, nous avons fait un très bref séjour en Amérique du Sud lorsqu'il a fait son discours pour l'Alliance [42]. Il devait donc y penser pendant la campagne, pendant l'interrègne. Et il y a eu le voyage au Mexique. Non, au Venezuela [43]. J'ai visité un orphelinat et, le soir même, la photo était dans tous les journaux. Tous les enfants m'ont embrassée pour me dire au revoir. Et la légende était très flatteuse : « Nous aimons Mme Kennedy. Regardez, elle se laisse embrasser par de petits gringos. » Ou par de petits Indiens. Et cela a fait tellement de peine à Jack, il a dit : « Tu vois ces gens. Tu n'as pas idée du complexe d'infériorité qu'ils ont, à cause des États-Unis. » C'est tragique qu'ils écrivent des choses pareilles. Pendant la visite de Mexico, López Mateos a vraiment commencé à voir que Jack croyait tout ce qu'il disait, « notre révolution ressemblait à la vôtre [44] ». Il y avait enfin quelqu'un qui s'intéressait vraiment à eux.

Ce séjour au Mexique a dû être un moment très enthousiasmant.

Pour moi, ce fut le plus palpitant de tous nos voyages.

Plus encore que Berlin ?

Je ne suis pas allée à Berlin, parce que j'attendais Patrick. Je pense que pour Jack, Berlin fut le plus incroyable. Moi, je suis allée à Paris et à Vienne, en Colombie et au Venezuela.

---

42. L'Alliance pour le progrès était censée renforcer la coopération avec les pays d'Amérique latine et faire des États-Unis l'ami et le défenseur des réformes, non des dictatures.

43. En décembre 1961, les Kennedy se rendirent au Venezuela et en Colombie.

44. En juin 1962, ils allèrent à Mexico, où les attendait une foule enthousiaste. Ils étaient les invités d'Adolfo López Mateos (1909-1969), président mexicain de 1958 à 1964, que les Kennedy appréciaient tous deux et dont ils admiraient les réformes sociales.

Jacqueline Kennedy en visite au Mexique

Vienne était incroyable dans le sens où il a fallu parcourir des kilomètres entre l'aéroport et la ville, une journée sombre et grise [45]. Et sur quarante kilomètres, on ne voyait que la foule qui pleurait et qui agitait des mouchoirs. L'une des foules les plus impressionnantes que j'aie vues. Mais le Mexique ! J'ai revu le film l'autre jour. On croirait une tempête de neige rose, tous ces petits morceaux de papier qui pleuvaient sur nous, les acclamations, les « *viva* ». Et ils inventaient constamment de nouveaux cris : *Viva Kennedy ! Viva Los Kennedys católicos ! Viva* tout et n'importe quoi !

45. Référence à l'entretien de John F. Kennedy avec Khrouchtchev en juin 1961.

Le Président avait une immense sympathie pour l'Amérique latine et ses problèmes.

Et il aimait les Latins. Je me rappelle avoir été très étonnée lorsque j'ai dû avouer – et il était d'accord – que de tous les grands hommes que j'avais rencontrés avant ou pendant notre séjour à la Maison Blanche, parmi lesquels il y a de Gaulle, Macmillan, Nehru, Khrouchtchev, celui qui m'a le plus impressionné était Lleras Camargo, le Colombien [46]. Betancourt [47] avait fait très forte impression, mais Lleras Camargo plus encore. Il était tellement songeur, il paraissait presque scandinave tant il était triste. Et il était si dévoué, il maigrissait à vue d'œil. Quand il a été hospitalisé ici et que je suis allée le voir, les journaux n'en ont jamais parlé. Il est entré dans le bureau de Jack, très amaigri. J'ai dit : « Il a l'air très malade depuis que nous l'avons vu en Colombie. » Jack a répondu qu'il avait beaucoup travaillé pour l'Alliance et qu'il était prêt à continuer. J'ai toujours tenu à ce que mes enfants apprennent le français parce que je savais que cette deuxième langue avait doublé mes possibilités et vous permettait de communiquer avec tant de gens, mais j'ai dit à Jack : « Mes enfants apprendront l'espagnol comme langue

---

46. Harold Macmillan (1894-1986), Premier ministre conservateur de Grande-Bretagne de 1957 à 1963, rendit visite à Kennedy en avril 1961. Il fut bientôt le plus proche ami de Kennedy parmi les dirigeants étrangers. Ils étaient parents par le mariage de la défunte sœur de Kennedy, Kathleen (1920-1948), surnommée « Kick », avec William Cavendish, marquis de Hartington, neveu de l'épouse de Macmillan, lady Dorothy. Hartington était mort pendant la Seconde Guerre mondiale. Alberto Lleras Camargo (1906-1990), ancien journaliste, fut président de la Colombie de 1958 à 1962. Pendant le séjour des Kennedy à Bogota en 1961, Camargo fit visiter son palais présidentiel à Jacqueline, et elle déclara par la suite que ce splendide musée de l'histoire colombienne l'avait inspirée pour sa restauration de la Maison Blanche.

47. Romulo Betancourt (1908-1981), président du Venezuela de 1945 à 1948, puis de 1959 à 1964, surnommé « le père de la démocratie vénézuélienne ».

étrangère. » Après tout, si de Gaulle veut avoir sa petite zone à lui, et les autres aussi, nous devrions vraiment nous tourner vers cet hémisphère. Et c'est ce que je ferai, quoi qu'il en soit.

Je pense que l'une de ses plus nobles actions fut de restaurer le sentiment d'un hémisphère commun, chose que les États-Unis avaient entièrement perdu de vue depuis la politique de bon voisinage de Roosevelt.

C'est si choquant, il l'avait remarqué à Mexico, et je l'ai à nouveau remarqué. Quand on dit « l'Amérique », ici, nous parlons de notre pays, mais là-bas, cela signifie les deux continents. Ils disent « Amérique du Nord » et « Amérique du Sud ». Et il faudrait tourner sept fois sa langue dans sa bouche quand on parle de « l'Amérique ».

Le nom de Kennedy signifie davantage, c'est actuellement notre meilleur atout en Amérique latine. J'aimerais que la nouvelle administration demande, par exemple, à Bobby d'aller au Venezuela.

Le Venezuela a demandé Bobby, mais Lyndon Johnson ne voulait pas l'y envoyer.

Cela aurait été une excellente occasion de saluer Betancourt, le premier président du Venezuela à avoir accompli un mandat entier.

Oui, je pense. J'irai un jour au Venezuela, mais il ne s'agira pas de politique étrangère.

Non, mais cela leur rappellera de quoi l'Amérique du Nord est capable, et cela compterait beaucoup. À l'époque des événements de Cuba, il y avait le problème du Laos. Vous vous en souvenez ? Il avait été question d'une intervention américaine[48].

Oui, j'ai l'impression qu'il y a toujours eu le Laos, Cuba, le Sud-Vietnam. Je me rappelle très bien le Laos, et Berlin, mais je ne souviens pas du mois exact. Jack a fait un discours sur le Laos à la télévision, non ?

Oui, vous avez raison, c'était ce printemps-là.

Et il a parlé deux fois de Berlin, n'est-ce pas ?

Oui, il a parlé de Berlin en juin[49].

---

48. En 1961, Kennedy résista aux pressions en faveur d'un déploiement de l'armée américaine contre les forces pro-communistes au Laos. Il préféra autoriser les négociations qui se traduisirent, l'année suivante, par la neutralité du pays.

49. À la fin de la Seconde Guerre mondiale, alors que les Alliés concevaient des projets pour l'Allemagne d'après la guerre, ils laissèrent Berlin au cœur de la zone d'occupation soviétique. La ville fut divisée en deux secteurs – Berlin-Est pour les Soviétiques, Berlin-Ouest pour les Américains, les Britanniques et les Français. À la fin des années 1950, l'Allemagne de l'Est, soutenue par les Soviétiques, était économiquement en ruines, en contraste avec le « miracle » de l'Allemagne de l'Ouest. Quantité d'Allemands de l'Est passaient par Berlin pour fuir vers l'Ouest. Pour arrêter ce flux de réfugiés et marquer des points contre le monde libre, Khrouchtchev exigea l'unification de la ville, ce qui, du fait de sa position géographique, la rendrait sujette aux caprices soviétiques et forcerait l'Ouest à quitter la capitale allemande. Les Alliés occidentaux s'étaient engagés à préserver leurs droits dans Berlin, par une guerre si nécessaire. Après l'entrevue difficile de Kennedy avec Khrouchtchev à Vienne en juin 1961, la crise de Berlin avait démarré et le Président appela les réservistes américains. Puis tout à coup, en août, les Soviétiques et les Allemands de l'Est bâtirent un mur affreux autour de Berlin-Ouest pour empêcher la « fuite des cerveaux » vers l'Ouest. Kennedy était opposé au mur d'un point de vue politique, mais il comprit en privé que le dirigeant soviétique cherchait à sauver la face pour apaiser la crise. Le Président déclara à ses assistants : « Un mur, c'est beaucoup mieux qu'un guerre. » (Beschloss, *The Crisis Years*, p. 278.)

Il y avait toujours une poudrière prête à exploser, et Jack devait vivre avec ça, avec la pression de la Maison Blanche, tout en essayant de mener une vie normale. Je devais l'accueillir quand il rentrait à la maison, lui prêter une oreille attentive, sans poser trop de questions sur les sujets douloureux. À propos du Sud-Vietnam, je me rappelle un jour… J'étais très douée pour ne pas poser de questions, mais avec tous ces incendies, Diem [50], et ainsi de suite, il m'est arrivé juste une fois de lui poser une question en fin de journée. Il s'est exclamé : « Oh, mon Dieu, ma gosse – oui, ça paraît comique, mais c'était un terme affectueux qu'on utilisait dans sa famille –, j'ai subi ça toute la journée, alors… » Il venait d'aller nager à la piscine, il avait repris son humeur joyeuse du soir, et il a dit : « Ne me renvoie pas à tout ça. » Je me suis sentie criminelle. Mais il était capable de cet effort délibéré pour passer du souci à une insouciance relative.

C'était une grande force, de pouvoir ainsi passer d'une humeur à une autre.

Donc je ne demandais plus rien, et il m'a dit, cette fois-là ou à un autre moment : « Ne me demande rien à moi. Demande à Bundy de te montrer tous les télégrammes. » [*Schlesinger rit.*] J'ai répondu : « Je ne veux pas voir tous les télégrammes. » Avant, je recevais tous les télégrammes d'Inde et du Pakistan parce que j'adorais lire ce que Ken Galbraith envoyait [51]. Et je recevais le résumé hebdomadaire de la CIA. Mais à la fin, je ne supportais plus de les lire. Ils me

50. Ngo Dinh Diem (1901-1963) fut président du Sud-Vietnam, du départ des Français en 1955 jusqu'à sa mort dans un coup d'État militaire. Jacqueline fait allusion aux protestations comme celle du prêtre bouddhiste qui s'immola par le feu à Saigon, à l'été 1963, pour protester contre la politique répressive de Diem.

51. Les Kennedy appréciaient tous deux l'humour et la qualité littéraire des messages reçus de l'ambassadeur de John F. Kennedy en Inde.

déprimaient complètement. Ils ne contenaient jamais une seule bonne nouvelle. Jack devait les lire tout le temps. Mais comme il m'avait dit de demander à Bundy, j'ai décidé que je pouvais m'en passer. On en apprend assez par osmose et en lisant les journaux. J'ai toujours pensé qu'il y avait une bonne chose à la Maison Blanche, qui compensait le côté « bocal à poissons rouges » et le service de sécurité présidentielle : on était hermétiquement coupé du monde extérieur. C'est seulement bien après qu'on apprenait les méchancetés que les gens disaient de vous. Et on pouvait vivre là-bas une curieuse petite vie, enfin, je parle de la vie privée. J'ai décidé que de ne rien demander à Jack était ma meilleure façon de l'aider, en créant toujours un climat d'affection, de confort et de détente lorsqu'il rentrait à la maison. J'essayais d'inviter des gens pour le distraire. Nous recevions toujours des gens de Washington ou d'ailleurs, mais qui ne discutaient pas avec lui des sujets qui l'avaient préoccupé toute la journée ; je commandais de bons repas, je faisais en sorte que les enfants soient de bonne humeur, et je m'efforçais de faire venir des gens intéressants [52].

C'est vous qui lanciez toutes les invitations ?

Oui.

Il avait en vous une confiance absolue.

---

52. Dans les périodes de stress, Jacqueline remontait le moral du Président en lui dessinant de petites caricatures, en lui écrivant de petits poèmes comiques, en amenant les enfants dans son bureau, et en lui faisant servir ses plats préférés, commandés par exemple au restaurant Joe's Stone Crab, à Miami. En privé, elle imitait certaines des personnalités auxquelles John F. Kennedy avait affaire. Elle imitait notamment l'ambassadeur français imitant de Gaulle.

Souvent, quand je n'avais pas d'idée, j'appelais Mme Lincoln : « Si le Président a envie de voir quelqu'un, dites-lui d'inviter qui il veut ce soir. » Parfois, on organisait un petit dîner de six personnes, mais c'était le soir où il avait envie d'aller se coucher. Je dois dire que la dernière année, nous n'invitions qu'une ou deux personnes à la fois. Il décidait ça avec Mme Lincoln, ou avec Walton [53], par exemple.

Vous rappelez-vous la visite du président Nkrumah [54] ?

Je pense que c'est le tout premier visiteur que nous ayons reçu. Il est venu dans le West Hall, dans nos appartements privés. Stas et Lee étaient là, et Stas venaient de nous annoncer que Nkrumah avait racheté le plus grand yacht de la Méditerranée, le *Radiant*, à un armateur un peu louche, un ami grec de Stas. Stas questionna Nkrumah à ce sujet, et notre visiteur répondit : « Oui, il sert pour l'instruction de la marine ghanéenne ! » Après, Jack en a bien ri avec Stas. Nkrumah était charmant, plein d'entrain, il riait beaucoup. On ne pouvait pas soupçonner quel bandit il allait devenir.

---

53. William Walton (1910-1994), journaliste, romancier, peintre et soldat, avait été parachuté sur la France au début du Débarquement. Ami intime des Kennedy (il accrocha des peintures dans le Bureau ovale après l'investiture de John F. Kennedy), Walton se laissa convaincre par Jackie d'être président de la Commission américaine des beaux-arts, qui supervisait la conception esthétique des bâtiments et monuments fédéraux. « Cela se rattache à tout ce qui nous intéresse, lui écrivit-elle en juin 1962. De beaux édifices seront démolis, et remplacés par de vilains gratte-ciel. Sauver de vieux bâtiments et faire en sorte que les nouveaux soient convenables n'est peut-être pas ce qu'il y a de plus important au monde – quand on attend la bombe – mais je pense que nous attendrons toujours la bombe, qui n'arrivera pas, donc il est extrêmement important de sauver l'ancien et de rendre beau le nouveau. » (Jacqueline Bouvier-Kennedy à William Walton, 8 juin 1962.)

54. Kwame Nkrumah (1909-1972) devint en 1960 le premier président du Ghana indépendant. Homme d'État corrompu, Nkrumah se mit bientôt à accumuler une fortune, imposant des restrictions aux libertés de son peuple, et flirtant avec l'Union soviétique.

Il s'est très mal conduit récemment, mais ce fut une visite agréable, n'est-ce pas ?

Extrêmement agréable, et on voyait qu'il était ravi d'être dans l'aile familiale de la Maison Blanche. Je pense même qu'il a vu les enfants. Il était si heureux. Je pense qu'il m'avait apporté un cadeau, alors je lui ai adressé une lettre de remerciement manuscrite, en m'efforçant d'être polie. Jack trouvait que les Africains avaient toujours été maltraités – Eisenhower avait fait attendre Haïlé Sélassié [55] pendant quarante-cinq minutes – et ils nous en voulaient, en général. Alors je lui ai écrit : « Voudriez-vous bien m'envoyer une photo de vous, puisque vous étiez notre premier visiteur étranger. » Deux semaines plus tard, l'ambassadeur du Ghana, en robe traditionnelle, est venu m'apporter la photo. Au début, je trouvais Nkrumah sympathique. La seule personne qui était déjà connue comme bandit et qui se montra à la hauteur de sa réputation, c'est Sukarno [56]. Là encore, il s'agissait d'une visite de travail, mais Jack l'avait fait venir dans notre salon juste avant le déjeuner. Je pense qu'il essayait chaque fois d'offrir ces petits extras aux visiteurs officiels. Donc souvent, ils venaient prendre un verre avant le déjeuner ou le thé, avec moi, dans les appartements privés. Jack savait que cela représentait beaucoup pour nos visiteurs. Alors j'avais demandé un briefing du Département d'État au sujet de Sukarno : j'ai appris ainsi que Mao Tsé-toung avait publié un livre reproduisant la collection d'œuvres d'art de Sukarno, qui comptait énormément à ses yeux. Alors ce matin-là, j'ai appelé le Département d'État et j'ai demandé si je pouvais

55. Haïlé Sélassié (1892-1975) était l'empereur d'Éthiopie, surnommé « Lion de Juda », descendant du roi Salomon, selon la tradition.

56. Sukarno (1901-1970), après avoir rendu l'Indonésie indépendante des Néerlandais, en fut le premier président, de 1945 à 1967, très connu pour ses penchants à la luxure et à la corruption. À sa manière, il était collectionneur d'art, lui aussi.

obtenir le volume en question, parce que Sukarno serait impressionné en le voyant sur notre table. Le livre est arrivé vingt minutes avant lui, j'ai à peine eu le temps de le feuilleter. Alors je lui ai dit : « Monsieur le président, nous avons ici votre collection d'art », et nous avons commencé à regarder ensemble cet énorme volume. Nous étions tous les trois sur le canapé, Sukarno au milieu, Jack et moi de chaque côté. Il tournait les pages, et ce n'était qu'une collection de Vargas girls [57] ! Rien que des Petty girls [58] ! Toutes nues jusqu'à la taille, avec un hibiscus dans les cheveux. [*Schlesinger rit.*] C'était incroyable, mon regard a croisé celui de Jack et nous avons eu bien du mal à ne pas éclater de rire. C'était horrible, mais Sukarno était si content, il disait : « Celle-ci, c'est ma deuxième femme, et celle-là... » Il avait l'air d'un pervers, et tout ça vous laissait un mauvais goût dans la bouche.

Y a-t-il d'autres visiteurs qui vous aient déplu ?

Je n'ai pas du tout aimé Adjoubeï [59]. Il est venu au cap. Ce que Jack a fait avec lui était très bien, Pierre avait arrangé ça, l'entrevue et tout le reste. Mais il était venu ici pour l'entrevue, et c'était un grand gaillard effronté. Il est peut-être très sensible, sous ses apparences, mais quand il est entré dans la pièce, John est arrivé de la salle à manger en courant, il avait encore échappé à Mlle Shaw. Adjoubeï a dit : « Ah, c'est votre fils. Dans quelques années, mon fils et lui se tireront dessus, ce sera la guerre. »

---

57. Alberto Vargas (1896-1982), artiste natif du Pérou, peignait des pin-up, nues ou habillées, que publiaient *Esquire* et *Playboy*.

58. George Petty (1894-1975) peignait des femmes dans des poses similaires à celles de Vargas.

59. Alexeï Adjoubeï (1924-1993), gendre de Khrouchtchev, était rédacteur en chef du journal *Izvestia*. John F. Kennedy le reçut en novembre 1961 à Hyannis Port pour une entrevue qui fut publiée dans leurs deux pays.

Très drôle.

Et là-dessus il a éclaté de rire. Il avait le même humour pesant que Khrouchtchev, mais en bien pire encore. Pourtant, sa femme était adorable. Je n'aimais pas trop Mme Khrouchtchev, et je détestais la fille qui était avec Khrouchtchev à Vienne [60]. On aurait dit une blonde de la Wehrmacht qui dirigeait un camp de concentration ! Mais la femme d'Adjoubeï [61] était la seule Russe avec qui j'aie sympathisé. Dobrynine avait demandé à Jack si je pouvais inviter sa femme à déjeuner en tête à tête, je l'ai fait, mais Mme Dobrynine, comme Mme Khrouchtchev, avait vraiment des manières curieuses [62]. Si je fumais, elles vous disaient : « Vous ne devriez pas fumer autant. Les femmes russes ne fument pas », ou bien : « Vous avez fait des études d'ingénieur ? » Elles essayaient toujours de vous montrer combien elles vous étaient supérieures. Je suppose que c'est un complexe qu'elles avaient. J'essayais d'être polie, mais ce n'était jamais très agréable. Et la femme d'Adjoubeï, la fille de Khrouchtchev, était la seule à être un peu amusante. Elle disait des choses comme : « Oh, vous n'êtes jamais fatiguée de vos enfants à la fin de la journée ? » ou « Si seulement je pouvais trouver une bonne cuisinière. » Elle faisait de petites plaisanteries ; elle était très timide, mais elle avait l'air sensible. Et je me suis toujours demandé comment elle s'était retrouvée avec un homme aussi présomptueux, mais peut-être gagne-t-il à être connu. Dans le rapport que Bill Walton a rédigé sur la Russie quand il y est allé après la mort de Jack, on découvre qu'Adjoubeï avait été très impressionné de voir que Caroline

60. Jacqueline fait sans doute allusion à la belle-fille qui accompagnait les Khrouchtchev à Vienne.

61. Rada Khrouchtcheva Adjoubeï (1929-).

62. Anatoli Dobrynine (1919-2010), diplomate de carrière, vint à Washington comme ambassadeur d'URSS en 1962.

avait dans sa chambre la poupée offerte par Khrouchtchev [63]. Elle aimait l'avoir sur sa petite table de chevet, avec la Vierge Marie et d'autres objets. Sous leurs dehors bourrus, les Russes sont évidemment très sensibles.

Et Mme Khrouchtchev ?

À Paris, de Gaulle m'avait prévenue : « Méfiez-vous, c'est elle la plus maligne. » Je l'avais trouvée charmante quand je l'avais vue en Amérique, lors de la visite à Eisenhower. Après, j'avais simplement lu des articles sur elle dans la presse. Je trouvais son visage charmant.

Elle ressemblait à Bess Truman, une femme avec qui l'on est à l'aise.

Oui, mais elle était maligne. J'en avais assez, de ces piques qu'elle me lançait constamment, même si lors du déjeuner à Vienne, elle était restée très timide, à cause du protocole. Pour une raison quelconque, je passais avant elle parce que Jack était président alors que Khrouchtchev n'était que président du Conseil des ministres d'URSS ; elle ne pouvait pas quitter une pièce avant moi. Et je n'aimais pas passer avant une femme plus âgée, elle restait dans son coin, personne ne pouvait nous aider, alors en désespoir de cause, je l'ai prise par la main et j'ai dit : « Comme je suis très timide, vous allez devoir m'accompagner. » Et Tish et un interprète m'ont dit qu'elle s'était précipitée vers un Russe en s'exclamant : « Vous avez entendu ce qu'elle m'a dit ? » Elle était radieuse. Donc visiblement, ils sont timides, en réalité. Mais Khrouchtchev, avec son humour pesant…

63. Walton rendit visite à des dignitaires soviétiques lors d'un voyage à Moscou arrangé avant la mort du Président, pour rencontrer des artistes soviétiques.

Nikita Khrouchtchev et Jacqueline Kennedy à Vienne

Khrouchtchev a-t-il du charme ?

Il enchaîne les blagues. C'est comme si j'avais dû dîner assise à côté d'Abbott et Costello, ou de n'importe quel comique [64].

De l'humour sur commande ?

Oh, cela vaut mieux que d'être à côté de Kekkonen, le Finlandais, à qui je demandais s'il faisait de longues promenades tous les matins avant son petit déjeuner. Mais il y avait ce ballet, toutes ces danseuses qui tournoyaient, à Schönbrunn, elles arrivaient en tournant vers Jack, Khrouchtchev, Mme Khrouchtchev et moi. J'ai dit : « Elles dansent toutes, elles font très attention à vous, monsieur le président. Elles vous lancent toutes leurs fleurs », et il a répondu : « Non, non, c'est à votre mari qu'elles font attention. Ne le laissez jamais partir seul en visite officielle, il est beaucoup trop bel homme. » Enfin, il lui arrivait parfois de dire quelque chose d'aimable. Quand j'ai raconté ça à Jack, il n'en croyait pas ses oreilles ! J'étais à court de choses à dire à cet homme. Jack disait toujours : « Tu ne dois pas parler à ces grands hommes. » Mme Kennedy [65] avait lu des livres sur la Russie, sur la production de blé. « C'est la dernière chose dont ils ont envie qu'on leur parle. Parle-leur d'autre chose. » Je venais de lire *Les Sabres du paradis*, de Lesley Blanch, qui se passe en Ukraine au XIXe siècle, avec les guerres, la danse, etc. Je trouvais l'Ukraine très romantique, alors j'ai dit à Khrouchtchev que j'adorais tout ça, la lezguinka, les chevaux kabardes, et il a répondu : « Ah oui, l'Ukraine, à présent, c'est là qu'il y a le plus de professeurs par enfant, ou le plus de blé. » J'ai dit : « Oh, monsieur le président, ne m'ennuyez pas avec ça, je

64. Après les deux premiers jours d'entretiens entre les deux dirigeants, les Kennedy et les Khrouchtchev furent conviés à un dîner suivi d'un spectacle au château de Schönbrunn.

65. Rose Kennedy, qui les rejoignit à Vienne.

préfère le côté romantique » et il a ricané[66]. Il savait aussi se détendre. Dieu sait de quoi nous parlions, du tsar, ou de ces chiens de l'espace qui avaient eu des petits, je connaissais tous leurs noms, Strelka, Belka, Laika… J'ai dit : « J'ai appris que l'un de vos chiens de l'espace vient d'avoir des petits. Pourquoi ne m'en envoyez-vous pas un ? » Ça l'a fait rire. Deux mois plus tard, de retour à Washington, deux Russes en sueur, le visage gris cendre, sont entrés en titubant dans le Bureau ovale, l'ambassadeur apportait un pauvre chiot terrifié qui n'était évidemment jamais sorti d'un laboratoire, avec des aiguilles dans chaque veine. J'avais oublié de prévenir Jack, qui a voulu savoir ce que ce chien faisait ici. J'ai expliqué : « J'ai bien peur de l'avoir demandé à Khrouchtchev, à Vienne. Je manquais de choses à dire. » Il a répliqué : « Tu lui as fait plaisir, en lui rappelant la conquête spatiale[67]. » Mais il a ri.

Que pensait-il de Khrouchtchev ?

À Vienne, ça ne s'est pas très bien passé, rappelez-vous ce qu'il a dit à la fin de leur conversation. Il m'a montré toute la transcription : « L'hiver sera froid. » Il avait l'air épouvanté, il avait vu le pouvoir brutal, impitoyable, à nu. Khrouchtchev croyait pouvoir faire ce qu'il voulait de Jack. Khrouchtchev était un boute-en-train, mais derrière cette façade…

Il s'était montré intraitable, à Vienne. Le Président est revenu très soucieux, je m'en souviens.

---

66. Dans ses Mémoires, Khrouchtchev se souvenait : « Elle avait évidemment la repartie facile, ou comme disent les Ukrainiens, elle avait la langue affilée… Ne vous attaquez pas à elle, elle aura vite fait de vous retailler. » (Sergueï Khrouchtchev, *Memoirs of Nikita Khrushchev : Statesman, 1953-1964*, Pennsylvania State University, 2007, p. 304.)

67. Comme Khrouchtchev aimait à s'en vanter, le programme spatial soviétique était en avance sur celui des Américains en 1961.

Oui, je pense que cette visite l'avait déprimé.

Avait-il une attente particulière par rapport à Khrouchtchev, ou était-ce simplement un test ?

Je pense qu'il s'attendait à revenir déprimé, mais pas à ce point-là. Il était parti sans aucune illusion quant à leur collaboration. Mais je lui disais toujours que, bizarrement, j'aimais le visage de Gromyko[68] – c'était avant la deuxième crise de Cuba – parce qu'un jour j'étais sortie me promener et que j'avais trouvé Jack et Gromyko assis dans la roseraie. Avant que les jardins soient refaits, il y avait un minuscule banc où deux amoureux pouvaient à peine tenir. Jack et Gromyko y étaient assis et bavardaient. Plus tard, Jack m'a dit qu'il voulait être seul avec lui, hors du bureau. Quand je suis passée, il m'a hélée. Je leur ai dit : « Vous êtes parfaitement ridicules, tous les deux, assis sur les genoux l'un de l'autre. » Gromyko a souri. Les gens disaient qu'il ressemblait à Nixon, mais il avait un sourire charmant.

Vraiment ? Je l'ai toujours trouvé complètement coincé.

Il a dit beaucoup de choses à Jack avant la deuxième crise de Cuba. Jack s'est très bien débrouillé. Une autre fois, ils se sont vus dans le Bureau ovale et Jack lui a dit : « Dans notre pays, on n'échange pas une pomme contre un verger[69]. » Je ne sais plus pourquoi ils s'étaient rencontrés, ni en quelle

68. Andreï Gromyko (1909-1989), le sévère ministre soviétique des Affaires étrangères, anéantit ses relations avec John F. Kennedy en démentant en octobre 1962, dans le Bureau ovale, que les Soviétiques avaient placé des missiles à Cuba.

69. C'était en octobre 1961, lors d'une conversation dans l'aile familiale de la Maison Blanche. Alors que Gromyko tentait de négocier la situation de Berlin-Ouest, John F. Kennedy répliqua : « Vous nous proposez d'échanger un verger contre une pomme. Dans notre pays, ça ne se passe pas comme ça. » (Beschloss, *The Crisis Years*, p. 325.)

année c'était, mais je pense que Gromyko a dû venir trois ou quatre fois.

La troisième fois, c'était en 1963. Mais dans l'ensemble, les visites officielles étaient-elles amusantes ou ennuyeuses ?

Elles n'avaient rien de pénible. Elles créaient une grande tension. Les semaines où il y avait une visite officielle étaient très fatigantes. Ça s'est arrangé peu à peu, mais les premiers temps, il y avait tant de choses à faire, comme quand vous recevez à dîner chez vous sans être aidée. Il fallait s'occuper de la table, des fleurs – Bunny Mellon et moi, nous préparions parfois les fleurs avant de nous habiller pour le dîner[70]. Avant que nous ayons trouvé des gens pour s'en occuper. Et pour le menu, il fallait trouver le moyen que les plats n'arrivent pas toujours froids de la cuisine. Il n'y a pas de garde-manger à la Maison Blanche, la cuisine est au sous-sol, et il y avait toujours ces attentes interminables. Et il fallait prévoir un divertissement, trouver une scène. Le plus dur, c'était avec les Japonais. Ikeda était un homme délicieux, mais ni lui ni pratiquement personne de son entourage ne parlait l'anglais. Donc c'était un peu difficile, mais ils étaient très sympathiques. J'aimais Abboud, le Soudanais, j'aimais beaucoup Karamanlis, surtout Mme Karamanlis. Ces visites comptaient tellement pour eux, c'était touchant.

---

70. Rachel « Bunny » Mellon (1910-), héritière d'un empire pharmaceutique et seconde épouse du philanthrope et mécène Paul Mellon (1907-1999), était une amie intime de Jacqueline. Membre du Comité des beaux-arts, Rachel Mellon la conseilla pour la restauration de la Maison Blanche et le remaniement des jardins – elle collabora avec John F. Kennedy pour transformer la roseraie en un cadre arboré destiné aux cérémonies de plein air. Finalement, elle aida à concevoir le tombeau du président Kennedy à Arlington.

Macmillan était venu en avril, vous vous souvenez[71] *? Vous les connaissiez déjà, vous ou le Président ?*

Jack l'avait rencontré juste après Key West, puis à Londres, après Vienne. Macmillan est venu juste avant Vienne, je crois.

Il devait déjà le connaître, grâce aux Devonshire.

Je sais qu'ils échangeaient des lettres depuis que Jack était entré à la Maison Blanche. Nous avons déjeuné tous les cinq : Sissy et David[72], Macmillan, Jack et moi. L'atmosphère était excellente, ils étaient restés pour bavarder. Il existait une relation rare et émouvante entre ces deux hommes. Ils s'adoraient. Et si vous pouviez voir leurs lettres ! Je vous les montrerai un jour, je ne peux pas toutes vous les lire ici. Mais celle que Macmillan a adressée à Jack l'été après Patrick, alors qu'il sortait de l'affaire Profumo[73] ! Et Jack s'est donné du

71. Le Premier ministre britannique rendit sa première visite à Kennedy en avril 1961.

72. David Ormsby-Gore (1918-1985) fut ambassadeur britannique à Washington pendant les années Kennedy. Descendant du héros Tory et Premier ministre lord Salisbury (1830-1903), il connaissait déjà John F. Kennedy avant la Seconde Guerre mondiale, lorsque Joseph Kennedy travaillait à Londres. Ormsby-Gore était parent par alliance de Kennedy et de Macmillan. Député conservateur, Ormsby-Gore avait évoqué le désarmement avec John F. Kennedy au cours des années 1950. Macmillan et lui poussèrent le Président à se battre pour un traité d'interdiction des essais nucléaires qui limiterait la course aux armements durant la guerre froide. (Après la mort de son père en 1964, Ormsby-Gore devint lord Harlech.)

73. En octobre 1963, souffrant de la prostate, Macmillan démissionna. Son ministre de la Défense, John Profumo, avait récemment été au cœur d'un scandale mêlant sexe et espionnage, qui avait terni la réputation du gouvernement Macmillan. Les amis du Premier ministre pensaient que cette épreuve avait pu provoquer sa maladie, ou qu'il avait utilisé sa mauvaise santé comme prétexte pour quitter des fonctions qui lui étaient soudain devenues désagréables.

mal pour lui envoyer un télégramme quand il a démissionné, il a parlé à David de tout ce que Macmillan avait fait pour l'Occident. Il l'adorait. Vous savez, Macmillan était très amusant. Son visage avait une gaieté retenue, il s'habillait de façon comique…

C'était un sacré numéro. Et je pense que le Président était particulièrement impressionné par sa volonté de garder le contrôle du nucléaire. Je sais qu'il a écrit des lettres très éloquentes sur l'horreur de la guerre nucléaire.

Jack disait que Macmillan tenait beaucoup à l'Alliance occidentale.

Le Président appréciait aussi Gaitskell. Vous rappelez-vous sa réaction à Harold Wilson[74] *?*

Il ne pouvait pas le supporter.

Il y avait une relation particulière. Mais à part de politique, de quoi parlait le Président avec Macmillan ? De toute évidence, ils avaient beaucoup d'autres sujets en commun. Macmillan est éditeur, il adorait l'histoire.

Ils étaient parfois très drôles, très irrévérencieux. Jack me racontait les choses qu'ils se disaient à table, vous savez, des choses que je ne crois même pas pouvoir répéter quand vous m'enregistrez. Par exemple : « Les gens disent que la jeune génération a perdu tout espoir de vivre avec le nucléaire. Mais regardez-les, ils vont très bien, ils dansent le twist. » Jack et Macmillan se faisaient rire l'un l'autre. La seule fois où je me suis retrouvée avec eux, c'est lors de ce déjeuner à la Maison

---

74. Hugh Gaitskell (1906-1963) et Harold Wilson (1916-1995) étaient les dirigeants du Parti travailliste, alors dans l'opposition face à Macmillan.

Blanche. Ils sont sortis, quelqu'un a parlé de Nehru, j'ai raconté que Nehru avait donné à Lee une miniature représentant un couple indien sur un lit et qu'il m'en avait donné une où une dame humait le parfum d'une rose. À l'aéroport, il avait la main sur la cuisse de Lee [75] ! Macmillan a eu l'air choqué, mais c'était très drôle. Jack avait un humour irrévérencieux, Macmillan aussi, et je n'ai jamais vu deux personnes autant apprécier la compagnie l'un de l'autre. À deux, ils parlaient d'un tas de choses importantes, mais quand nous nous retrouvions avec lui, Sissy et David, ou quand nous allions chez Adele Astaire Douglass, qui avait été mariée à un Cavendish ! On racontait des histoires de famille, mais il y avait toujours ce merveilleux humour.

Quand le Président a passé une année à Londres, en 1938-1939, cela l'a beaucoup marqué ?

J'ai toujours pensé qu'il était bien plus influencé par l'histoire de la Grande-Bretagne que par celle des États-Unis. Je vous ai parlé de tous ces discours qu'il lisait, le discours de Burke aux électeurs de Bristol, les écrits de Warren Hastings et de Charles James Fox [76]. Par ses lectures, il s'était fait une véritable éducation classique, comme je pense qu'on n'en trouve plus dans ce pays. Comme il avait été malade, il avait eu le temps de lire les classiques, puis les auteurs anglais, et il avait ensuite su choisir ce qui lui semblait être le meilleur de la pensée et de la rhétorique américaines. Il avait une telle admiration pour ces écrivains. La dernière fois que nous sommes

75. Lors de la visite officielle de Jacqueline en Inde, accompagnée de sa sœur, en mars 1962.

76. Warren Hastings (1732-1818) fut le premier gouverneur général des Indes britanniques. Charles James Fox (1749-1806), leader politique whig et grand adversaire du roi George III, qu'il considérait comme un tyran, ce qui le poussa à soutenir la Révolution américaine contre la Grande-Bretagne.

allés à Londres ensemble, en 1958, je pense, il a dîné avec tous ses vieux amis. C'était assez décourageant de les voir. David Gore était le seul qui ait vraiment fait quelque chose de sa vie ; Jack disait toujours que c'était l'un des hommes les plus brillants qu'il ait connus, avec Bundy. Mais les autres étaient défaitistes, ils n'avaient rien fait de bon. Il n'était pas comme Joe Alsop, qui adore l'aristocratie anglaise et tout ce qui vient de Grande-Bretagne. Jack a été vraiment déprimé de les revoir, tous ces jeunes gens qui avaient été ses amis en 1938-1939 : Hugh Fraser, Tony Rosslyn [77]...

Ils étaient au gouvernement, mais ils avaient perdu leurs illusions. Connaissait-il Churchill ?

William Home, le frère d'Alec, était son grand ami [78]. Kick lui plaisait et il s'est inspiré d'elle. Il était allé en prison parce qu'il ne voulait pas tirer sur les civils dans une ville, et c'est là qu'il a écrit *Now Barabbas*. Puis il a écrit *The Chiltern Hundreds* où Kathleen lui a servi de modèle pour le personnage de la jeune Américaine. Elle allait le voir en prison. William avait un humour féroce, il était très drôle. Jack l'appréciait beaucoup. Mais ses pièces sont devenues de plus en plus mauvaises. Le pauvre William a quatre enfants à nourrir, il est obligé d'écrire vite.

Connaissait-il Alec Douglas-Home à cette époque ? Il est très différent de William.

77. Hugh Fraser (1918-1984) et Anthony St Clair-Erskine, sixième comte de Rosslyn (1917-1977), furent tous deux membres du Parlement après la guerre.

78. William Douglas-Home (1912-1992) était un auteur dramatique qui ne parvint pas à se faire élire au Parlement pendant la Seconde Guerre mondiale. Il s'opposait à Winston Churchill, pour qui la lutte devait se poursuivre jusqu'à ce que l'Allemagne se rendît sans conditions. Son frère Alec (1903-1995), ministre des Affaires étrangères de Macmillan, succéda à celui-ci comme Premier ministre en 1963.

Joe, Kathleen et Jack, Londres, 1939

La famille Kennedy écoute le concert donné par le Black Watch Regiment sur la pelouse sud de la Maison Blanche, 13 novembre 1965

William est un peu fou. Jack a dit quelque chose dans son discours de la Black Watch [79] : nous sommes tous attirés par les causes perdues et il avait très tôt été fasciné par l'histoire de l'Écosse, qui n'était vraiment qu'une longue série de causes perdues, mais l'Écosse triomphait à présent plus que jamais. Et tandis que nous remontions la pelouse vers le balcon d'où nous avions assisté au spectacle, Jack dit : « Je me demande si David Gore a compris ce que je voulais dire. » En fait, il voulait dire qu'Alec Douglas-Home, un Écossais, était à présent Premier ministre.

Alec Douglas-Home était venu, non pas comme Premier ministre, mais comme ministre des Affaires étrangères.

79. Neuf jours avant sa mort, le Président assista avec sa famille à un concert donné sur la pelouse sud de la Maison Blanche par les joueurs de cornemuse de la Scottish Black Watch (Royal Highland Regiment). Les Écossais furent ensuite invités par Jacqueline à jouer pour les funérailles de son mari.

Je pense qu'il l'a trouvé sympathique, enfin, je sais qu'il n'avait rien contre lui. Mais la première fois que j'ai vu Alec, c'était à l'enterrement de Jack, et il m'a paru charmant.

Le Président a-t-il connu Churchill ?

Nous avons rencontré Churchill à Monte-Carlo, nous séjournions chez des gens. Nous avions une maison à Cannes, avec William Douglas-Home et sa femme. Je crois que c'était en 1958. Nous devions dîner avec les Agnelli [80] mais, avant de passer à table, ils nous ont emmenés sur le yacht d'Onassis pour rencontrer Churchill [81]. Le pauvre homme était déjà sénile ; nous sommes tous montés sur le bateau ensemble et il ne savait pas trop lequel était Jack. Il s'est mis à parler à l'un des autres hommes, le prenant pour Jack : « J'ai si bien connu votre père » et ainsi de suite, puis le malentendu a été dissipé. Jack s'est mis à bavarder avec lui, mais c'était difficile. Je pense qu'il ne l'avait jamais rencontré auparavant. Mais bien sûr, il avait lu pratiquement tout ce que Churchill avait écrit. Ce soir-là, j'ai eu pitié de Jack : il venait de rencontrer son héros, mais trop tard. Il avait tant envie de parler enfin avec Churchill, mais il l'a rencontré quand Churchill n'était plus en état de dire quoi que ce soit.

Adenauer est aussi venu, lors de votre premier printemps [82].

---

80. Giovanni Agnelli (1921-2003) dirigeait la firme automobile familiale, Fiat.

81. Aristote Onassis (1906-1975) avait installé sa famille, son entreprise et son yacht le *Christina* à Monaco à la fin des années 1950 et y invitait souvent un Churchill vieillissant et son épouse Clementine. En réalité, les Kennedy rencontrèrent Churchill à bord du yacht d'Onassis lors des étés 1955 et 1959.

82. Konrad Adenauer (1876-1967) fut le premier chancelier de l'Allemagne de l'après-guerre, et prit sa retraite en 1963. L'admiration de John F. Kennedy pour le rôle qu'Adenauer avait joué dans la construction de la démocratie allemande était tempérée par son agacement face aux exigences incessantes du chancelier, selon lequel les États-Unis devaient

Jack disait toujours qu'Adenauer était un vieil homme aigri, qu'il avait fallu le chasser par la force. « Quatre-vingt-neuf ans ? Il aurait quand même pu abandonner avant, mais ils ont dû le mettre dehors, et il hurlait ». Jack a fini par en avoir assez d'Adenauer et de Berlin. Il avait dû prendre une maison privée parce que sa mère avait eu l'appendicite ou quelque chose, et c'était reparti pour les larmes. Et Jack détestait l'ambassadeur allemand. Les deux seuls ambassadeurs qu'il ait détestés, c'était celui-là, Grewe, et l'ambassadeur du Pakistan, Ahmed. Le nouveau s'appelle aussi Ahmed, donc je veux parler du précédent Ahmed [83].

Les Allemands avaient constamment besoin d'être rassurés, cela finissait par devenir pénible.

Mais que pouvait-on faire de plus pour les rassurer ? Il avait fait ce qu'il fallait, en allant à Berlin.

Vous vous rappelez le voyage au Canada [84] ? C'était votre premier voyage officiel.

---

prouver leur volonté de défendre Berlin-Ouest contre la menace communiste.

83. Wilhelm Grewe (1911-2000) était l'ambassadeur allemand à Washington. Le diplomate pakistanais était Aziz Ahmed (1906-1982).

84. John Diefenbaker (1895-1976) était Premier ministre conservateur du Canada quand les Kennedy firent dans ce pays leur première visite officielle, en mai 1961. Durant leurs entretiens, le Premier ministre ne put dissimuler le peu d'estime qu'il avait pour ce jeune président décontracté. L'un des Américains aurait laissé derrière lui un document rédigé par Walt Rostow, assistant de Kennedy, dans lequel le Président avait griffonné que le vieux Diefenbaker était un « fils de p… » et notait qu'il faudrait « pousser » les Canadiens sur différents sujets. (Lors de ce voyage, Kennedy se blessa grièvement le dos en plantant un arbre lors d'une cérémonie). L'année suivante, John F. Kennedy s'attira encore plus l'inimitié de Diefenbaker en invitant à un dîner à la Maison Blanche le leader de l'opposition canadienne, le libéral Lester Pearson, que Kennedy avait connu lorsqu'il était ambassadeur à Washington, auquel il accorda une demi-heure d'entretien privé. Alors qu'il faisait campagne pour être

Je m'en souviens très bien. Vanier, le Gouverneur général, est un vieil homme merveilleux, avec sa moustache blanche, un peu comme C. Aubrey Smith [85]. Et Mme Vanier, une vraie maman, tout le monde leur fait la révérence. J'ai fait le chemin depuis l'aéroport avec elle, environ soixante-quinze kilomètres jusqu'à Ottawa. Elle m'a appris comment faire signe à la foule, en m'appelant toujours « très chère ». Elle était très protectrice. J'étais encore fatiguée, alors j'ai dû me retirer en milieu de soirée, mais Jack était si gentil, si protecteur. J'étais tellement faible. Avant de partir pour l'Europe, j'ai pris toute une semaine à la campagne pour dormir et reprendre des forces. Mais tout le monde disait qu'Ottawa était si froid et n'organisait jamais de belles réceptions, surtout pour les Américains. Pourtant, la foule avait l'air terriblement enthousiaste et tout le monde avait le souffle coupé. On voyait qu'ils étaient sincères. Ici, on dit souvent aux visiteurs, sur le chemin depuis l'aéroport : « Washington est blasé, je ne les ai jamais vus s'enthousiasmer pour un visiteur autant que pour vous. » Parce que les gens d'ici sont désespérants, ils restent plantés là sans bouger. Mais Jack n'aimait pas Diefenbaker.

Diefenbaker était déjà assez imprévisible, un peu dérangé, non ?

---

réélu, Diefenbaker tenta de renverser la préférence évidente des Américains pour le parti de Pearson en menaçant de diffuser le mémorandum insultant de 1961 : l'arrogance américaine indignerait « tous les Canadiens ». John F. Kennedy ordonna à son ambassadeur à Ottawa de tenir tête à Diefenbaker. Il démentit ensuite avoir écrit « fils de p… » où que ce soit et s'étonna devant Ben Bradlee que Diefenbaker n'ait pas fait « ce qu'aurait fait tout gouvernement normal et amical… conserver une photocopie et renvoyer l'original ». (Pour le plus grand plaisir du Président, le parti de Diefenbaker perdit les élections.)

85. Charles Aubrey Smith (1863-1948) était un acteur typiquement britannique, qui ressemblait à Georges Vanier.

Tout à fait. Et Mme Diefenbaker est une femme délicieuse. Mais nous avons déjeuné chez Diefenbaker et il a tenu à nous raconter toutes ses anecdotes sur Churchill, avec l'accent ; il l'appelait « ce vieux Winston ». C'était pénible. Jack n'aimait pas Diefenbaker. Et vous connaissez l'histoire du papier oublié au Canada, le mémorandum de Rostow. Diefenbaker a vraiment essayé de faire chanter Jack. Et Jack a été très intelligent, en répliquant : « Comment avez-vous eu ce papier ? » Il n'a jamais aimé cet homme, alors qu'il a toujours aimé Lester Pearson.

Vous aviez déjà rencontré de Gaulle, lorsqu'il était venu ici[86] *?*

J'étais la seule à l'avoir rencontré. Jack faisait campagne dans l'Oregon, j'ai été présentée à de Gaulle lors d'une réception à l'ambassade de France et je crois lui avoir parlé une dizaine de minutes.

Était-il facile de lui parler ?

Je pense que non. Je lui ai dit combien Jack l'admirait, j'ai inventé une histoire. Mais quand nous sommes allés en France, je l'ai trouvé très abordable[87].

Vous gardez un bon souvenir de votre séjour à Paris ?

Très bon. Je lui posais des questions historiques, je lui demandais tout ce que je voulais savoir : qui avait épousé la fille de Louis XVI, le duc d'Angoulême, avait-elle eu des enfants, ce genre de choses. Puis il se penchait par-dessus la table et

86. En mai 1960, quand de Gaulle fut invité à Washington par Eisenhower.

87. Référence à l'accueil triomphal que la France réserva aux Kennedy lorsqu'ils furent reçus par de Gaulle lors d'une visite officielle en mai 1961, avant le sommet de Vienne avec Khrouchtchev.

À gauche : Jacqueline Kennedy accueillie à l'Élysée
par le président de Gaulle, 1961
À droite : De Gaulle emmène Jacqueline Kennedy dîner à Versailles

disait à Jack : « Mme Kennedy connaît mieux l'histoire de France que la plupart des Françaises. » Jack a répondu : « Mon Dieu, c'est comme si j'étais assis à côté de Mme de Gaulle et qu'elle m'interrogeait au sujet de Henry Clay ! » Il était ravi. Mais on pouvait demander tant de choses à de Gaulle, sans s'en tenir uniquement aux choses évidentes. De Gaulle était très courtois, très galant avec les femmes. Je sais que je l'intéressais et que Jack l'impressionnait. Lors de ce premier déjeuner, Bundy était assis en face de nous. Comme il a l'air très jeune, de Gaulle m'a demandé d'un air impérieux : « Et qui est ce jeune homme ? » en regardant aussi Kenny O'Donnell. Je ne sais pas si Dave Powers était là aussi. J'ai répondu : « Le chef du Conseil de sécurité nationale », je ne sais si de Gaulle savait ce que ça voulait dire. J'ai précisé qu'il avait fait des études très brillantes à Harvard, alors de Gaulle s'est penché et a dit quelque chose au sujet de Harvard, dans un français très lent, comme quand on s'adresse à quelqu'un qui ne parle pas la langue. Bundy lui a répondu dans son français superbe. J'étais si fière. Notre camp avait marqué un point.

Comment était Mme de Gaulle ?

Elle avait l'air d'avoir tant souffert, la pauvre femme, elle paraissait si fatiguée. Ils reçoivent plus de visites officielles que n'importe qui. Donc elle subissait tout ça, très aimable, mais elle se traînait un peu. À Versailles, la table était extraordinaire. Il y avait toute cette vaisselle d'or, l'encrier de Napoléon était devant nous, et la nappe était couverte de broderies d'or. Jack s'est tourné vers Mme de Gaulle et a essayé de lui parler, parce qu'elle restait assise à regarder dans le vide : « Cette nappe est absolument magnifique. » Elle a répondu : « Celle du déjeuner était mieux ». Il a dit : « Oh », et le silence est revenu. Vous savez, dans toutes les visites officielles à l'étranger, ce n'est pas comme ici, où les deux hommes sont assis côte à côte. Je demandais toujours à Jack s'il voulait procéder comme cela à la Maison Blanche.

Vous voulez dire, avec le chef de l'État assis à côté du chef d'État qui lui rend visite ?

Oui. Par exemple, cela donnerait, de droite à gauche, Mme de Gaulle, Jack, de Gaulle, et moi. Dans tous les dîners ici, c'était comme ça. Mais Jack ne voulait pas de ce système. Il disait qu'il y avait déjà droit toute la journée dans ses réunions.

Il s'entendait bien avec de Gaulle, n'est-ce pas ? Rien ne laissait prévoir le tour que de Gaulle allait lui jouer par la suite[88].

88. De Gaulle chercha à éloigner la France de l'OTAN et des États-Unis, pour prouver la singularité et la grandeur du pays.

La Première Dame et André Malraux, 11 mai 1962

Dès avant le voyage, comme il avait lu tout ce qu'avait dit Roosevelt, Jack savait que de Gaulle était très attaché à l'Occident. Ce n'était pas encore un problème, mais Jack savait que cela viendrait. Il a interrogé de Gaulle sur ses relations avec Churchill et Roosevelt, et de Gaulle a répondu : « J'étais toujours en désaccord avec Churchill, mais nous trouvions toujours un accord. Je n'étais jamais en désaccord avec Roosevelt, mais nous n'avons jamais pu trouver d'accord. » Il l'a dit beaucoup mieux, j'aurais dû le mettre noir sur blanc.

Connaissiez-vous Malraux[89] *avant ce voyage ?*

89. André Malraux (1901-1976) était ministre de la Culture sous de Gaulle. Son roman *L'Espoir* (1938) s'inspirait de son expérience de combattant auprès des forces antifascistes lors de la guerre civile espagnole. « Pour l'essentiel, l'homme est ce qu'il cache », avait écrit Malraux. Jacqueline avait lu ses livres de près et elle était attirée par son histoire,

Non. Nicole Alphand m'avait demandé ce que j'avais envie de faire en France, et on voyait qu'ils étaient prêts à se mettre en quatre. J'ai répondu : « Je vous en prie, Nicole, je ne veux rien du tout. Votre programme est parfait. La seule chose que j'aimerais, pourtant, serait de rencontrer André Malraux. Pourrais-je être assise à côté de lui lors d'un dîner ? » C'est là qu'on voit à quel point les Français sont impitoyables en matière de protocole : quatre jours avant notre arrivée, les deux fils de Malraux ont été tués dans un accident de voiture. À la première réception, le premier soir, à l'Élysée, les portes se sont ouvertes tout à coup, et ces deux corbeaux sont entrés, le visage blanc et bouffi par les larmes, Malraux avait tous ses tics à la fois. Ça a jeté un froid. Mais évidemment, c'était la seule chose que j'avais demandée. Donc, le lendemain, Malraux m'a emmenée au Jeu de Paume, puis à la Malmaison, il allait beaucoup mieux [90]. Et je pense que ça lui a fait

---

ses sympathies humanistes, sa maîtrise de l'histoire culturelle, et sa conviction que l'art et l'architecture pouvaient élever la société (« la culture est la somme de toutes les formes d'art, d'amour et de pensée, acquises au cours des siècles, qui ont permis à l'homme d'être moins asservi »). Elle demanda à rencontrer Malraux durant leur visite officielle à Paris, pour l'écouter parler des peintures qu'elle admirait le plus.

90. Jacqueline avait écrit un message pour signaler que, dans son deuil, Malraux n'avait pas à se soucier d'elle, mais il tint à honorer sa promesse, ce dont elle fut profondément touchée. Au musée du Jeu de Paume, ancêtre du musée d'Orsay, Malraux se planta devant les toiles de Manet, de Renoir et de Cézanne pour les commenter. Il fit aussi placer *La Naissance de Vénus* de Bouguereau près de l'*Olympia* de Manet, pour que Jacqueline puisse voir les deux nus côte à côte. Lors de leur visite du château de la Malmaison, restauré par l'impératrice Joséphine, siège du gouvernement français de 1800 à 1802, il lui tint un discours sur les problèmes de couple de Napoléon. « Quelle destinée ! » s'exclama Jacqueline. Après la visite du château et de sa célèbre roseraie, elle se sentit confortée dans sa volonté d'embellir la Maison Blanche et ses jardins, grâce à sa connaissance de la littérature, de l'histoire et de l'art français. Sa communion intellectuelle immédiate avec Malraux déboucha sur une correspondance passant par la valise diplomatique. En avril 1962, elle eut le plaisir de lui faire visiter la National Gallery de Washington et, avec le Président, de le convier à un dîner en l'honneur des lauréats du prix

du bien, c'est toujours bon d'avoir ce genre d'obligations après un événement tragique. C'est là qu'est née notre amitié, rien qu'en l'écoutant.

A-t-il sympathisé avec le Président ?

Pas vraiment. Ils n'ont pas pu passer beaucoup de temps ensemble, mais quand Malraux est venu ici, le courant est passé, et ils sont venus déjeuner à la campagne[91]. Puis Malraux est revenu pour la *Joconde*, nous avons passé une soirée avec uniquement les Alphand. Mais vous savez, c'est amusant, à Versailles, alors que nous passions du dîner au spectacle, j'étais avec de Gaulle, tandis que Jack suivait avec Mme de Gaulle et Malraux. Il y a toutes ces statues dans un long couloir, Jack a demandé à Malraux : « Qui est-ce personnage ? » Et Malraux a dit à l'interprète : « Dites au Président qu'il a choisi la seule statue qui n'est pas une copie. » Comme je l'ai déjà dit, Jack avait l'œil, et cela a vraiment impressionné Malraux.

Nobel de l'hémisphère Ouest ; portant un toast, John F. Kennedy déclara qu'il s'agissait du rassemblement de talents le plus extraordinaire que la Maison Blanche ait connu depuis que Jefferson y avait dîné seul. Lors de la visite du musée, Jacqueline suggéra que le Louvre pourrait exceptionnellement prêter la *Joconde* à Washington. Avec l'accord de de Gaulle, qui était prêt à faire un geste amical en direction de Kennedy si cela ne supposait aucune diminution du pouvoir politique de la France, Malraux défia la bureaucratie parisienne et organisa un « prêt personnel » de la *Joconde* (qu'il considérait comme « l'hommage le plus subtil, sans doute, que le génie ait rendu à un visage qui fut vivant ») au Président et à Jacqueline. En janvier 1963, les Kennedy accueillirent Malraux et son épouse à la National Gallery pour le vernissage. Un million et demi de visiteurs virent l'œuvre de Léonard de Vinci à Washington et au Metropolitan Museum de New York. En novembre, apprenant l'assassinat du Président, Malraux adressa un télégramme à la Première Dame : « Nous pensons à vous et nous sommes si tristes. » (Manchester, *Mort d'un président*, p. 494.) En 1968, lorsqu'il publia ses *Antimémoires*, Malraux dédia son autobiographie à Jacqueline.

91. À Glen Ora, où les Kennedy accueillirent Malraux et son épouse pour un brunch du dimanche, arrosé de champagne.

Le Président avait-il lu Malraux ?

Je pense qu'il avait lu *L'Espoir*.

L'homme était intéressant, mais le compreniez-vous facilement ?

Il parle très vite, mais j'arrive à le comprendre. Ou bien il répète. C'est comme une course d'obstacles à 150 km/h. Avec lui, votre esprit avance, recule, à toute vitesse. C'est l'homme le plus fascinant auquel j'aie parlé. Ce qui est trompeur, c'est qu'il admire les choses les plus simples. Lors de ce dîner à la Maison Blanche, il a surtout été impressionné par les drapeaux, la garde d'honneur. Et Irvin Shaw m'a dit que son plus beau moment dans la vie remontait à l'époque où il avait été à la tête d'une brigade, dans la Résistance[92]. Et il vénère de Gaulle comme un cocker adore son maître. C'est un intellectuel extraordinaire, mais il y a des choses qui lui échappent. Il est très vieille France, la gloire, le drapeau…

Comment était-il avec de Gaulle ? Vous les avez vus ensemble ?

Non, pas beaucoup, mais vous savez, il avait été le bras droit de de Gaulle pendant toutes ces années. De Gaulle lui parlait de haut, surtout quand je voulais lui parler, il vous entraînait toujours ailleurs. En public, il traite Malraux comme un serviteur, comme Nehru traite l'homme qui dort devant sa porte.

Jim Gavin était notre ambassadeur, et j'ai toujours trouvé sa nomination étonnante. Je sais que le Président voulait rendre service à Jim, qui est quelqu'un de très bien. Le Président vous a-t-il jamais dit pourquoi il l'avait choisi ?

---

92. Irwin Shaw (1913-1984), romancier américain dont le premier livre s'intitulait *Le Bal des maudits*.

Je pense qu'il lui avait proposé autre chose, et que Jim a refusé. Il pensait que les Français apprécieraient Gavin à cause de son rôle dans la guerre, mais je sais qu'il a été déçu en recevant les télégrammes de Gavin. Jack citait toujours Winston Churchill : « Ne faites jamais confiance à l'homme qui est sur le terrain. » Je me rappelle Malraux disant : « Oh, oui, Gavin, il est gaulliste. » Et Jack s'est montré très généreux, comme avec Allen Dulles et les Wrightsman. Quand la *Joconde* nous a été prêtée, Gavin n'était plus ambassadeur. Il avait dû démissionner pour raisons financières. Les Alphand[93] sont venus dîner un soir, nous parlions du dîner de la *Joconde* : qui fallait-il inviter à l'ambassade de France ? Elle pouvait accueillir cent deux personnes et elle en avait déjà quatre-vingt-dix neuf. Jack a mis Dick Goodwin[94] sur la liste parce qu'il voulait lui montrer qu'il pensait à lui. Mais il a ajouté : « Les Gavin ne sont pas sur votre liste. » Nicole a répondu : « Non, non, pourquoi inviterions-nous les Gavin ? » Jack a dit : « Eh bien, je pense que vous feriez mieux de les inviter. » Quand nous sommes rentrés, Jack a dit : « C'est incroyable, Gavin a été le plus pro-de Gaulle de tous nos ambassadeurs. Et c'était probablement l'un de ceux qu'ils ont le plus appréciés. Mais il n'est plus en fonctions, alors ils n'allaient même pas l'inviter à dîner. » Il était écœuré.

---

93. Hervé Alphand (1907-1994) était ambassadeur de France à Washington, très soutenu par son épouse Nicole (1917-1979).

94. Richard Goodwin (1931-), juriste, après avoir été le collaborateur du juge Felix Frankfurter, travailla pour John F. Kennedy à partir de 1959 comme rédacteur de discours de campagne, conseiller juridique et diplomate. En novembre 1963, il devait remplacer August Heckscher (1913-1997) comme conseiller principal du Président pour les Arts. À Paris, Jacqueline avait consulté Malraux sur la possibilité de créer un équivalent américain du ministère de la Culture, en lui demandant « ce qu'il était réaliste » d'attendre.

C'est un univers impitoyable. Que pensait le Président d'Hervé ?

Ce vieil Hervé ? Il l'amusait parfois. Hervé l'amusait et l'irritait. Vous savez, Hervé a cette phobie du protocole. Mais de Gaulle ne parlait jamais à Hervé. C'était très dur pour Hervé. Chaque fois que nous voyions David Gore ou quand Caroline allait jouer avec Alice Ormsby-Gore, Hervé se plaignait dans tout Washington. Mais Hervé était parfois très drôle.

C'était un très bon imitateur.

Vous vous rappelez, lors de la réception en l'honneur de Kenneth Galbraith, le toast qu'il a porté aux Gémeaux ? Il était Gémeaux, et Jack était Gémeaux (c'était juste après son anniversaire). Et il a porté un toast en disant que tous les hommes Gémeaux étaient virils, intelligents et doux, c'était hilarant, il a dit qu'il voulait féliciter son gouvernement de l'avoir choisi, en tant que Gémeaux, comme ambassadeur d'un président Gémeaux, et il a terminé en criant : « Vive La Fayette ! » Une vraie parodie. Je le charriais toujours à propos de La Fayette. C'était quelqu'un de très bien.

Sixième conversation

MARDI 2 JUIN 1964

Nous en étions restés à l'entrevue de Vienne, lorsque Khrouchtchev avait conclu de façon très dure les discussions sur Berlin[1]*. Le Président lui avait dit : « Il semble que l'hiver sera long et froid. » Toute cette affaire impliquait évidemment des relations constantes avec les Allemands. Que pensait le Président de son rapport avec l'Allemagne fédérale ?*

Comme je l'ai dit, il s'efforçait de ne pas rapporter à la maison les problèmes qui l'avaient irrité dans la journée. Dans son intérêt plus que dans le mien, d'ailleurs. Pourtant, c'était un problème qui l'exaspérait : « Que faut-il faire pour montrer aux Allemands qu'on s'intéresse à eux ? », que nous étions prêts à défendre Berlin. Il suffisait d'un incident dérisoire, un colonel qui perdait sa casquette sur une Autobahn, et Adenauer montait sur ses grands chevaux, il y voyait un signe de notre départ imminent, et son ambassadeur, Grewe, venait tout de suite nous voir. Les Allemands énervaient vraiment Jack. Après la crise des missiles, de Gaulle l'a beaucoup énervé : selon le président français, puisque nous nous étions

1. Depuis 1958, Khrouchtchev utilisait les ultimatums et d'autres tactiques pour pousser les États-Unis et d'autres puissances occidentales à quitter Berlin-Ouest.

précipités à l'aide de Cuba, nous ne nous intéressions qu'à ce qui passait près de chez nous et pas en Europe. Quant aux Allemands, c'est seulement après sa visite à Berlin en juin 1963 qu'il a fini par les convaincre. Il en était ravi, mais il y a eu toutes ces fuites dans la presse. Les Allemands faisaient toujours ça, ils révélaient des choses aux journalistes, en Allemagne comme à Washington. Jack admirait Adenauer, mais il avait dit : « Regardez-le, à quatre-vingt neuf ans, il s'accroche comme un fou. » Puis Adenauer est parti [2], et Jack a dit : « Vous vous rendez compte, en plus il essaye désespérément de revenir ! » Adenauer l'avait vraiment exaspéré. Et je me rappelle la crise de Berlin, qui était venue s'ajouter à tout le reste.

Les crises se sont véritablement enchaînées, depuis l'été 1962 jusqu'à l'affaire de Cuba.

Alors était-ce un an après Vienne qu'il a finalement prononcé son discours [3] ?

Non, je voulais dire à partir de l'été 1961. Tout a commencé à Vienne et cela a duré jusqu'à la crise de Cuba, en novembre 1962. Il a prononcé son discours sur Berlin en juin 1961, à son retour de Vienne, pour appeler à une hausse du budget militaire.

C'est là qu'il a dit : « Nous n'aimons pas nous battre, mais nous nous sommes déjà battus. On disait que Stalingrad était intenable et les hommes libres se sont toujours battus [4]. »

---

2. Adenauer démissionna du poste de chancelier en octobre 1963.

3. Le discours télévisé de John F. Kennedy depuis le Bureau ovale, sur la crise de Berlin, le 25 juillet 1961, au cours duquel il annonça une hausse du budget de la Défense et le rappel des réservistes américains.

4. Les mots exacts du Président furent : « J'entends dire que Berlin-Ouest est militairement intenable. Bastogne l'était aussi. Stalingrad aussi, en fait. Tout endroit dangereux est tenable si des hommes, des hommes courageux veulent qu'il le soit. »

Quand Jack était aux commandes, je pensais toujours que les meilleures choses pouvaient arriver. Comme une enfant, je pensais : « Je n'aurai pas besoin d'avoir peur quand j'irai me coucher ce soir ou quand je me réveillerai. » Mais après l'entrevue avec Khrouchtchev, il était vraiment démoralisé, il ne voulait pas en parler mais ça se voyait, à son calme déprimé. Je me rappelle avoir eu peur deux ou trois fois, comme un frisson : « Alors même Jack ne peut pas arranger ça ? » Il y a eu cette escalade, et alors qu'il passait à la télévision pour parler de Berlin, toute cette tension, toute cette agitation à la Maison Blanche. Il a passé quelques jours à arpenter la pièce, à griffonner sur les pages. Il m'en lisait parfois une ligne. Mais je me souviens qu'un jour, depuis la fenêtre de mon dressing je regardais la roseraie, j'ai vu tous les câbles de la télévision et j'ai pensé : « Irai-je voir dans son bureau ? Non, ça pourrait le rendre plus nerveux. Les gens se mettraient à prendre des photos, il vaut mieux que je regarde d'ici. » Et ce fut l'un des discours les plus sinistres que je l'aie vu prononcer. C'était incroyable, il annonçait que nous serions peut-être obligés d'entrer en guerre.

Ce fut probablement son discours le plus sinistre, excepté celui sur les missiles de Cuba, bien sûr.

Ce fut le premier, et c'est pour cela qu'il m'a presque effrayée davantage. Berlin était le premier de ce genre, mais tout s'est bien terminé.

Oui, Berlin fut le grand événement de l'été et de l'automne 1961, et suite à votre réaction, Khrouchtchev a repoussé la date limite jusqu'en novembre.

Je me rappelle avoir pensé plusieurs fois que Jack avait par nature ce caractère conciliant. C'est intéressant en politique, parce que cela signifie qu'il n'essayait jamais de flatter les gens, de s'attirer leurs bonnes grâces. « En politique on n'a ni amis ni alliés, on a des collègues », disait-il. Et quand un journaliste ou un homme politique venait dîner, je lui disais : « Mais tu as été si gentil avec lui, tu lui as parlé si aimablement, alors que je lui en voulais horriblement pour ce qu'il a écrit ou dit il y a deux semaines que je ne lui adressais plus la parole. Maintenant je suis censée être gentille avec lui ? » Et Jack répondait : « Bien sûr, tu sais, c'est du passé, depuis il a fait ceci ou cela. » Ses relations évoluaient constamment, il était toujours prêt à pardonner, il aidait les gens à revenir vers lui et à repartir sur de nouvelles bases. Et cela valait aussi pour son couple, sa gentillesse lui permettait d'avancer d'une phase à une autre. Et je pensais : « Quelle chance qu'il ait ce caractère et qu'il ne ressemble pas au vieux Dulles qui obligerait tout le monde à ramper à ses pieds [5] ! » Et je me rappelle avoir pensé au discours d'investiture : « Ne négocions jamais par crainte [6] », parce que je trouvais vraiment humiliant pour Khrouchtchev d'avoir dû reculer. Pourtant, Jack l'a laissé s'en tirer avec grâce, sans lui mettre le nez dedans [7]. C'est la qualité pour laquelle nous devrions être le plus reconnaissant. C'est ainsi que nous avons surmonté toutes ces crises.

---

5. Allusion au caractère souvent intraitable du secrétaire d'État d'Eisenhower, John Foster Dulles (1888-1959).

6. « Ne négocions jamais par crainte, mais ne craignons jamais de négocier », conseil ajouté au discours par Galbraith.

7. Notamment après la crise des missiles, quand Kennedy ordonna à ses assistants de ne pas se vanter de l'apparente victoire américaine, car si Khrouchtchev se sentait mal à l'aise, il se croirait peut-être obligé de lancer un autre pari qui pourrait entraîner le monde au bord de la destruction. Le Président savait aussi que son accord privé avec Khrouchtchev était moins précis que ne le croyait l'opinion publique, pour qui il avait réussi à obtenir la reddition inconditionnelle du dirigeant soviétique. Khrouchtchev avait tacitement accepté de retirer les missiles si Kennedy exigeait que les missiles (périmés) de l'OTAN fussent retirés de Turquie et (à condition que Castro autorisât des inspections de ses installations militaires, ce qu'il ne fit jamais) s'engageait à ne jamais autoriser une invasion de Cuba par les États-Unis.

C'était une faculté merveilleuse, cet art de laisser à l'adversaire un moyen de préserver sa dignité alors qu'il battait en retraite.

Quand vous voulez être populaire dans la presse, vous criez des choses du genre : « Personne ne le laissera parler ainsi à l'Amérique ! » et c'est aussitôt la bagarre. Cette qualité qu'avait Jack rendait la vie conjugale si facile. On ne se disputait jamais, mais quand un tout petit nuage apparaissait, quelque chose qui l'aurait blessé, il restait très calme. Puis tout à coup, je courais vers lui pour lui demander pardon et le serrer dans mes bras, il éclatait de rire et c'était fini. Il n'était pas rancunier, c'était sa personnalité. Bobby apprend peu à peu à être comme ça ; c'est un aspect qui lui manquait et qu'il est en train d'acquérir. Depuis novembre, il m'a tellement parlé de Jack, de ce côté qu'il admirait tant. C'était bien plus facile pour Jack d'être ainsi quand Bobby faisait beaucoup de choses pour lui. Mais c'était aussi vraiment un élément de sa personnalité. Bobby sera pareil.

Alors que l'affaire de Berlin s'apaisait, en novembre, Nehru est venu en visite officielle[8].

Oui, et ce fut une visite épuisante nerveusement. Beaucoup de consultations avec Galbraith, qui répétait que Nehru voulait quelque chose de très simple, en privé. L'hiver précédent, Jack m'avait montré un mémorandum du Département d'État sur le prince Sihanouk, du Cambodge : « Cet homme dira qu'il ne veut aucun traitement spécial, mais il sera

8. Jawaharlal Nehru (1889-1964), Premier ministre indien et lieutenant de Gandhi qui avait été emprisonné durant la lutte de son pays pour l'indépendance, vint aux États-Unis en novembre 1961. Kennedy s'aperçut que son charme n'opérait pas du tout sur Nehru. Il déclara par la suite que c'était « la pire visite de chef d'État » qu'il eût jamais connue (Arthur M. Schlesinger, *Les Mille Jours de Kennedy*, trad. R. Mehl, Paris, Denoël, 1966, p. 475 ; Nehru n'était en fait que chef du gouvernement).

furieux si on ne déroule pas le tapis rouge et si on ne fait pas venir la foule pour l'acclamer. » Donc Jack se demandait si Galbraith avait raison, parce qu'il pensait que Nehru voudrait plus de cérémonie. Mais non, Galbraith estimait qu'il voulait simplement être reçu dans notre maison. Hyannis semblait un peu trop déprimant, alors nous sommes allés à Newport et nous l'avons accueilli dans la base aérienne la plus proche [9]. Il était venu avec sa fille, Galbraith et l'ambassadeur indien, B.K. Nehru. Jack avait eu une expérience très déplaisante avec Nehru lorsqu'il était en Inde. On l'avait prévenu : « Chaque fois que Nehru commence à s'ennuyer, il joint le bout des doigts et il regarde le plafond. » Et Jack était depuis dix minutes avec lui quand Nehru s'était mis à regarder le plafond.

Quand s'étaient-ils rencontrés ?

Jack avait fait un voyage en Extrême-Orient avec Bobby et Pat [10], avant notre mariage, donc en 1950 ou 1951 [11]. C'est alors qu'il a rencontré le général de Lattre, qui l'a tant impressionné [12]. Il a failli mourir à Okinawa. Si Bobby n'était pas arrivé, il y serait mort. Il avait de la fièvre, 40 °C. Et c'est lors de ce voyage qu'il a rencontré Nehru, je crois. Enfin, ils sont arrivés et il avait été décidé que les hommes déjeuneraient dans la salle à manger. Angie Duke était là aussi [13]. Pendant ce temps-là, je devais déjeuner au salon avec

---

9. De la station navale de Newport, les Kennedy emmenèrent Nehru à la propriété des Auchincloss, Hammersmith Farm.

10. Sa sœur Patricia.

11. 1951, en fait.

12. Durant sa visite en Asie du Sud-Est, Kennedy irrita le commandant des forces françaises en Indochine, Jean de Lattre de Tassigny, en demandant pourquoi les Vietnamiens auraient voulu donner leur vie simplement pour que leur pays restât une possession française.

13. Angier Biddle Duke (1915-1995), diplomate et héritier d'une fortune faite dans le tabac, fut chef du protocole sous John F. Kennedy.

Mme Gandhi [14], et aussi Lem Billings [15]. Évidemment, elle n'a pas apprécié, elle aimait être avec les hommes. Et elle n'est vraiment pas amusante, c'est une femme horrible, autoritaire, aigrie. Je ne l'aime pas du tout. Elle a toujours l'air de sucer un citron. Jack a ramené Nehru à bord du *Honey Fitz* et nous l'attendions à la porte, Caroline et moi, elle avait cueilli une fleur pour lui et lui a fait la révérence. C'est la première fois qu'il a esquissé un sourire. Ensuite nous avons bu un verre avant le déjeuner, Nehru n'a pas dit un mot. C'était assez pénible. Même quand on lui posait une question, il ne disait rien ; c'est typique des Indiens, pour eux ce genre de rencontre n'est pas un moment pour parler. Je ne sais pas s'ils méditent, mais je pense aussi que c'est simplement une question de mauvaise éducation, parce qu'ils devraient faire un effort quand les autres se donnent du mal. En tout cas, ils ont déjeuné, et je ne sais pas de quoi ils ont parlé. Ensuite nous sommes tous montés dans l'hélicoptère pour regagner Washington, Nehru à la meilleure place, Caroline sur les genoux de Jack à côté de lui. Ce soir-là, je pense que nous avons donné notre premier dîner de l'automne à la Maison Blanche, nous avons allumé un feu dans le salon Ovale [16], puis nous sommes descendus les accueillir à la porte. Et bien sûr, quelqu'un avait oublié d'ouvrir la ventilation de la cheminée, donc quand nous sommes revenus dans la pièce, la fumée était si épaisse que tout le monde en avait les larmes aux yeux. Ce n'était pas un très bon début. Et rappelez-vous, c'était censé être un petit dîner, mais il n'était ni assez petit

14. Indira Gandhi (1917-1984) succéda ensuite à son père comme Premier ministre indien.

15. Lemoyne Billings (1916-1981), publicitaire new-yorkais, était l'ami de Kennedy depuis leurs études à la Choate School. Selon Jacqueline, Billings était leur invité « tous les week-ends depuis que je suis mariée » (J.B. West, *Upstairs at the White House*, Coward, McCann, 1973, p. 235).

16. La Yellow Oval Room, dans l'aile familiale, que Jacqueline était en train de transformer en un élégant petit salon.

ni assez grand, puisque nous étions dans la salle à manger d'apparat ; on se serait cru dans une église où il n'y a pas assez de fidèles. Et Jack m'a raconté plus tard que, pendant tout le repas, Mme Gandhi n'a pas arrêté de le harceler au sujet de notre politique dans tel pays, à propos de ceci et de cela, tout en disant un tas de choses charmantes sur Krishna Menon [17]. Jack ne l'aimait vraiment pas non plus. Ma sœur était là et j'aurais tellement voulu qu'elle s'assoie à côté de Nehru, qui devait être à côté de Lady Bird. J'ai dit : « Qu'est-ce que je peux faire ? » Jack a répondu : « Préviens Lady Bird et demande-lui si elle est d'accord. » Je lui ai posé la question, elle a été charmante, elle a compris. Ce qui montre combien Jack pensait toujours à son vice-président. Nehru aime assez les jolies femmes, en tout bien tout honneur. Il bavardait avec Lee et moi, nous avions réussi à le faire parler, à plaisanter de temps en temps. À ce moment-là, il s'est montré assez sympathique. Et je pense qu'il nous a proposé d'aller en Inde. C'est là que l'idée est née. Et il me prenait toujours par le bras, on le voit sur une photo. À Newport, puis dans l'hélicoptère et l'avion, nous étions plus ou moins devenus amis. Et vous savez, il prend tout le monde par le bras. Il était gentil avec moi, ils m'apportaient des cadeaux très touchants pour les enfants, de petites boîtes, de petits costumes, rien d'extravagant. Le voyage comptait évidemment beaucoup pour eux, ils nous en voulaient pour une raison ou pour une autre. Nous avons essayé de bien les recevoir. Le lendemain, il y avait un grand dîner à l'ambassade de l'Inde et je me suis à nouveau retrouvée à côté de Nehru. Je l'ai trouvé aimable et détendu, j'ai toujours senti que je lui plaisais. Mais dans les discussions, je pense qu'il était beaucoup plus difficile.

---

17. Vengalil Krishnan Krishna Menon (1896-1974), ministre de la Défense sous Nehru, était un adversaire farouche de la politique étrangère américaine.

Les Kennedy et le Premier ministre Jawaharlal Nehru
à l'ambassade indienne, 9 novembre 1961

Le Président a-t-il fait des commentaires après cette visite ? Avait-il été déçu par Nehru ?

Je crois. Les entretiens n'ont débouché sur rien, Nehru a beaucoup regardé le plafond en joignant les doigts. Et Jack a dit – à moins que ce ne soit à propos de quelqu'un d'autre – « Parler avec lui, c'est comme essayer d'attraper quelque chose qui se révèle n'être que du brouillard. » C'était exactement ça. Et je pense que Nehru était jaloux de Jack.

Je pense que c'est aussi une question de génération. Nehru devait être absolument ravi qu'un homme comme Jack Kennedy soit président des États-Unis, mais d'un autre côté, il ne devait pas être très à l'aise avec un homme jeune et brillant qui avait la moitié de son âge.

Quant à Mme Gandhi, sa fille, c'est l'une de ces femmes que l'échec de leur mariage et de leur vie privée rend vraiment aigries, comme si elles étaient rongées de l'intérieur par un ulcère. C'est le genre de femme qui a toujours détesté Jack. Il y a je ne sais combien de femmes violemment libérales en politique qui se sont toujours méfiées de Jack. Et elles ont toujours adoré Adlai. J'ai ma petite explication psychologique : il était tellement évident que Jack exigeait une relation où l'homme serait le guide et où la femme suivrait. Avec Adlai, on pouvait avoir une tout autre relation : il était charmant et vous pouviez lui parler, mais ça ne menait jamais à rien de concret. J'ai toujours cru que les femmes qui avaient peur du sexe adoraient Adlai, parce qu'avec lui il n'y avait aucun défi. Avec Jack non plus, mais c'était un genre d'homme très différent. Donc toutes ces pauvres petites femmes tordues, déçues de la vie, trouvaient une consolation auprès d'Adlai. Alors que Jack les rendait nerveuses. Il me disait : « Mais pourquoi Unetelle ne... » et je répondais : « Jack, c'est le plus grand compliment qu'elle puisse te faire. » Et c'est vrai, même s'il ne s'en rendait pas compte. C'est d'ailleurs ce qu'il disait à propos de votre épouse.

Vraiment ?

Quand vous vous êtes déclaré en sa faveur, et qu'un jour ou deux après, Marian s'est déclarée en faveur d'Adlai Stevenson, ça l'a bouleversé, il ne pouvait pas comprendre. Il était allé déjeuner la veille, ou une semaine auparavant, et tout s'était très bien passé. Il appréciait beaucoup Marian [18]. J'ai dit : « C'est parce qu'Arthur est si méchant avec elle [*Schlesinger rit*] et qu'Adlai est si gentil. C'est son problème à elle, ça n'a rien à voir avec toi. Il ne faut pas en vouloir à Marian. » Ensuite, quand nous nous sommes tous retrouvés à la Maison

18. Marian Cannon Schlesinger (1912-), artiste peintre, fille d'un professeur de physiologie à Harvard, soutint Stevenson en 1960.

Blanche ensemble, il a bien vu qu'elle n'avait réellement rien contre lui.

Marian l'a toujours regretté. Je me rappelle une lettre assez amusante que Bobby avait écrite. Il avait ajouté ce post-scriptum : « Je vois que vous ne maîtrisez pas votre épouse mieux que je ne maîtrise la mienne[19]*. » En fait, c'était un geste de fidélité de la part de Marian. Elle pensait que je n'aurais pas dû*[20]*.*

Mais dans mon couple, je n'aurais jamais imaginé cela. Je me rappelle l'avoir dit dans une interview, après quoi j'ai reçu quantité de lettres de femmes en colère. On m'avait demandé : « Où trouvez-vous vos opinions ? » et j'avais répondu : « Je trouve toutes mes opinions chez mon mari. » Ce qui est vrai. Comment aurais-je pu avoir des opinions politiques ? Les siennes étaient forcément meilleures. Et je n'aurais jamais imaginé ne pas voter pour le candidat que soutenait mon mari, quel que soit l'homme auquel j'aurais été mariée. Nous formions donc un couple étrange, un peu comme au XIXe siècle ou comme en Asie. J'étais comme les épouses japonaises, les meilleures qui soient.

Mme Gandhi était une femme pleine de rancœur, elle exhalait la méchanceté. Nehru était-il différent lorsqu'il était sur son propre terrain[21] *?*

---

19. « Vous ne pouvez pas avoir un peu d'autorité sur votre femme ? ou bien êtes-vous comme moi ? » (Schlesinger, *Les Mille Jours de Kennedy*, p. 37.)

20. Quand Schlesinger annonça qu'il soutenait John F. Kennedy avant la convention de 1960, quelques vieux amis et partisans de Stevenson le dénoncèrent comme un traître.

21. Allusion à la visite officielle de Jacqueline Kennedy en Inde, en mars 1962, qu'elle équilibra diplomatiquement par un séjour dans le pays rival, le Pakistan.

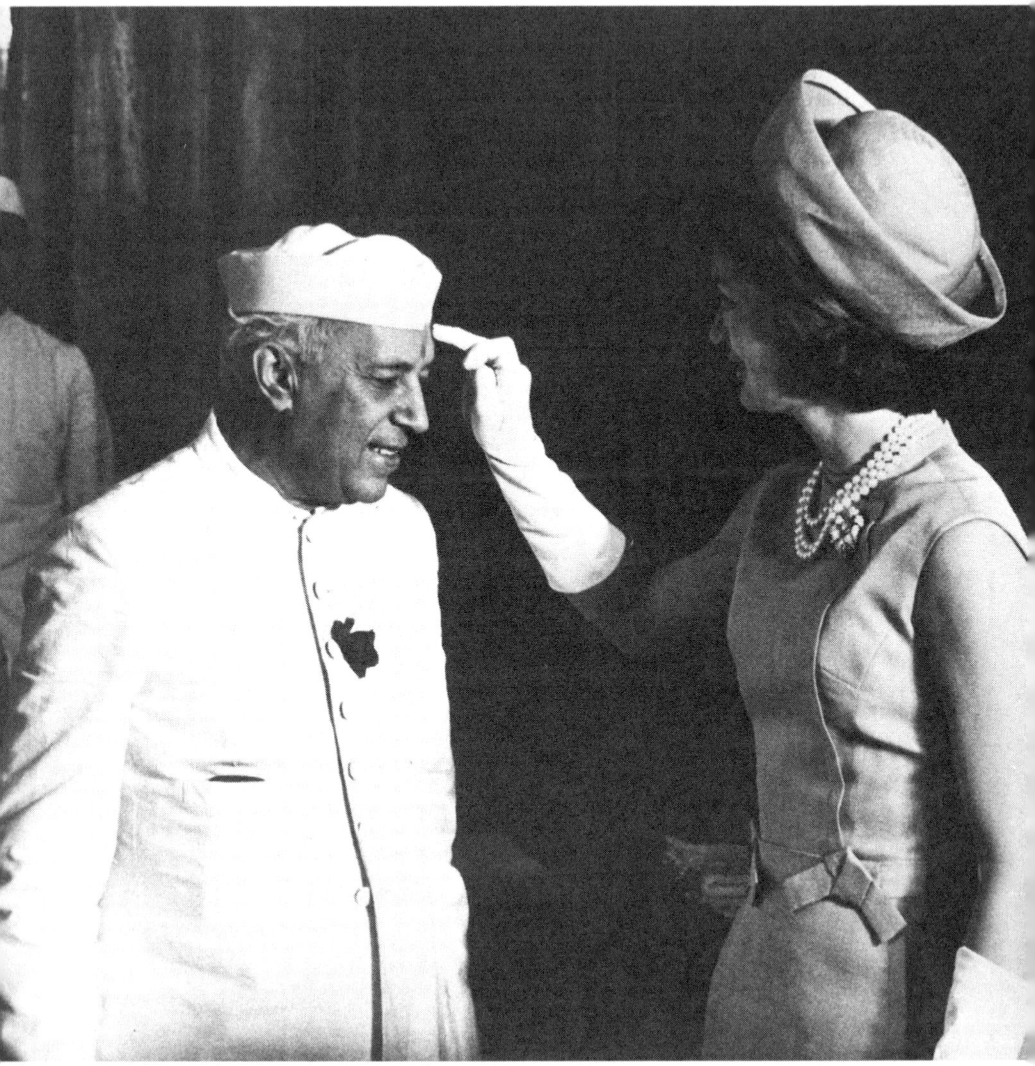

Le Premier ministre Nehru et Jacqueline Kennedy en Inde

Là encore, il s'est montré extrêmement aimable avec Lee et moi, il venait tous les après-midi et nous emmenait en promenade dans les jardins, nous allions nourrir les pandas. L'une de ses sœurs, Mme Hutheesing[22], qui est plutôt de droite et qui habite Bombay, est très amusante. Elle était venue bavarder avec nous et elle a dit : « C'est si bon pour mon frère d'avoir ici deux jeunes femmes. Ça le détend. » Elle dit que sa fille ne lui parle que de politique, au déjeuner, à l'heure du thé, au dîner. Il n'a jamais un instant de répit. Alors pendant cette visite, nous n'avons rien dit de profond, nous n'avons même pas annoncé que nous partions ensuite pour le Pakistan, mais ce fut un moment de détente pour lui, le genre de chose que j'essayais d'offrir à Jack chaque soir à la maison. Quelqu'un qui n'avait aucun lien avec ses soucis de la journée. Il a adoré ce séjour, il me raccompagnait tous les soirs jusqu'à ma chambre – nous avons passé deux nuits là-bas, je crois – et il restait environ une heure pour parler avec moi.

Il n'avait pas alors cette attitude passive, indifférente qu'on lui connaît ?

Il n'était jamais très animé, mais il était doux, il parlait. Et il a ces magnifiques yeux bruns. J'avais lu son autobiographie et je l'interrogeais sur son passé, et il me répondait.

De quoi parlait-il exactement ?

Du temps qu'il avait passé en prison, de sa vie en général. Il parlait des gens, il faisait de petites plaisanteries. J'ai noté quelque part tout ce dont nous avions parlé, je pourrai peut-

---

22. Krishna Nehru Hutheesing (1907-1967), écrivain, était la plus jeune sœur du Premier ministre.

être le retrouver. C'est bien la seule chose que j'aie jamais notée.

Très bien. Nous retrouverons le document, et la bibliothèque en aura un exemplaire[23]*. L'autre grand événement de l'automne 1961, c'est la reprise des essais nucléaires par l'Union soviétique, qui nous a posé un grave problème : devions-nous ou non reprendre les essais nucléaires*[24] *? C'est un sujet auquel le Président s'intéressait depuis longtemps, n'est-ce pas ?*

Je me rappelle son inquiétude quand nous les avons repris, c'était une terrible épreuve pour lui. Jusqu'à quand fallait-il différer, comment réagiraient les autres… Rien ne le préoccupait davantage que ces essais. Mais cela ne datait pas d'hier. Je me rappelle, quand David Gore est venu à Hyannis, l'automne de notre mariage, en octobre ou novembre 1953, il travaillait à l'ONU pour le désarmement. Il en a parlé avec Jack et c'est la première fois que j'en ai entendu parler, cela paraissait incroyable, il n'en était jamais question dans les journaux. Qu'on puisse désarmer ou aboutir à un accord, sans rien vendre… On pensait toujours aux émules de Bertrand Russell[25], aux slogans « Interdisez les bombes », à tous les gens qui étaient un peu « roses », je viens de lire David Lawrence dans la presse[26]. Jack s'est mis à dire dans ses discours qu'il était honteux d'employer moins de cent personnes à Washington pour étudier la question du désarmement. Je

23. La future bibliothèque Kennedy.

24. À l'automne 1961, après le sommet de Vienne, la crise de Berlin et la construction du mur de Berlin, Khrouchtchev tenta de prouver la force soviétique en ordonnant de procéder au plus grand essai nucléaire jamais réalisé. Furieux, John F. Kennedy se sentit obligé de reprendre les essais américains.

25. Bertrand Russell (1872-1970), pacifiste et philosophe britannique, lauréat du prix Nobel de littérature.

26. David Lawrence (1888-1973), journaliste conservateur, fondateur du *U.S. News & World Report*.

pense qu'il l'a répété tout au long de sa campagne sénatoriale[27]. En tout cas, il l'a dit pendant toute sa campagne présidentielle, mais il le pensait depuis bien longtemps. Et en un sens, David Gore est revenu, en 1958 ou 1957, l'année où Sissy et lui sont venus au cap. Ils en ont reparlé. Et quand Harold Macmillan a démissionné l'été dernier[28], Jack était si triste qu'il ait dû partir dans des circonstances aussi déplaisantes : « Les gens ne comprennent vraiment pas ce que Macmillan a fait », Jack disait que c'était le plus grand ami de l'Alliance atlantique, lui aussi s'intéressait depuis très longtemps au désarmement nucléaire. Il lui a envoyé un télégramme très touchant et je me souviens très bien du pauvre Macmillan à ce moment-là[29]. Il n'y avait pas tant de gens

27. En 1958.

28. En octobre 1963, en réalité.

29. Jacqueline connaissait beaucoup moins bien Macmillan que le Président, mais après la mort de Kennedy, une intimité émouvante s'établit entre elle et l'ami britannique de son défunt mari. À la fin janvier 1964, à minuit, elle adressa à Macmillan une lettre manuscrite pour répondre à ses condoléances : « Parfois je deviens si amère, mais seule – je n'en parle à personne – mais je crois vraiment qu'en faisant le bilan des années 1960, n'importe quel écolier pauvre conclurait que la vertu n'est PAS récompensée. Les deux plus grands hommes de notre temps, vous et Jack – tout ce pour quoi vous vous êtes battus tous les deux… Et comment tout cela a-t-il fini ? De Gaulle est là… et ce vieil aigri d'Adenauer – et les deux personnes qui ont souffert, c'est vous et Jack… Vous avez agi ensemble pour les meilleures causes dans les meilleures années – plus tard, quand une série de présidents américains désastreux et de Premiers ministres différents de vous auront tout gâché, les gens diront : "Vous vous rappelez cette époque, comme elle était parfaite ?" L'époque de Jack et de vous… Je pense toujours à Camelot, c'est bien trop sentimental, mais je sais que j'ai raison, pendant un bref instant radieux, Camelot a existé, et ce ne sera plus jamais pareil… Veuillez oublier cette intrusion interminable, mais je voulais simplement vous dire combien Jack vous aimait, et je n'ai pas son don de concision. » Macmillan répondit : « Ma chère amie – j'appelais Jack "mon cher ami", et je vous appellerai "ma chère amie" […]. Vous m'avez écrit du fond du cœur, et j'en ferai autant […]. Bien sûr on devient amer. Comment l'éviter ? […] Dieu vous garde, ma chère enfant. Vous avez fait preuve du plus extraordinaire courage face à un monde bien dur. Le plus difficile est d'éprouver réellement ce

pour lui dire des amabilités. David a demandé si le télégramme pouvait être rendu public, et Jack a répondu : « Bien sûr. » C'est ce que j'ai essayé de dire quand je lui ai parlé sur Telstar la semaine dernière, le jour où Jack aurait eu quarante-sept ans[30]. Je savais ce que Jack pensait de lui, j'ai retrouvé le télégramme, je l'ai lu et j'ai essayé de répéter ce que Jack avait dit, tout en pensant : « J'espère que de Gaulle écoute. » Même si cela n'a plus grande importance.

J'ai l'impression que nous n'aurions pas eu de traité d'interdiction des essais si le président des États-Unis et le Premier ministre de Grande-Bretagne n'avaient pas tous deux été aussi favorables au désarmement et s'ils n'avaient pas imposé aussi régulièrement la question à leurs conseillers[31].

---

courage en soi. » Le 1er juin 1964, la veille de cette conversation, Jacqueline déclara à Macmillan qu'elle se sentait mieux désormais et que le pire était passé. Plus tard, elle lui écrivit qu'elle essayait d'élever ses enfants comme Jack l'aurait souhaité, et que si elle l'emportait, alors ce serait sa revanche sur le monde. (C'est une des raisons pour lesquelles, des années après, Jacqueline était particulièrement satisfaite quand des amis lui disaient qu'elle avait réussi son travail de mère.) Voir Harold Macmillan, *Papers*, Bodleian Library, université d'Oxford.

30. Lancé en 1962, Telstar fut le premier satellite de communication à permettre la diffusion d'images de télévision à travers l'Atlantique. Pour le 47e anniversaire du Président, Jacqueline et Robert Kennedy apparurent à Hyannis Port (avec la même équipe de tournage de CBS qui avait réalisé sa visite télévisée de la Maison Blanche), dans le cadre d'un hommage international incluant Macmillan, le maire de Berlin Willy Brandt et d'autres dirigeants étrangers.

31. En août 1963, Kennedy, Khrouchtchev et Macmillan consentirent à un traité d'interdiction des essais nucléaires dans l'atmosphère, dans l'espace et sous l'eau. Soucieux de bâtir son propre arsenal dissuasif, de Gaulle refusa de signer. (En privé, John F. Kennedy disait qu'on se souviendrait de de Gaulle uniquement parce qu'il avait rejeté ce traité.) Malgré les efforts considérables de Kennedy, ce document n'empêchait pas les essais souterrains, mais il s'agissait de la première tentative conjointe, de la part des Américains et des Soviétiques, pour contrôler la course aux armements qui menaça la planète de 1949 à 1991. Surtout après la quasi-apocalypse de la crise des missiles, Kennedy y vit sa plus

Je sais que c'est vrai. Et je pense que la présence de David Gore y a beaucoup contribué. Nous pourrons évoquer leur relation une autre fois, mais il s'est passé tant de choses. Il venait dîner, il se passait des horreurs en Guyane britannique ou ailleurs ; pendant toute l'affaire Skybolt il a été avec nous, il appelait et toutes les difficultés étaient aplanies. Mais en disant que Jack et Macmillan avaient rendu cette interdiction possible, je pensais surtout à l'attitude scandaleuse de de Gaulle. Cet égocentrique n'a pas voulu être associé à ce qui sera l'une des mesures les plus importantes de ce siècle. Et Graham Sutherland, le peintre, que j'ai rencontré il y a quelques semaines pour qu'il fasse le portrait de Jack, m'a dit une chose très intéressante : « Ce qu'il y avait d'extraordinaire chez le président Kennedy, c'est que le pouvoir a fait de lui un homme meilleur », alors que le pouvoir rend la plupart des gens pires. Il a connu Winston Churchill, il a peint son portrait. Selon lui, Winston était devenu moins bien ; et bien sûr, le pouvoir a rendu Adenauer méchant. Et de Gaulle est un exemple classique, évidemment. Le pouvoir a donné à Jack l'occasion d'œuvrer pour le bien, et à Harold Macmillan aussi.

Puisque nous parlons de l'interdiction des essais nucléaires, vous souvenez-vous de ce que le Président pensait de gens comme Arthur Dean, McCloy ou Foster[32] *? C'est encore une affaire qui s'est prolongée sur des années.*

Ah, ce fut un grand découragement. J'avais pitié d'Arthur Dean, il a passé sa vie à Genève, je connais cette ville déprimante. C'est le genre de choses dont on évite de parler la

---

belle réussite. Il signa le 7 octobre 1963, dans la splendeur victorienne de la salle des Traités redécorée par Jacqueline.

32. Arthur Dean (1899-1980), William Foster (1897-1984) et John McCloy avaient tous trois été sollicités par John F. Kennedy pour négocier avec les Soviétiques un traité d'interdiction des essais.

Le Premier ministre Harold Macmillan et Jacqueline Kennedy
devant le n° 10, Downing Street, Londres, 1961

nuit. Mais je ne me rappelle pas qu'il ait été déçu par quiconque ; je me rappelle l'avoir entendu dire des choses merveilleuses sur Harriman.

Harriman est arrivé à la fin. Les Russes sentent que les choses deviennent sérieuses quand les États-Unis leur envoient Harriman pour négocier[33].

Et Jack avait une relation très touchante avec Harriman : parmi tous ces jeunes gens, il y avait Harriman qui avait travaillé dans tant d'administrations successives. Mais il continuait toujours, il faisait des choses de plus en plus importantes. Après le traité d'interdiction des essais, Jack était si heureux pour Averell Harriman, il pensait que c'était vraiment le couronnement de sa carrière. Et il y avait eu une note de bas de page dans le livre de Teddy White, disant qu'Averell Harriman avait accompli un tas de choses formidables en politique étrangère, mais que sur le plan national, tout ce qu'il avait fait était désastreux[34]. Jack avait été désolé en lisant cette partie du livre, et il était si heureux que cette grande réussite vienne conclure

33. W. Averell Harriman (1891-1986) était le fils et héritier de l'un des plus fameux « barons des chemins de fer » du XIXe siècle. Pour Franklin Roosevelt, il fut ambassadeur à Moscou pendant la guerre, puis gouverneur de l'État de New York, avant de devenir haut fonctionnaire au Département d'État de John F. Kennedy. Le Président envoya Harriman à Moscou pour prouver sa volonté d'aboutir à un traité, et il fut impressionné par sa brillante réussite. En décembre 1963, Harriman prêta sa maison de Georgetown à Jacqueline Kennedy pour que sa famille y logeât en attendant de s'installer dans leur nouvelle demeure.

34. Theodore White (1915-1986), ami de John F. Kennedy qu'il avait croisé à Harvard, et à qui l'on doit un livre qui fit date sur la politique présidentielle, *La Victoire de Kennedy ou Comment on fait un président.* Dans ce volume, White écrivit : « Aucun homme ne s'est révélé plus capable [que Harriman] d'exercer l'une des formes suprêmes du pouvoir américain sur la planète [mais] aucun homme ne s'est révélé plus incapable de comprendre la politique intérieure américaine. »

en beauté la carrière d'Averell Harriman [35]. Quand il nous a prêté sa maison après novembre, je lui ai offert une copie du traité que les Archives [36] ont réalisée exprès pour moi, on ne peut pas la distinguer de l'original.

C'est merveilleux. C'est cet hiver ou cet automne-là qu'a commencé Hickory Hill. À l'hiver 1962, il y a eu une rencontre à la Maison Blanche où David Donald, professeur à Princeton, a parlé de la guerre de Sécession [37]. Je n'y étais pas, mais le Président m'en a parlé par la suite. Il semblait trouver ces conférences très stimulantes.

Oui, c'était le séminaire organisé par Bobby. Jack avait toujours envie d'y aller, mais surtout pour vous entendre, vous. Il avait appris que vous aviez terminé Jackson, mais c'était un effort pour lui que de sortir, alors quand il a entendu dire qu'il allait y avoir une conférence intéressante, sur la reconstruction après la guerre de Sécession, il a dit : « Organisons-la à la Maison Blanche ». Ce fut la première, elle aurait dû avoir lieu chez les Gilpatric. C'est curieux, je me rappelle qu'au moment de poser des questions, tout le monde était un peu nerveux, d'être à la Maison Blanche, en présence du Président, alors Jack a demandé à Donald : « Pensez-vous que Lincoln aurait été un grand président s'il avait vécu ? » Parce qu'il se serait heurté au problème quasi insoluble de la

35. En fait, ce ne fut pas la fin de la carrière politique de Harriman. Il exerça encore des fonctions diplomatiques pour les deux présidents démocrates qui suivirent John Kennedy.

36. Les Archives nationales des États-Unis.

37. D'éminents membres du gouvernement Kennedy assistèrent à ce qu'on appelait les « séminaires de Hickory Hill » (du nom du cadre de la première réunion), qui se déroulaient dans leurs diverses résidences. Sous la houlette de Schlesinger, un universitaire prononçait une conférence puis répondait à des questions sur son domaine de compétence. La soirée qui permit d'écouter David Herbert Donald (1920-2009), spécialiste de Lincoln, eut lieu dans le salon Ovale.

reconstruction ; quoi qu'il ait fait, il aurait forcément déçu beaucoup de gens. Donald a beaucoup tourné autour du pot mais a fini par acquiescer : Lincoln avait eu de la chance de mourir avant. Et je me rappelle qu'après la crise des missiles de Cuba, quand tout s'est arrangé magnifiquement, Jack a dit : « Eh bien, si quelqu'un veut me tirer dessus, ce serait aujourd'hui le bon jour [38]. » Oui, c'est un souvenir curieux, mais il estimait qu'aucune réussite ne dépasserait jamais celle-là. C'est curieux, comme les souvenirs reviennent.

Avait-il déjà évoqué cette question à propos de Lincoln ?

Oui, nous en parlions constamment. La première année de mon mariage, j'ai suivi le cours d'histoire américaine du professeur Jules Davids, un homme formidable, à la Georgetown School of Foreign Service. Je n'avais jamais étudié l'histoire des États-Unis et je rentrais à la maison la tête pleine de choses, j'étais enthousiasmée : Thaddeus Stevens et les républicains radicaux. Et ces horribles poèmes sur Lincoln. Jack était tout excité de me voir si intéressée. À l'époque où il écrivait *Le Courage dans la politique*, je lui ai dit tout le bien que je pensais de Davids, et il lui a demandé de faire des recherches pour lui. Nous parlions alors beaucoup de Lincoln et de la reconstruction. C'était en 1953 ou 1954, le livre a été écrit en 1954-1955, donc nous en parlions depuis longtemps.

Il y eut une autre conférence Hickory Hill à la Maison Blanche, avec Isaiah Berlin [39].

---

38. Quand Khrouchtchev eut promis de retirer ses missiles de Cuba, John F. Kennedy dit à Robert Kennedy que le moment était peut-être bien choisi pour aller au théâtre, allusion à l'assassinat de Lincoln au Ford's Theatre alors qu'il était au zénith de sa gloire politique. Robert répondit qu'en ce cas, il l'accompagnerait.

39. Isaiah Berlin (1909-1997), historien britannique qui avait été diplomate à Moscou pendant la Seconde Guerre mondiale.

Il était venu parler de la Russie. Jack adorait ça, il adorait écouter Isaiah Berlin. Vous devriez lire l'article dans le magazine *Show*, que je trouve très injuste envers Jack, mais qui commence en disant que *Melbourne* était son livre préféré et qu'il ressemblait beaucoup à ces grandes familles libérales whigs qui menaient une vie stimulante, mais qui s'intéressaient à la politique. Il adorait tous ces Anglais brillants. Il me racontait qu'il était allé chez Emerald Cunard [40] à Londres, quand il était enfant, pour écouter, avec son père. Quand nous étions à Londres ensemble, nous allions déjeuner chez la vieille duchesse de Devonshire et elle invitait quelques personnes. Il adorait les écouter parler, ou écouter David. Ces gens savaient tant de choses, ils avaient reçu une éducation incroyable. C'est là qu'il était le plus heureux. Il adorait Isaiah Berlin.

Voudriez-vous dire deux mots de sa relation avec David ? Je pense qu'elle a joué un rôle fondamental. J'ai le sentiment que l'intimité était plus grande entre David et lui qu'avec aucun membre de son propre cabinet, à part Bobby.

Exactement. Et la seule personne qui me semble aujourd'hui capable de sauver le monde occidental, c'est David Gore. Leur amitié avait évidemment commencé à Londres, et Kathleen, la sœur préférée de Jack, était la meilleure amie de Sissy. David était alors le plus proche de tous ses amis. Il y en a tellement dont la vie s'est plutôt mal terminée.

C'était en 1938-1939.

Oui. Hugh Fraser était aussi un ami, mais pas très brillant, et on se demandait toujours si Hugh obtiendrait un emploi

40. Maud Alice Burke (1872-1948), lady Emerald Cunard, née en Amérique, était une célèbre hôtesse londonienne d'avant la guerre.

au gouvernement, mais il n'en obtenait jamais, ou alors c'était un poste lamentable. Mais chaque fois que David était ici, nous le voyions, et Jack disait que David Gore était l'homme le plus brillant qu'il ait rencontré, avec Bundy, mais que David était supérieur, parce que l'intelligence de Bundy était si élevée qu'il ne voyait pas l'ensemble du tableau. David avait davantage les pieds sur terre, il avait plus de compassion.

David a plus de sagesse. Mac est un homme brillant, mais David a plus de jugement.

Et David a ce côté conciliant que Jack avait. Vous savez, Bundy se met parfois en rage, il devient arrogant et rend la conciliation impossible. Dans la crise des missiles, Bundy aurait d'abord voulu aller bombarder Cuba. Et à la fin, il ne voulait plus rien faire du tout. Si on s'était fié à ce grand esprit, où en serait-on ?

Le Président voyait souvent David ?

Nous les voyions beaucoup. Ils venaient chez nous, en général pour les vacances, ou ils venaient passer un week-end à Camp David, ou à la campagne, ou au cap. Ils venaient dîner environ une fois par mois. On les invitait spontanément, et comme ils étaient pris par une obligation officielle, ils s'en libéraient, donc je me suis dit que je devais arrêter. C'est pour ça que nous ne les voyions pas autant que nous l'aurions voulu. S'il n'avait pas été ambassadeur, nous l'aurions vu toutes les semaines.

Les Alphand en mouraient de jalousie[41].

41. L'ambassadeur de France était extrêmement jaloux de la relation privilégiée qu'entretenait Ormsby-Gore avec les Kennedy. Le Président et la Première Dame prirent leurs distances par rapport aux Alphand à cause de la résistance accrue de de Gaulle aux ouvertures de John F. Kennedy et à ses efforts pour maintenir la France au sein de l'Alliance occidentale.

Et on se parlait constamment au téléphone. « Passez-moi l'ambassadeur britannique ». David vous racontait les endroits extraordinaires où il était allé lorsqu'on l'avait déniché pour parler à Jack. Il y avait un incident en Guyane britannique qui inquiétait vraiment David, Jack a demandé : « Que puis-je faire ? » et c'était plutôt contre notre position, mais David a dit : « Il faudrait appeler U Thant[42]. » Jack a suivi ce conseil et tout s'est arrangé. Puis il y a eu l'affaire Skybolt ; après Nassau[43], David est revenu avec nous en Floride et, bien sûr, le lendemain tout a éclaté. Godfrey McHugh est arrivé en criant : « Vous avez entendu cette formidable nouvelle, monsieur le président ? Ils viennent de lancer Skybolt et ça a marché ! » Jack a répondu : « Quoi ? Bon sang, Godfrey, foutez-moi le camp ! » David était là, c'était horrible. Ils ont appelé Gilpatric, McNamara était parti, David est allé dans une autre pièce pour appeler Harold Macmillan. Mais vous savez, ça aurait pu être la rupture entre l'Angleterre et l'Amérique. Et après Bobby et moi, de tous

42. U Thant (1909-1974), diplomate birman, fut secrétaire général de l'ONU de 1961 à 1971.

43. Kennedy passa trois jours avec Macmillan au Lyford Cay Club, aux Bahamas, en décembre 1962. Avant cette rencontre, les États-Unis avaient, au nom de problèmes techniques, annulé leur programme de construction de missiles Skybolt, promis à la Grande-Bretagne pour sa force nucléaire dissuasive. Lorsque l'information fut transmise au ministre britannique de la Défense, Peter Thorneycroft, Macmillan fut embarrassé, surtout lorsque ses adversaires au Parlement lui reprochèrent d'être soumis à Kennedy. À Nassau, le Président tenta d'aider Macmillan en lui proposant des missiles Polaris, moyennant le prêt d'une base sous-marine près de Glasgow. Après l'entrevue, Ormsby-Gore accompagna les Kennedy à Palm Beach. C'est alors que le général Godfrey McHugh (1911-1997), assistant du Président pour l'armée de l'air, signala fort mal à propos que les difficultés techniques liées à Skybolt étaient maintenant surmontées. Honteux d'avoir nui à Macmillan, John F. Kennedy demanda à Richard Neustadt, politologue à Columbia, d'enquêter sur l'affaire. Après avoir étudié avec fascination le rapport de Neustadt en novembre 1963, Kennedy incita Jackie à le lire.

les amis de Jack, David Gore est celui qui a le plus souffert [44]. C'est peut-être injuste, mais c'est l'ami que je verrai jusqu'à la fin de mes jours. Il y en a tant d'autres que je ne supporte pas de revoir parce que Jack me manque. Les Bartlett, les Bradlee, tous ces gens-là.

David est un être intellectuellement et émotionnellement riche, c'est un homme généreux.

Et il n'est pas ambitieux. J'espérais qu'il renoncerait à son titre pour devenir Premier ministre, mais je pense qu'il sera ministre des Affaires étrangères. Il n'a pas cette motivation qu'avait Jack, mais quand même. Je suppose qu'il pourra être tout aussi efficace de cette manière.

J'ai moi aussi essayé de le persuader de renoncer à son titre, mais il ne le fera sans doute pas.

Ce n'est pas parce qu'il tient tellement à son titre, c'est juste qu'il n'a jamais été ambitieux.

C'est vrai. S'il le faisait, cela signifierait qu'il veut devenir Premier ministre, ce qui lui paraît une ambition absurde. Il a tort, bien entendu. À l'hiver ou au début du printemps 1963, un grand événement fut la crise de l'acier, vous en souvenez-vous [45] ?

---

44. À la mort de John F. Kennedy.

45. Roger Blough (1904-1985) fut président du conseil d'administration d'U.S. Steel de 1955 à 1969. En mars 1962, l'administration Kennedy négocia un accord avec le syndicat de la sidérurgie et les principaux industriels du secteur pour limiter une hausse des prix et des salaires qui aurait pu susciter l'inflation. En avril 1962, Blough déclara cependant à John F. Kennedy qu'U.S. Steel augmentait ses prix de 3,5 %, violant ainsi leur accord. La plupart des autres grandes aciéries en firent autant. Furieux, le Président se sentit trahi. Il dénonça publiquement les industriels comme des ennemis de l'intérêt public. Robert Kennedy opta pour ce qu'il appelait le « hardball ». Il demanda à un jury de rechercher une éventuelle violation de la loi antitrust, et ordonna au FBI de « les interroger

Je me rappelle que Jack était absolument outré. Il gardait toujours son sang-froid, mais c'est l'une des rares fois où je l'ai vraiment vu s'énerver, face à Roger Blough. Il serrait les dents très fort. Il pensait que Blough lui avait mis un coup de poignard dans le dos. On ne se conduit pas comme ça. Bobby m'a raconté par la suite que si nous avions connu des gens comme André Meyer, si nous avions eu plus d'amis dans cette communauté, tout aurait pu être arrangé avec moins de difficultés. Mais je me rappelle toutes ces allées et venues entre son bureau et la Maison Blanche, tous ces coups de téléphone. Clark Clifford était la seule personne en qui les autres auraient confiance, ils l'ont envoyé négocier. Il venait de Chicago, de la Laughlin [46], enfin, de la première compagnie à sauter, et il était au Library Dinner donné pour Jack. Vous vous rappelez que, selon la presse, le FBI avait été envoyé dans toutes les maisons en pleine nuit, qu'on avait réveillé les journalistes à deux heures du matin ? Eh bien, en novembre, Bobby disait que J. Edgar Hoover était horrible depuis la mort de Jack, il essaye de s'insinuer dans les bonnes grâces de Lyndon Johnson en lui envoyant tous ces rapports affreux sur les gens. Bobby dit qu'il a toujours essayé d'être correct avec Hoover et que chaque fois que le FBI faisait quelque chose de bien, il laissait Hoover en revendiquer tout le mérite, mais dès que le FBI faisait quelque chose de mal, ça retombait sur Bobby. C'est le FBI, et pas Bobby, qui a

---

tous, de débarquer dans leurs bureaux le lendemain » (Arthur M. Schlesinger, *Robert Kennedy and his Times*, p. 404, passage ajouté en 2002 dans la version révisée, non inclus dans la traduction française de 1979) et, grâce à une assignation à comparaître, d'étudier les comptes de dépenses des magnats pour y découvrir des traces de collusion illégale. (Le FBI appela un journaliste à deux ou trois heures du matin, ce qui lui valut des plaintes pour brutalité.) Clark Clifford et d'autres hauts responsables de l'administration obligèrent les industriels de l'acier à revenir sur leur hausse de prix. En moins de 72 heures, Blough et ses collègues firent marche arrière.

46. La Jones and Laughlin Steel Company.

envoyé des agents chez les journalistes et qui a causé toute cette amertume contre Jack. Jack en était très contrarié.

Arthur Goldberg a joué un rôle actif dans l'affaire de l'acier, tout comme Ted Sorensen, j'imagine.

Je revois surtout Jack au téléphone, et Clark Clifford. Mais tout le reste s'est déroulé dans le bureau, je n'y étais pas.

Diriez-vous que cette histoire l'a davantage exaspéré que tout autre incident durant son mandat ?

Quand Roger Blough est venu dans son bureau, il était furieux. Après, la deuxième fois où je l'ai vu très en colère, c'était à cause des Allemands, pour une raison mineure mais agaçante. Je dirais que l'affaire de l'acier fut sa plus grande colère. Mais pendant toute la crise, il n'a pas agi par colère, par mauvaise humeur. Il était comme face à un problème d'échecs.

Et le gouverneur Barnett, dans le Mississippi ? Cette histoire-là l'avait irrité davantage que la trahison de Blough ? Il n'avait aucune raison de s'attendre à ce que Barnett agisse autrement[47].

Avec Barnett, c'était un cas désespéré. Et on savait d'emblée que c'était un être inférieur, un parjure. Avec lui, ce n'était pas de la colère, c'était… sans espoir. Et vous savez ce dont je me souviens ? J'étais à Newport dans mon lit et il m'a appelée ; à cinq heures du matin, le téléphone a sonné, je

47. Ross Barnett (1898-1987) fut gouverneur du Mississippi de 1960 à 1964. En septembre 1962, le Président et l'*attorney general* négocièrent par téléphone avec l'inconstant Barnett pour obtenir l'accès du premier étudiant afro-américain, James Meredith, à l'université du Mississippi à Oxford. En vain. Kennedy dut envoyer l'armée pour calmer les émeutes, qui firent deux morts.

croyais qu'il venait de rentrer à la Maison Blanche après être resté debout toute la nuit, j'étais si touchée qu'il m'appelle parce qu'il avait envie de parler, et il a dit : « Oh mon Dieu ! » On n'imagine pas ce qui s'était passé, les gaz lacrymogènes ont été lancés, et l'armée qui aurait dû arriver en moins d'une heure était encore à quatre heures de route. J'imagine qu'il avait passé l'une des pires nuits de sa vie.

Parlait-il beaucoup des droits civiques ?

Vous savez, cette histoire s'est étalée sur une période tellement longue, et il y a toujours eu les Barnett, les Wallace[48], les problèmes horribles s'enchaînaient. Il pensait que la situation à Little Rock avait été très mal gérée[49], mais voilà que se présentait un second Little Rock, presque pire, Oxford…

Que pensait-il des activistes noirs ? Martin Luther King, par exemple ?

---

48. George Wallace (1919-1998) accomplit de 1963 à 1967 le premier de ses quatre mandats de gouverneur de l'Alabama. En juin 1963, un mois après que des chiens eurent été lâchés sur des adolescents noirs qui manifestaient pour les droits civiques à Birmingham, le gouverneur annonça son intention de s'opposer à un ordre judiciaire imposant l'admission de deux étudiants afro-américains à l'université d'Alabama à Tuscaloosa. Dans un rituel chorégraphié par les frères Kennedy, qui souhaitaient éviter toute violence, Wallace se plaça devant la porte de l'école pour dénoncer « cette intrusion illégale, brutale et injustifiée du gouvernement fédéral ». L'*attorney general* adjoint Katzenbach, soutenu par la garde nationale de l'Alabama, demanda au gouverneur de s'écarter, ce qu'il fit. Ce soir-là, à la télévision, John F. Kennedy déclara qu'il allait soumettre au Congrès un vaste projet de loi sur les droits civiques, évoquant « une question morale vieille comme les Écritures et aussi claire que la Constitution des États-Unis ».

49. Allusion à la tempête médiatique que suscita le président Eisenhower en envoyant la 101e division aéroportée pour imposer l'intégration de neuf élèves noirs à la Central High School de Little Rock, Arkansas, en 1957.

Je sais seulement ce qu'il pensait de lui après la marche pour la liberté : il trouvait que c'était un orateur extraordinaire, et il reconnaissait que cet appel pendant la campagne lui avait valu le vote noir. Puis il m'a parlé d'un enregistrement réalisé par le FBI quand Martin Luther King était ici pour la marche. Il m'a raconté sans aucune amertume qu'il avait fait venir des filles pour organiser une sorte d'orgie dans son hôtel [50]. Non, je me trompe, à l'époque, c'était juste une conversation avec une seule fille. J'ai d'abord dit : « Mais, Jack, c'est affreux. Alors cet homme n'est qu'un imposteur. » Jack a répondu : « Oh, tu sais... » Il ne jugeait jamais les gens de cette façon. Il n'a jamais rien dit contre Martin Luther King. Depuis, Bobby m'a parlé des enregistrements des orgies, il m'a dit que Martin Luther King avait ricané lors des funérailles de Jack. Il s'est moqué du cardinal Cushing, en disant qu'il était ivre, qu'ils avaient failli lâcher le cercueil. Enfin, Martin Luther King est un personnage vraiment ambigu. Mais Jack ne m'a jamais rien dit contre lui. Bobby aurait été le premier à apprendre ce qu'il pensait vraiment de lui, mais il n'en a parlé que plus tard. Chaque fois que je vois

---

50. Martin Luther King Jr (1929-1968) était le plus connu des défenseurs américains des droits civiques lorsqu'il prononça son discours « J'ai fait un rêve » lors de la marche sur Washington (que Jacqueline appelle « marche pour la liberté ») en août 1963. Une fois l'événement terminé, John F. Kennedy accueillit King et d'autres leaders à la Maison Blanche, en disant lui-même : « J'ai fait un rêve. » Sur l'enregistrement du FBI auquel Jacqueline Kennedy fait référence, King et ses collègues se détendent au Willard Hotel après la marche. Sermonné par J. Edgar Hoover qui estimait que le leader des droits civiques était influencé par les communistes de son entourage, Robert Kennedy l'autorisa à contrecœur à mettre le téléphone de King sur écoute et à placer des micros chez lui, ce qui se traduisit par la transcription de commentaires péjoratifs formulés en privé par King alors qu'il regardait les funérailles du président Kennedy à la télévision. Hoover s'empressa de les partager avec l'*attorney general*, et le frère du défunt Président, sous le choc, en transmit le contenu à Jacqueline. D'où son hostilité envers King (même si, en 1968, malgré le trouble que cela devait susciter en elle, elle accompagna Robert F. Kennedy aux funérailles de King à Atlanta et adressa quelques mots à sa veuve).

une photo de Martin Luther King, je pense que cet homme est mauvais. Je sais qu'à l'époque de la marche pour la liberté, quand ils sont tous venus dans son bureau, Jack a été touché par Philip Randolph [51].

Philip Randolph est très impressionnant. C'est un homme plus âgé, plein de dignité.

Jack était très soucieux à cause de cette marche pour la liberté. Mais tout s'est bien passé, je crois. Tout le monde craignait que ça ne débouche sur des violences. La question des droits civiques s'était toujours posée. Et quand nous étions au Texas, en novembre, Jack m'a dit qu'il était furieux contre Lyndon : « Lyndon essaye de toutes ses forces de montrer qu'il est un vrai libéral. » Il avait fait quelque chose là-bas, prononcé un discours qui avait causé infiniment plus d'ennuis, tous les gens du Sud étaient en rage, Lyndon essayait de se faire bien voir par je ne sais qui. Les libéraux du nord, sans doute. « Si seulement il s'efforçait un peu moins de faire ce qui est le mieux pour Lyndon Johnson, le problème serait beaucoup moins difficile. » Mais j'oublie de quel discours il s'agit ; vous le retrouverez [52].

---

51. A. Philip Randolph (1889-1979) présidait la Fraternité des porteurs de wagons-lits et fut l'un des organisateurs de la marche sur Washington.

52. En mai 1963, pour le centenaire de la bataille de Gettysburg, Lyndon B. Johnson avait prononcé un discours sur les droits civiques qui allait au-delà de tout ce que le Président avait pu dire en public à ce sujet. (C'était avant le discours télévisé du mois suivant, où Kennedy déclara que les droits civiques étaient « une question morale ».) Johnson dit : « Le Noir demande aujourd'hui justice. Nous ne lui répondons pas – nous ne répondons pas à ceux qui sont enterrés ici – lorsque nous répondons au Noir en lui demandant d'être patient. » En privé, le vice-président se plaignit auprès de Sorensen de ce que le Président n'en faisait pas assez en matière de droits civiques, ni au Congrès ni dans ses efforts visant à changer l'opinion publique.

En 1962, il y eut aussi une campagne politique, et surtout la crise des missiles de Cuba. Quand avez-vous été informée de l'existence des missiles ?

Je ne me rappelle pas si l'on était déjà au courant quand Jack est parti pour sa tournée de discours.

Quelques personnes bien placées étaient au courant, mais ce n'était pas dans les journaux. La nouvelle est tombée un mardi. Le Président est parti le vendredi, il est revenu le samedi, et il a prononcé son discours le lundi suivant[53].

Je ne sais pas si je l'ai su avant. S'il était inquiet, je l'ai forcément su avant. Mais je venais d'arriver à Glen Ora avec les enfants. C'est le samedi après-midi qu'il a décidé de revenir ici. J'étais étendue au soleil, on était si bien là-bas, Jack m'a appelée : « Je repars cet après-midi pour Washington. Pourquoi ne reviendrais-tu pas ? » D'habitude, c'est lui qui me rejoignait, ou il restait parti tout le week-end, ou bien il venait le samedi. Normalement j'aurais répondu : « Pourquoi ne viens-tu pas nous retrouver ? » Mais sa voix avait quelque chose de bizarre. Il savait que ces week-ends loin de la tension de la Maison Blanche étaient si bons pour moi, il m'encourageait à partir.

53. Le mardi 16 octobre 1962 au matin, Bundy dit au Président, dans sa chambre à coucher de la Maison Blanche, que des clichés aériens pris par la CIA avaient révélé que les Soviétiques installaient des missiles offensifs à Cuba, alors que, le mois précédent, John F. Kennedy avait assuré le public qu'il n'accepterait jamais cette éventualité. Les élections de mi-mandat devaient avoir lieu trois semaines plus tard. Soucieux de tenir secret ce problème de missiles tant qu'il n'aurait pas décidé d'une stratégie avec ses conseillers, Kennedy tenta de respecter son emploi du temps : il partit prononcer un discours de campagne à Chicago, puis revint à Washington sous prétexte qu'il s'était enrhumé. Le lundi 22 octobre au soir, John F. Kennedy annonça dans un discours télévisé que sa « démarche initiale » serait d'organiser un blocus maritime (désigné par l'euphémisme de « quarantaine ») autour de Cuba et d'exiger que les missiles soient retirés.

Ça lui ressemblait si peu, sachant que je venais d'arriver avec deux enfants assez pleurnichards, qu'il faudrait réveiller de leur sieste pour regagner Washington. Mais j'ai senti à sa voix que quelque chose n'allait pas, alors je n'ai posé aucune question. J'ai dit : « Pourquoi ? » Il a dit : « Peu importe. Pourquoi ne reviens-tu pas à Washington ? » Alors j'ai tiré les enfants de leur sieste et nous sommes repartis, vers dix-huit heures. J'imagine qu'il m'a tout dit ce soir-là. Selon moi, c'est tout le but du mariage : quand on est mariée à un homme qui vous demande une chose, on sent à sa voix s'il a des ennuis et on ne lui pose pas de questions. Alors nous sommes repartis. Pendant dix ou onze jours, j'ai eu l'impression de ne jamais dormir ni veiller, je ne sais plus quel événement a eu lieu quel jour. Mais je sais que Jack m'a tout de suite mise au courant ; certains avaient dit à leur épouse de s'en aller. Mme Phyllis Dillon m'a raconté plus tard que Douglas l'avait emmenée faire une promenade, lui avait dit ce qui se passait, et lui avait suggéré d'aller à Hobe Sound, par exemple. Je ne sais plus si elle y est allée. Je savais que s'il arrivait quelque chose, nous serions tous évacués vers Camp David ou ailleurs. Je ne sais plus si Jack m'a parlé de ça. J'ai dit : « S'il te plaît, ne m'envoie pas à Camp David », les enfants et moi. « Ne m'envoie nulle part. S'il arrive quelque chose, nous resterons tous ici avec toi. Même s'il n'y a pas de place dans l'abri antibombes de la Maison Blanche. Je t'en prie, je veux être sur la pelouse quand ça arrivera, je veux juste être avec toi, je veux mourir avec toi, et les enfants aussi, plutôt que de vivre sans toi. » Alors il a accepté de ne pas m'éloigner. Et il n'en avait aucune envie [54].

De quelle humeur était-il lorsqu'il vous a mise au courant ?

54. On songe à la famille royale britannique résolue à rester à Londres en 1940 malgré les dangers du Blitz allemand.

Oh, il ne m'a pas dit simplement : « Assieds-toi, il faut que je te parle. » L'événement était si grave. Tout était parti d'un coup de chance. Un jour, ils ont pris des photos et il n'y avait rien ; le lendemain, c'était brumeux. Et puis McCone, qui venait de se marier, était parti en voyage de noces. C'était l'un des vrais problèmes : il n'était pas à Washington, et il n'a même pas pris l'avion pour revenir, ce qui aurait permis d'être au courant quelques jours plus tôt[55]. Je ne veux pas blâmer McCone, mais il aurait pu retarder un peu sa lune de miel, ce n'était peut-être qu'une malheureuse coïncidence, mais ça a causé du retard. Et puis les photos sont arrivées et c'est là qu'ils ont su. Comme je l'ai dit, il n'y avait plus ni jour ni nuit, mais je me rappelle un soir, Jack était dans son lit, il était très tard, et je suis entrée en chemise de nuit. Je croyais qu'il était au téléphone. J'avais passé la soirée à aller et venir d'une pièce à l'autre. Et tout à coup je l'ai vu me faire signe de sortir – Va-t'en, va-t'en ! – alors que j'étais déjà tout près de son lit : Bundy était dans la chambre. Et ce pauvre puritain de Bundy, qui a vu une femme courir en chemise de nuit ! Il s'est caché les yeux avec les deux mains. Il parlait à quelqu'un au téléphone. Je suis sortie et j'ai attendu Jack dans ma chambre. Il est venu se coucher à deux, trois ou quatre heures du matin. Puis un autre soir, je me rappelle Bundy au pied de nos deux lits, réveillant Jack pour une raison ou pour une autre. Jack allait dans sa chambre à lui, parlait au téléphone de cinq à six ou sept heures du matin. Il revenait dormir deux heures, puis il partait pour son bureau. Il n'y avait plus ni jour ni nuit. C'est l'époque où j'étais le plus proche de lui, je ne quittais jamais la maison, je ne voyais jamais les enfants ; quand il rentrait, pour la nuit ou pour une sieste, je dormais avec lui. Je passais constamment

55. Même si les photographies avaient été prises quelques jours auparavant, cela n'aurait sans doute pas donné aux Américains plus de force pour exiger le retrait des missiles.

dans son bureau, parfois il m'emmenait faire une promenade dans le jardin, c'était curieux. Cela lui arrivait rarement. Nous parlions calmement, puis nous rentrions. Je me rappelle aussi une autre matinée, un week-end, il y avait une réunion dans le salon Ovale, ils étaient tous venus dans une seule voiture pour ne pas éveiller les soupçons de la presse. Bobby est arrivé en décapotable, en tenue de chasse. Donc, j'étais là, je suis allée dans la salle des Traités, pour regarder le courrier, mais je les entendais parler à côté. Je suis allée écouter à la porte. Ça devait être un moment crucial, parce que j'ai entendu McNamara dire : « Je pense que nous devrions faire ceci, ceci, cela. » Non, McNamara résumait quelque chose, puis Gilpatric a proposé un résumé et a posé un tas de questions. Puis je me suis dit : « Je ne dois pas écouter », et je suis partie.

Vous avez mentionné Mac Bundy. Le Président a-t-il évoqué la possibilité d'un raid pour anéantir les bases, ou d'un blocus ?

Je n'ai appris tout cela que plus tard, bien plus tard. À l'époque, il ne me demandait pas mon avis. Mais je me rappelle qu'il m'a parlé de ce télégramme insensé qu'il a reçu un soir de Khrouchtchev. Très guerrier. Je pense que Khrouchtchev avait d'abord envoyé un message gentil, où il semblait prêt à démonter les ogives, puis le message insensé est arrivé au milieu de la nuit. Je me rappelle que Jack en était bouleversé, il m'en a parlé, puis ils ont décidé de ne répondre qu'au premier des deux messages [56]. Je me rappelle aussi qu'il m'a très tôt parlé de Gromyko : il l'avait vu, lui avait parlé, l'avait

56. Lors du dernier week-end de la crise arrivèrent deux messages de Khrouchtchev, l'un conciliant, l'autre très virulent. Dans ce que les spécialistes appelèrent par la suite « le stratagème de Trollope » (dans un roman d'Anthony Trollope, un personnage féminin interprète un geste amical comme une demande en mariage), les frères Kennedy choisirent de traiter le premier message comme définitif, ce qui contribua à sauver la situation.

poussé à mentir sans jamais se trahir. Je me suis exclamée : « Mais comment as-tu pu garder ton sang-froid, ne pas le démasquer ? » Il a répondu : « Mais j'aurais dévoilé notre jeu. » Et cet hiver, Roger Hilsman m'a écrit que, durant l'une des pires journées, le dernier jour, tout à coup, un avion U-2 s'est perdu au-dessus de l'Alaska, il a violé l'espace aérien soviétique [57]. Les Russes auraient pu croire que nous l'avions fait exprès, les conséquences auraient pu être terribles. Je me rappelle que Jack m'en a parlé. Et quand j'ai appris qu'au Pentagone, Anderson était furieux contre McNamara [58], je ne sais plus si c'était avant ou après. Et je me rappelle avoir attendu, pendant le blocus. C'était comme l'attente lors d'une soirée électorale, mais en bien pire. Un bateau arrivait, un gros navire marchand avait fait demi-tour, mais il ne transportait que du pétrole. Et un jour j'ai appris que le *Joseph P. Kennedy* [59] y était. J'ai dit à Jack : « C'est toi qui l'as envoyé ? » Il a répondu : « Non, c'est curieux, hein ? » Enfin, un bateau a été abordé, c'est là qu'on a poussé un premier soupir de soulagement. Et quand tout a été terminé, Bundy m'a dit que si cela avait duré encore deux jours, tout le monde aurait craqué, parce que tous ces hommes étaient

57. Roger Hilsman (1919-) était chef du renseignement du Département d'État. Au sommet de la crise, un avion espion américain survola par hasard l'espace aérien soviétique ; cela constituait théoriquement un acte de guerre et aurait pu entraîner des représailles susceptibles de dégénérer en conflit nucléaire. Furieux, Kennedy déclara : « Il y a toujours un fils de pute qui ne comprend rien ! » (Richard Reeves, *President Kennedy*, Simon and Schuster, 1993, p. 416.)

58. Quand Kennedy réagit publiquement aux missiles de Cuba (en employant l'euphémisme pacifique de « quarantaine »), certains des chefs d'état-major, comme George Anderson (1906-1992) pour la marine et Curtis LeMay pour l'armée de l'air, jugèrent le Président trop faible, même le dimanche 28 octobre, quand Radio Moscou annonça que les missiles seraient retirés « pour éviter que les événements ne prennent un tour fatal et pour protéger la paix mondiale ».

59. Par coïncidence, le destroyer américain *Joseph P. Kennedy Jr* était l'un des navires du blocus de Cuba.

restés éveillés jour et nuit. Un jour, j'avais quelque chose à demander à Taz Shepard [60] dans la Situation Room, et on m'a dit : « Impossible. » Il y passait ses jours et ses nuits. Ensuite j'ai écrit à McNamara une lettre que j'ai montrée à Jack. Mais je me rappelle que tout le monde avait travaillé jusqu'au maximum de l'endurance humaine.

Le Président montrait-il des signes de fatigue ?

Les jours passant, oui. Mais on ne s'inquiétait pas pour lui, parce qu'on l'avait vu s'obliger à avancer toute sa vie, pendant une campagne difficile, quand on est littéralement épuisé, qu'on se lève à cinq heures pour être à la porte d'une usine. Donc on savait qu'il avait toujours des réserves. Mais vers la fin... Si on vous dit combien il vous reste à tenir, vous en êtes capable. Le pire, c'est quand on ne sait rien. À la fin, je ne sais pas combien de jours ou de semaines après, il a eu l'idée d'offrir un calendrier à tout le monde, dont il a soigneusement conçu le dessin [61]. C'était une surprise. J'ai été si étonnée d'en recevoir un, car il m'avait parlé de ce projet, et m'avait dit : « Parles-en à Tish ou à Tiffany. » Et quand les calendriers sont arrivés, j'ai été si surprise d'en recevoir un que j'ai fondu en larmes.

Quelle a été l'attitude de Stevenson et de l'ONU ?

Je me rappelle seulement quand l'article de Charlie Bartlett et Stewart Alsop est sorti, début décembre. Il y a eu une

60. Tazewell Shepard Jr (1921-) était l'assistant du Président pour la Marine.

61. John F. Kennedy offrit un cadeau souvenir à Jacqueline et aux membres de son entourage qui avaient été le plus impliqués dans les délibérations sur la crise des missiles de Cuba. Il s'agit d'un petit calendrier Tiffany en argent, pour le mois d'octobre 1962, les treize jours fatidiques étant mis en valeur en caractères gras, et où étaient gravés « John F. Kennedy » et les initiales du destinataire.

discussion. Je pense que Lyndon était venu à l'une des réunions, tout à la fin ou tout au début. Si c'est au début, je pense qu'il ne voulait pas être impliqué dans ce qui se passait ; s'il est venu à la fin, ce qui me paraît plus vraisemblable, c'est parce qu'il ne voulait pas avoir à formuler d'opinion. Comme d'habitude, il ne voulait pas être obligé de prendre position. Il aurait pu venir à toutes ces réunions, mais il n'est venu qu'à une seule. Je ne sais pas ce qu'il faisait. Et il y a eu un problème avec Chester Bowles, non ?

Non, c'était lors de la première crise de Cuba. Chester était en Inde[62]*. Enfin, non, il n'était pas en Inde, mais c'est dans la première crise qu'il fut impliqué.*

Oui. Alors qu'il s'apprêtait à dire qu'il n'était pas d'accord, Bobby a dit : « Tous ceux qui quittent cette pièce sont d'accord[63] », quelque chose de ce genre.

Le Président a-t-il eu une réaction spécifique à l'article de Charlie[64] *?*

Ah oui. Ce fut terrible, avec Adlai. C'est un peu compliqué, mais Charlie avait raison, non ?

---

62. Chester Bowles (1901-1986), publicitaire, gouverneur du Connecticut, fut le numéro 2 de Dean Rusk avant de succéder à Galbraith comme ambassadeur en Inde.

63. Après la baie des Cochons, quand Bowles fit savoir dans Washington qu'il s'était opposé à cette aventure, Robert F. Kennedy indigné lui pointa le doigt dans la poitrine et lui dit qu'il avait désormais intérêt à dire qu'il était favorable à l'invasion.

64. Charlie Bartlett, ami de John F. Kennedy, collabora avec le journaliste Stewart Alsop (1914-1974) pour rédiger un article dans le *Saturday Evening Post*, affirmant que pendant les délibérations, Adlai Stevenson avait « voulu un Munich ». Comme on savait que Bartlett était proche du Président, les experts de Washington y virent à tort le signe que Kennedy voulait se débarrasser de son ambassadeur auprès de l'ONU. Stevenson en fut particulièrement troublé.

Après la crise des missiles de Cuba, le président Kennedy offrit un calendrier à ses plus proches collaborateurs. Il en remit un à son épouse, qu'on voit ici sur son bureau dans l'aile familiale de la Maison Blanche.

Pas vraiment. Chacun avait son point de vue sur l'affaire, toutes sortes de suggestions avaient été émises ; Mac, par exemple, était tantôt faucon, tantôt colombe. Les deux opinions existaient, mais presque tous les participants à la discussion avaient adopté un point de vue ou un autre. L'article était simpliste.

Jack était furieux face à ces accusations. Et en hiver, en février, quand je suis allée à New York, à l'ONU avec Adlai, Clayton [65] m'avait dit que ce serait gentil d'inviter Adlai à une de nos soirées privées, que ça pourrait les réconcilier. En tout cas, ça a fait une énorme différence quand je suis allée déjeuner à l'ONU et que j'ai offert à Adlai une de mes petites aquarelles. Un soir où Jack était là, j'avais peint ce sphinx, et j'avais l'aquarelle dans ma sacoche. Adlai l'a fait encadrer, et il est venu à une soirée. Il fallait ce genre de choses pour l'apaiser, ce cadeau l'a bien calmé. Mais à propos de la crise de Cuba, la différence entre Jack et Lyndon Johnson, c'est qu'il y a maintenant une terrible crise au Laos mais que personne ne le sait sauf les journaux. Et où est Lyndon [66] ? Ces gens sont partis pour Hawaii, Lyndon ne les avait pas vus pendant trois jours. Où est-il à présent ? Il parcourt le Texas, où on lui décerne des diplômes universitaires. Et le pauvre est terrifié, en un sens. Selon Dave Powers [67], il ne supporte pas d'aller à Camp David ou dans un autre endroit où il serait seul, alors il a fait installer des transatlantiques autour

65. Clayton Fritchey (1904-2001), ex-journaliste, assistant de Stevenson, était une connaissance des Kennedy.

66. Durant la crise des missiles, le vice-président n'assista qu'à une réunion d'« Ex Comm », le comité *ad hoc* rapidement constitué par John F. Kennedy pour trouver une solution au problème en siégeant non-stop. Les autres membres étaient Rusk, McNamara, Dillon, Robert F. Kennedy, Bundy, McCone et Taylor. La référence au Laos renvoie aux efforts secrets du Nord-Vietnam et des États-Unis afin de saper l'accord signé en 1962 à Genève pour préserver la neutralité et l'indépendance du pays.

67. Powers et O'Donnell avaient accepté de rester avec Johnson pendant une période de transition.

de la piscine ; le week-end, il aime s'y asseoir pour boire un verre avec tous ses amis. Mais il ne supporte pas de rester seul face à un événement terrible, ou de discuter avec ces gens. C'est peut-être pour se dissocier de tout ça si la situation dégénère, pour pouvoir dire : « Je n'y étais pas » ou « C'est la guerre de McNamara ». Je crois qu'il est paniqué et qu'il ne sait pas quoi faire. Quand il est arrivé, il n'y a eu aucun problème pendant sept mois, grâce à l'action de Jack. J'imagine que c'est très bien pour le pays qu'il puisse se promener et endormir les gens avec ce sentiment de sécurité auquel ils aspiraient tous après la tragédie de novembre. Mais vous savez, c'est là que les choses terribles vont se produire, parce que tous les petits groupes sont en voyage, ils ont leurs réunions sur le Laos, sur le Vietnam, et ils ne pensent pas au reste. Jack disait toujours que le politique était plus important que le militaire, mais personne n'y pense[68]. Et ils n'appellent pas les gens qui étaient en place auparavant. C'est là que la pagaille commence. Si vous lisez dans la presse l'histoire de la baie des Cochons, la CIA opérant en secret : « Même si vous recevez un ordre du Président, continuez[69]. » C'est le genre de chose qui se reproduira forcément. En parlant aux gens de Washington, j'apprends des petites choses – Joe Kraft[70] m'a dit que Lyndon était venu à Georgetown l'autre soir, qu'il avait bu, qu'il était resté jusqu'à trois ou quatre heures du matin, et avait déclaré : « Je ne sais pas si je suis capable d'être président, si j'ai l'équipement adéquat. » Les gens vont croire que je suis aigrie, mais je ne suis pas si amère. Je voulais juste montrer quel genre de président était

---

68. En mentionnant l'avertissement de son mari, Jacqueline Kennedy faisait preuve d'une étrange prescience quant au problème qu'allait rencontrer l'implication américaine au Vietnam.

69. En d'autres termes, l'invasion devait se poursuivre même si le Président en ordonnait la suspension.

70. Joseph Kraft (1924-1986), journaliste de Washington et habitant de Georgetown.

Jack et quel genre de président est Lyndon. Le week-end dernier, ce vieil imbécile de Harold Stassen [71] a dit – c'est assez juste, si seulement quelqu'un d'autre l'avait dit à sa place ! – que Johnson serait comme Harding, qu'il y aurait une nouvelle époque de satisfaction, les hommes d'affaires aimaient Harding, les sénateurs aimaient Harding, il n'espionnait pas les gens qui travaillaient pour lui, donc il pouvait y avoir un peu de corruption par-ci par-là. Et vous connaissez la suite. Lyndon va profiter de ce qu'a fait Jack, le progrès va continuer parce qu'il ne peut pas s'arrêter, pour les droits civiques, la fiscalité, l'épuisement des réserves d'or [72]. Vous agirez peut-être plus pour l'Alliance, mais quand une vraie crise arrivera, c'est là que Jack va leur manquer. Je veux juste leur faire savoir que c'est parce qu'ils n'ont pas le genre de président qu'il était, pas parce que c'était inévitable [73].

71. Harold E. Stassen (1907-2001), jadis jeune gouverneur républicain du Minnesota, avait été un candidat présidentiel très sérieux, mais à force de se présenter alors même qu'il n'avait plus aucune chance, il devint un sujet de plaisanterie.

72. John F. Kennedy avait dû affronter une inquiétante fuite des réserves d'or vers l'Europe.

73. L'attitude de Jacqueline envers Johnson s'était durcie, tout comme celle de Robert Kennedy. Plus tard en 1964, quand Jacqueline lut le premier jet du *Kennedy* que devait publier Sorensen, elle exigea que l'auteur changeât ou supprimât presque toutes les références favorables au vice-président de son mari, notant « plusieurs allusions élogieuses à Lyndon B. Johnson, dont je sais qu'elles ne reflètent pas l'opinion du président Kennedy [...]. Vous devez savoir – aussi bien ou mieux que moi – combien Lyndon B. Johnson a peu à peu baissé dans son estime [...]. Il s'inquiétait de plus en plus de ce qui arriverait si Lyndon B. Johnson devenait un jour président. Cette perspective l'effrayait réellement ». Alors que Sorensen affirmait que le Président avait « appris » de Johnson sur l'art de faire campagne, elle contredit cette assertion : « Le style de Lyndon le mettait toujours mal à l'aise, surtout quand il l'envoyait un peu partout en tant que vice-président. » Par la suite, cependant, le temps, la distance, la fin de la rivalité entre Robert Kennedy et Johnson, la mort de Lyndon B. Johnson, et sa relation cordiale avec Lady Bird adoucirent l'attitude de Jacqueline envers le successeur de son défunt

Quel genre de vice-président était Lyndon ?

C'était très drôle parce que Jack, trouvant que le rôle de vice-président était horrible, donnait à Lyndon beaucoup de choses à faire. Mais il ne les faisait jamais. Il aurait pu créer son Conseil des droits de l'homme [74], l'égalité des chances, ce qu'il voulait. Il aurait pu en faire beaucoup plus dans le domaine de l'aérospatiale. Mais il ne voulait jamais prendre aucune décision, faire quoi que ce soit qui l'obligeait à prendre position. Ce qui lui plaisait vraiment, c'était les voyages [75]. Jack disait qu'on ne pouvait jamais arracher une opinion à Lyndon, en réunion de cabinet, en réunion sur la sécurité nationale. Il disait juste qu'il était d'accord avec tout le monde, ou bien il ne disait rien du tout [76]. Alors Jack

---

mari. Elle sut distinguer ses objections à la politique de Johnson – surtout l'escalade de la guerre du Vietnam, que Jack n'aurait jamais acceptée, selon elle – et son amitié pour l'homme et pour son épouse, qu'elle s'efforça de voir régulièrement dans les années 1980-1990, quand les deux ex-Premières Dames passaient l'été à Martha's Vineyard. Dans une conférence sur Johnson pour la Johnson Library, Jacqueline dit en 1974 qu'après l'assassinat, Lyndon B. Johnson avait été « extraordinaire. Il fit tout ce qu'il pouvait pour être magnanime [...]. Sa générosité d'esprit me toucha vraiment [...]. C'est ce que j'ai toujours éprouvé à son sujet » (Sorensen, *Counselor*, Harper, 2008, p. 408-409).

74. John F. Kennedy avait nommé Johnson président du Comité pour l'égalité des occasions d'emploi, ainsi que conseiller pour la conquête de l'espace.

75. Pour la défense de Johnson, il faut préciser que Kennedy était prêt à accorder des titres à son vice-président mais – connaissant sa tendance à aller trop loin dès qu'il en avait l'occasion – jamais grand-chose à faire. Il envoyait souvent Johnson en voyage pour lui faire oublier son ennui et son impuissance. L'aide et ami de Johnson Jack Valenti décrivit ainsi Lyndon B. Johnson comme vice-président : « Ce grand et fier vaisseau était tout simplement incapable de bouger. Bloqué dans la mer des Sargasses, sans vent ni marée. »

76. Sur ce point, Jacqueline Kennedy avait absolument raison. Au printemps 1963, lors d'une réunion où John F. Kennedy hésitait à soumettre au Congrès un projet de loi sur les droits civiques, il demanda son opinion à Johnson, qui répondit d'un ton acide qu'il ne pouvait rien dire parce que personne ne lui avait fourni assez d'informations pour se

l'envoyait au Pakistan, par exemple. Et là-bas, ce qui l'intéressait vraiment, c'était son chamelier [77]. Ou bien il demandait à aller en Finlande, et tout se passait bien. Il en rapportait un tas d'oiseaux en verre avec écrit « Lyndon » dessus, qu'il distribuait à tout le monde. Il avait demandé à aller au Luxembourg : c'est pathétique, face à un président qui s'efforce de vous donner des responsabilités, de demander à faire un voyage au Luxembourg et en Belgique. Et je sais qu'en Grèce, ils nous ont raconté qu'on n'imaginait pas la pagaille et l'agitation qu'il avait causé, en exigeant des masseurs ; son passage avait plus ressemblé à une visite présidentielle qu'à autre chose. Voilà ce qu'il aimait. Lyndon s'était donné tant de mal au début. Godfrey McHugh avait essayé de pousser Jack à commander quatre nouveaux avions *Air Force One*, des 707, parce qu'il nous fallait le plus rapide. Celui de Moscou était plus rapide. Jack ne voulait pas dépenser autant pour quatre avions, mais Lyndon insistait. Quand Jack a eu son *Air Force One*, je ne sais pas si Lyndon a eu un *Air Force One* identique ou un des anciens avions, mais il insistait toujours pour en avoir un plus grand. Il lui fallait toute la panoplie qui va avec le pouvoir, mais aucune des responsabilités. Et chaque fois qu'il revenait de voyage, Jack lui demandait gentiment s'il voulait bien venir faire son rapport. Un jour, en Floride, pendant ses vacances, si Lyndon était venu faire son rapport, ça aurait été en pleine nuit, ce qui n'était pas idéal pour Jack et ce qui aurait été terrible pour Lyndon. Mais Jack a dit : « Voyez s'il en a envie », et

former une opinion. Dans une interview de 1965, Robert Kennedy se souvenait que pendant la crise des missiles, Lyndon B. Johnson « n'a jamais fait aucun suggestion, aucune recommandation sur ce qu'il fallait faire [...] Ce que nous faisions lui déplaisait, mais il n'a jamais dit clairement ce qu'il aurait fait à notre place ».

77. Lors d'un voyage au Pakistan en 1961, Lyndon B. Johnson invita un chamelier nommé Bachir Ahmed à venir le voir aux États-Unis. À sa grande surprise, Ahmed le prit au mot et Johnson le reçut lors d'une visite très médiatique dans son ranch du Texas.

Le vice-président Lyndon Johnson et le président Kennedy
à la Maison Blanche

Lyndon en avait envie. Alors il prenait un jet spécial, toute la presse était prévenue. Et bien sûr, il n'avait absolument rien à dire, mais il faisait comme si. Voilà quel genre de vice-président il était. Mais Jack a toujours dit qu'il n'était jamais déloyal. C'est vrai.

Quelles étaient ses relations avec le Congrès ?

Jack disait que, depuis qu'il n'était plus leader de la majorité, il n'avait plus rien à voir avec le Congrès. Je pense que les représentants ne s'intéressaient guère à lui. Ils n'aimaient pas que le vice-président, que l'exécutif se mêle de leurs affaires [78]. Et Jack disait à Ben Bradlee : « Mon Dieu, Mansfield est de plus en plus accompli » ; en réalité, c'était Larry O'Brien et Mansfield. Lors de l'un de nos derniers dîners à la Maison Blanche, peut-être deux ou trois semaines avant Dallas, Ben Bradlee était là, et Jack n'arrêtait pas de lui dire : « Pourquoi ne mettez-vous pas Mansfield en couverture de *Newsweek* ? Pourquoi ne lui consacrez-vous pas un bel article ? Il en a fait plus. » En fait, Lyndon trompait tout le monde. Jack n'a jamais cherché à lui nuire, mais Lyndon bernait tout le monde grâce à sa personnalité. « Après tout, c'était sous Eisenhower », et il citait des choses très négligeables. « La situation était tellement plus difficile aujourd'hui. » Et je me rappelle, il détaillait : 68 % de notre programme la première année, 71 ou 73 % la deuxième année, et il disait : « Nous allons faire ceci et cela d'ici telle année. » Ben l'aiguillonnait : « Mais vous n'allez pas régler le problème de la fiscalité et celui des droits civiques cette année. En tout cas, pas la fiscalité. » Et il a répondu : « Quelle

78. Avant l'investiture, Johnson avait commis l'erreur de vouloir persuader les démocrates du Sénat qu'il devait prendre la tête de leur course à l'investiture. Lorsqu'il fut recalé après un vote, John F. Kennedy nota que « Lyndon a vraiment perdu sa flamme » (Benjamin Bradlee, *Conversations avec Kennedy*, trad. F.-M. Watkins, Paris, Fayard, 1975, p. 247).

importance, Ben ? Nous allons régler la question de la fiscalité, la loi sera votée en février. OK, ce n'est pas cette année, c'est deux mois après. » Et pour les droits civiques, il avait vu juste, tout s'est déroulé selon son calendrier. Mansfield était un homme extraordinaire, personne n'en avait conscience parce qu'il était discret. Lyndon, comme vice-président, ne faisait rien. Mais tout allait très bien.

On a dit qu'il avait envisagé de se passer des services de Johnson en 1964.

Pas en 1964. Mais Bobby m'en a parlé plus tard, et je sais que Jack m'en parlait parfois. « Bon sang, tu imagines ce que deviendrait le pays si Lyndon était président ? » Il l'a dit si souvent. Je ne vois pas comment il aurait pu le lâcher en 1964. Mais en 1968, je pense que Lyndon serait trop vieux pour se présenter à la présidentielle. Jack n'aimait pas l'idée que Lyndon lui succède, il s'inquiétait pour le pays. Et Bobby m'a dit qu'ils en avaient discuté ensemble. J'oublie ce qu'ils préparaient exactement. Il s'agissait de nommer quelqu'un d'autre en 1968 [79].

Avez-vous un souvenir précis de la campagne au Congrès en 1962 ? Évidemment, elle a été dominée par la crise de Cuba. Vous n'y avez pas participé, je crois.

Non, Jack ne m'a pas demandé d'y participer.

---

79. Dans la dernière année de sa vie, John F. Kennedy demanda à son ami Charlie Bartlett s'il pensait que le candidat démocrate devait être en 1968 « Bobby ou Lyndon ». Selon d'autres sources, le Président envisageait vaguement de prendre en 1964 pour colistier le gouverneur libéral de Caroline du Nord, Terry Sanford, si nécessaire, ou comme candidat présidentiel en 1968.

Au début, il prévoyait une campagne plutôt courte, puis il en a fait une longue. Parlait-il parfois des petits déjeuners législatifs [80] *?*

Oui, parce que parfois ils étaient à l'étage et les enfants entraient dans la salle à manger. Parfois, je sortais de ma chambre en peignoir, et je croisais tous ces hommes dans un nuage de fumée.

Le petit déjeuner avait lieu à l'étage ?

Quelquefois. Plus tard, c'était dans la salle à manger familiale. La première fois, toutes les chaises anciennes de Harry du Pont s'étaient cassées une par une. Mais Jack en parlait, il me racontait ce qui s'était dit.

Qui appréciait-il en particulier ? Hubert ?

Il aimait beaucoup Mansfield et Dirksen était toujours charmant avec lui. Je ne sais pas, je pense que la mort de Sam Rayburn l'a beaucoup attristé. Et il avait toujours des ennuis avec McCormack. Mais aux petits déjeuners, je pense que McCormack était toujours correct. Je ne sais pas, honnêtement [81]. Je sais une chose intéressante que m'a dite Larry O'Brien, à propos de Ted Sorensen. Larry ne supportait pas

80. Le Président recevait régulièrement les leaders du Congrès pour un petit déjeuner.

81. Everett Dirksen (1896-1969) fut sénateur de l'Illinois et leader des républicains au Sénat de 1959 à sa mort. Même si son style, ancré dans le XIXe siècle, était très différent de celui du Président, John F. Kennedy avait depuis longtemps d'excellentes relations avec lui. Il n'en allait pas de même avec McCormack, le président de la Chambre, aigri par l'ascension météorique qui avait permis à Kennedy de le supplanter à la tête des démocrates du Massachusetts. L'animosité de McCormack envers le Président fut accrue lorsque Edward Kennedy supplanta son neveu Edward McCormack en 1962 et fut élu sénateur démocrate du Massachusetts.

Ted Sorensen, évidemment les Irlandais étaient jaloux des Sorensen. Larry préparait un programme de discussion pour les petits déjeuners et, juste avant qu'ils commencent, Ted demandait à le consulter et il l'emportait. Il changeait une ou deux phrases, ajoutait ses initiales, TCS, et le faisait circuler ainsi. Ted Sorensen voulait laisser sa marque partout. Je vous ai parlé du *Courage dans la politique*, je viens de vous dire ce qu'il faisait à Larry O'Brien. C'était sournois.

C'était mesquin. Il se conduisait un peu mieux à la Maison Blanche, n'est-ce pas ?

Quelqu'un [82] a dit qu'il n'aimait que lui-même, et finalement il s'est mis à aimer quelqu'un d'autre : Jack. Il adorait Jack. Je me rappelle lorsqu'il a commencé à vouloir parler comme lui, quand il a osé l'appeler Jack, il rougissait. Je pense qu'il voulait avoir la même aisance que Jack, ce côté civilisé, son aisance lors des dîners, quand vous plaisez aux filles, aux gens. Parce qu'il savait qu'il n'était pas tout à fait comme ça au départ, c'est devenu comme une rancœur chez lui. Il avait un gros complexe d'infériorité, donc cela se traduisait constamment dans son attitude, mais je ne l'ai jamais vu beaucoup à la Maison Blanche. Il n'était jamais invité. Je pense qu'il a dû venir à quelques dîners officiels, mais jamais à un dîner privé. Ou bien à un ou deux bals, peut-être. Mais comme Ted et lui avaient des problèmes toute la journée, c'était la dernière personne à inviter le soir.

Une chose qui étonnait tout le monde dans l'aile ouest, c'est la manière dont George Smathers a survécu. Le Président était furieux contre Smathers, au sujet de Medicare, de l'aide étrangère, il disait : « C'est sa dernière chance. » Et Smathers votait à nouveau contre, mais il restait quand même.

---

82. Ce « quelqu'un » était Robert Kennedy.

Cela me rendait furieuse, et blessée. Jack était si charitable. Son amitié avec Smathers remonte à avant le Sénat, à avant son mariage. Je pense qu'ils se voyaient un peu, l'été. Stockdale était l'ami de Smathers [83]. Ces derniers temps, ils se voyaient moins. Et cette amitié correspondait à un côté un peu brut de Jack : vous connaissez le genre d'histoires que raconte Smathers. Jack était toujours fidèle en amitié, mais il savait quand Smathers lui faisait du mal.

Kenny [84] détestait Smathers.

Oui, et moi non plus je n'aimais pas Smathers. Mais Jack ne se serait jamais opposé à quelqu'un qui avait été son ami à une époque, même s'il était blessé par son attitude. Il le voyait moins, leur relation n'avait plus rien de personnel, mais il ne disait jamais : « Ça suffit, vous partez, maintenant nous sommes ennemis », parce qu'il était trop gentil. Donc il laissait courir.

Mansfield faisait selon lui un excellent travail au Sénat. Et McCormack aussi. Parlait-il parfois de Boggs [85] ?

Je sais qu'il appréciait beaucoup Hale Boggs, qui était déjà notre ami avant la Maison Blanche. Nous avions l'habitude de le voir. Mansfield aussi.

Il aimait ces petits déjeuners législatifs, n'est-ce pas ?

---

83. Edward Stockdale (1915-1963), spéculateur immobilier, assistant de Smathers, fut le premier ambassadeur de John F. Kennedy en Irlande. Accablé de chagrin après l'assassinat du Président, Stockdale se suicida en se jetant du haut d'un immeuble de Miami en décembre 1963.

84. Kenneth O'Donnell jugeait les sénateurs selon leur degré de soutien pour les mesures prises par Kennedy.

85. Hale Boggs (1914-1972) était représentant démocrate de la Louisiane et leader de la majorité à la Chambre.

Oui.

Qu'avez-vous dit tout à l'heure, à propos d'un enregistrement où Johnson aurait avoué qu'il se sentait inadéquat ?

Rien. Joe Kraft m'a raconté que quelqu'un avait été si horrifié en voyant Johnson ivre à quatre heures du matin, disant qu'il doutait d'être qualifié pour être président. Et la personne en question est rentrée chez elle pour enregistrer cette déclaration. Je ne sais pas de qui il s'agissait, mais jamais Johnson lui-même n'aurait laissé enregistrer une chose pareille !

Oui, cela m'étonnait aussi. Macmillan avait l'air très bien[86].

Oui, il n'avait pas ce drôle d'air somnolent qu'il avait jadis.

Exactement. Quand je l'ai vu, il l'avait l'air en pleine forme, comme s'il revenait de la campagne.

J'espère que les choses s'arrangent pour lui.

Il est intervenu lors d'élections partielles à Devizes et a prononcé un discours, il se sentait politiquement très à son aise.

Je ne l'ai pas dit tout à l'heure mais, pendant la crise de Cuba, j'étais si surprise que toutes ces femmes partent alors que leurs maris travaillaient là-dessus.

Vraiment ? Il me semble que votre réaction est typique de votre attitude générale.

Peut-être beaucoup d'entre elles étaient-elles amies, ou sans lien avec le gouvernement, mais je me dis que si quelque

86. Lorsqu'il apparut pour l'émission célébrant le 47e anniversaire de John F. Kennedy.

chose avait dû arriver, ces hommes auraient voulu partir avec leur femme, la mère de leurs enfants. Mon Dieu, je trouve que cela donne l'impression qu'elles n'aimaient pas beaucoup leurs maris !

Septième conversation

MERCREDI 3 JUIN 1964

La dernière fois, nous avons conclu sur la crise de Cuba, après quoi est venu le problème avec les Britanniques autour de Skybolt. Le Président était allé aux Bermudes en décembre, et Macmillan est ensuite venu passer une journée en Floride, je crois.

Non. Je pense qu'au départ, ils se sont rencontrés à Key West.

David Ormsby-Gore et Randolph Churchill sont venus passer une journée à Palm Beach, mais pas Macmillan.

Ils s'étaient rencontrés à Nassau [1]. Jack avait demandé à David de dire à Macmillan qu'il ne retournerait pas aux Bermudes parce qu'il n'y avait pas d'eau chaude dans la salle de bains de la maison du gouverneur général. [*Rires.*] Ils se sont

1. Kennedy et Macmillan se rencontrèrent pour la première fois à Key West en mars 1961. Le journaliste Randolph Churchill (1911-1968) était le fils de l'ex-Premier ministre et un ami de la famille Kennedy. Alors que John F. Kennedy s'apprêtait à quitter Nassau, le Premier ministre canadien John Diefenbaker, pour qui il n'avait aucune sympathie, arriva pour sa propre entrevue avec Macmillan. Le Président fut obligé de déjeuner avec Diefenbaker et avec le Premier ministre britannique. Pendant ce repas, John F. Kennedy et Macmillan, diplomates, feignirent d'apprécier Diefenbaker, et le Canadien feignit de les croire.

donc vus à Nassau. Je crois que Jack n'a rencontré Randolph Churchill que plus tard. Mais je me rappelle que le lendemain, alors que j'étais dans le jardin, Godfrey McHugh est arrivé en courant, une dépêche à la main : « Une nouvelle formidable, monsieur le président ! » Et comme je vous l'ai déjà raconté, il a répondu : « Nom de Dieu, Godfrey ! » C'était trop affreux pour être vrai. Il a pris le téléphone pour interroger tout le monde, Gilpatric a dit qu'il ne savait pas, McNamara était en voyage. Je ne sais pas si vous avez lu ce qu'a écrit Dick Neustadt à propos de l'affaire Skybolt. Jack me l'a passé le 20 novembre – d'habitude il ne rapportait jamais rien à la maison – et m'a dit : « Lis ça, c'est fascinant. » J'ai emporté ce texte au Texas. Il est encore dans ma sacoche, je ne l'ai jamais lu. Mais ça explique tous les petits problèmes qu'il y a eus.

Pensez-vous que le Président ait été très contrarié ?

Il était accablé, parce que Nassau s'était tellement bien passé. Macmillan avait des soucis en Angleterre. Le compromis auquel ils avaient abouti n'était pas vraiment ce qu'il souhaitait, mais ils avaient fait de leur mieux pour que chacun soit satisfait. Et je me rappelle le visage de David, comme s'il venait de prendre un coup de pied dans le ventre. Jack s'est exclamé : « Mais qu'est-ce que nous allons faire ? » Il avait l'impression d'avoir trahi le Premier ministre. Alors David est allé dans une autre pièce, avec sa petite boîte à dépêches, il a parlé avec Macmillan au téléphone et ils ont conçu ensemble l'annonce qu'ils allaient faire. Mais ils étaient tous les deux écœurés. Jack a toujours pensé que cela avait aggravé les ennuis de Macmillan. Comme il le disait, il y a toujours dans la ligne de commandement une tierce personne dont c'est la faute. Thorneycroft, que Jack avait toujours trouvé stupide, avait fait une petite chose, quelqu'un n'était pas là au moment où quelqu'un avait appelé, je ne sais pas.

Le président Kennedy et le Premier ministre Macmillan à Nassau, décembre 1962

Vous rappelez-vous l'humeur du Président, avant son départ pour Nassau ? Il devait être inquiet, parce qu'il allait affaiblir la position politique de Macmillan. Je pense que la solution fut élaborée par le Président, Mac Bundy et David à bord de l'avion.

Jack était furieux, déjà ici, puis quand il m'en a parlé au téléphone depuis Nassau. Il détestait Diefenbaker, et Diefenbaker avait imposé cette condition : il fallait qu'il vienne déjeuner avec lui un jour. Jack était fou de rage. Mais avec Macmillan, il passait toujours un bon moment, ils avaient le même humour sarcastique. Ils réussissaient toujours à échanger quelques plaisanteries, même si elles étaient un peu teintées de désespoir. Mais toute cette affaire fut horrible.

Cependant, la question des essais de Skybolt n'eut pas l'effet que tout le monde redoutait. Après une semaine, l'affaire fut si bien menée que les conséquences furent très limitées. En Angleterre, les travaillistes ne voulaient pas de Skybolt, donc ils n'ont pas pu exploiter l'incident.

Je vois. Et je me souviens que Randolph Churchill est venu quand Jack est allé à Washington. Il soutenait ardemment Jack, c'était bien agréable. Je ne pense pas qu'il ait vu Jack à ce moment-là.

Il est venu ensuite à Washington et il était très fier d'avoir écrit le seul article pro-Nassau paru dans la presse britannique. Après cela, de Gaulle s'est opposé à l'entrée de la Grande-Bretagne dans le Marché commun[2]*. Le Président était fasciné par de Gaulle, en tant que phénomène historique, n'est-ce pas ?*

Bien sûr, il s'est toujours intéressé à de Gaulle, mais plus encore à Churchill. Et sans doute parce que j'avais lu les Mémoires de de Gaulle et parce que Jack a repris sa phrase en disant : « Toute ma vie, je me suis fait une certaine idée de l'Amérique. » Mais il me parlait de de Gaulle de manière très réaliste. Cet homme était vraiment rongé par les griefs, il expliquait qu'il n'avait jamais oublié les affronts de la dernière guerre mondiale, le fait que les Américains n'étaient pas entrés plus tôt dans la Première Guerre mondiale. Puis tous ceux à qui il avait eu affaire sont morts. Jack ne s'est jamais

2. En janvier 1963, de Gaulle opposa brusquement son veto à l'entrée de la Grande-Bretagne dans le Marché commun, déclarant que l'organisation semblerait dès lors être placée « sous dépendance et direction américaines » (Schlesinger, *Les Mille Jours de Kennedy*, p. 753).

énervé avec lui comme avec les Allemands, mais il semblait n'avoir que dégoût pour quelqu'un d'aussi méchant. Je me rappelle qu'à Paris il lui a demandé avec qui il s'était le mieux entendu, avec Churchill ou Roosevelt, et que de Gaulle a répondu : « Avec Churchill j'étais toujours en désaccord mais nous trouvions toujours un accord », une jolie formule française dans ce genre-là. Quand de Gaulle a opposé son veto à la Grande-Bretagne, je pense que Jack s'y attendait. Plus tard, quand Malraux a accompagné la *Joconde*[3], il est venu dîner un soir, seul, et Jack a dit qu'il allait éviter de lui parler de tout cela : la France, l'Angleterre, les choses qui rendaient toujours Hervé frénétique. Jack n'a parlé à Malraux que de la Chine communiste. Bundy pourrait vous parler de cette conversation. « Pourquoi vous souciez-vous tant de votre force de frappe, entre autres choses[4] ? Vous ne devriez penser qu'à la Chine communiste et à ce qui va se passer quand ils se déchaîneront. » Malraux fut assez impressionné. Ce printemps-là, j'ai dû répondre à une lettre, ou bien c'est lorsque j'ai décidé que je n'atterrirais pas à Paris en revenant du Maroc[5]. Je ne voulais plus voir les Français. Mais il n'y avait pas d'autre moyen de rentrer en Amérique. Jack a dit : « Non, ne sois pas comme ça. Ne vois-tu pas que tu es la seule possibilité, ils pensent que je suis un ceci ou cela, mais ils te trouvent charmante parce que tu aimes la France. Et tu dois toujours laisser cette porte ouverte. » Toujours la conciliation. Il disait : « À quoi bon te mettre en colère toi aussi et écrire à Malraux une lettre insultante ? » Mais de Gaulle était si peu chrétien, Jack concédait tellement de choses et ce

3. La *Joconde* arriva à Washington en janvier 1963.

4. La « force de frappe » en question est l'arsenal nucléaire dissuasif que de Gaulle tentait de créer.

5. En octobre 1963, après leur croisière grecque sur le yacht d'Onassis, Jacqueline et sa sœur Lee firent une escale au Maroc. Irritée par l'hostilité de de Gaulle alors que son mari et elle s'efforçaient d'améliorer les relations franco-américaines, elle refusa de s'arrêter à Paris.

méchant homme en cédait si peu. Il voyait bien qu'à long terme, de Gaulle agissait pour sa gloire, et qu'on se souviendrait de lui comme de l'homme qui, avec Castro et la Chine communiste, n'a pas signé le traité d'interdiction des essais nucléaires. C'est ce que Jack disait parfois de Nehru : « C'est triste, cet homme a tant fait pour l'indépendance et le reste, mais il s'est accroché trop longtemps au pouvoir et maintenant tout se délite morceau par morceau, il démolit tout. » L'image de Nehru a vraiment beaucoup changé dans ses dernières années, à cause de la Hongrie, de Goa, etc. [6]. Jack avait trouvé une très bonne formule, du genre : « On dirait que le prédicateur du village a été surpris au bordel. » L'autre jour, vous m'avez interrogée sur ses relations avec Nehru, voilà ce qu'il pensait de lui. Et à propos de Nehru, j'ai oublié de vous raconter : c'est très drôle, Nehru voulait venir en visite tout à fait privée, mais comme il n'y avait pas de foule organisée, il est allé à Disneyland en désespoir de cause. Ça ne lui ressemblait pas, mais au moins il verrait là-bas des tas d'enfants qui crieraient : « Chacha Nehru Zindabad ! » C'est curieux, ces questions d'ego. Jack pensait que c'était là le point faible de de Gaulle, et je pense qu'il ne le tenait pas en très haute estime.

Y a-t-il d'autres Français qu'il appréciait et auxquels il faisait confiance ?

Le seul que je connaisse, c'est Segonzac [7].

---

6. En décembre 1961, le très moralisateur Nehru ordonna à son armée de s'emparer de la colonie portugaise de Goa, sur la côte ouest du sous-continent, enclavée en territoire indien. Le Premier ministre indien se donna beaucoup de mal pour expliquer en quoi cette agression différait de l'invasion de la Hongrie par les Soviétiques.

7. Adalbert de Segonzac (1920-2002) était correspondant de *France-Soir* à Washington.

Pas Hervé ?

Non, Hervé l'amusait, avec sa façon de vivre, sa jalousie envers David Gore. Jack essayait toujours d'être aimable avec Hervé, et il disait parfois : « Nous devrions l'inviter à dîner parce qu'il va encore exploser. » Mais non, sur le fond, il n'aimait pas les Français, et moi je les déteste. Je ne vois aucun Français, à part peut-être des gens très simples. Peut-être Boudin [8], qui est si peu français. Vous savez, ils ne sont vraiment pas très sympathiques. Ils ne pensent qu'à eux.

Comment le Président s'entendait-il avec Malraux ?

Malraux avait une conversation brillante, Jack aussi, et Bundy était toujours là. C'était un échange formidable, mais Malraux était enveloppé dans une sorte de merveilleux brouillard. C'était très intéressant, et ils ne parlaient jamais vraiment de politique. Malraux intéressait Jack, mais il voyait bien que de Gaulle le traitait comme Muggsy O'Leary, moins bien, même [9]. Personne ne prenait la défense de de Gaulle. Et il ne servait à rien de faire passer des messages par l'intermédiaire de Malraux.

Mais le Président n'était pas stupéfait, face à de Gaulle ? Il s'attendait à le trouver aussi entêté ?

Au début, il fut un peu étonné parce qu'il s'était vraiment donné beaucoup de mal. Ensuite, il a compris que ce serait toujours comme ça et que les choses n'allaient pas s'améliorer. Et il fut vraiment agacé par la déclaration de de Gaulle après

8. Stéphane Boudin, qui la conseillait pour la restauration de la Maison Blanche.

9. John « Muggsy » O'Leary (1913-1987), grand consommateur de cigares, était le chauffeur de John F. Kennedy lorsqu'il était sénateur, puis travailla pour le service de sécurité présidentielle.

Cuba, je vous l'ai dit [10]. Mon Dieu, quel fauteur de troubles que cet homme !

Pourtant, le Président voulait que de Gaulle vienne aux États-Unis, et je pense qu'une visite était prévue pour mars de cette année [11].

Oui, ou même en janvier, à Hyannis. Hervé disait toujours que si seulement ils avaient pu se rencontrer et discuter comme Jack et Macmillan se rencontraient, chacun aurait pu parcourir la moitié du chemin et accomplir de grandes choses. Je pense qu'Hervé avait raison, même si rien n'en était sorti. Mais de Gaulle aurait voulu une entrevue historique, et je pense que leur rencontre aurait eu des résultats extraordinaires, d'une manière ou d'une autre.

Le Président espérait que cette rencontre pourrait faciliter les choses.

Vous savez, de Gaulle respectait Jack, et c'est à Paris que son opinion a changé. Je ne sais pas quelle était son opinion, mais évidemment, tout le monde se disait : « Qui est ce jeune président ? » Et si vous l'aviez entendu me parler de lui pendant ces interminables dîners – nous étions assis l'un à côté de l'autre… C'est comme ce qu'il m'a dit après les funérailles [12]. Ensuite, Segonzac m'a envoyé une lettre que je

10. De Gaulle disait que la crise des missiles avait montré qu'aux heures difficiles, les États-Unis agissaient seuls, et risquaient donc de ne pas tenir leurs promesses envers l'Europe occidentale.

11. Quand les diplomates du président Johnson rappelèrent à de Gaulle ses engagements, le président français refusa de programmer une visite en Amérique, affirmant qu'il avait honoré ses promesses par sa simple présence aux funérailles de Kennedy.

12. Après les funérailles, Jacqueline reçut de Gaulle dans le salon Ovale et lui dit que tout le monde s'était irrité de « cette affaire France-Angleterre-Amérique […] mais pas Jack » (Manchester, *Mort d'un président*, p. 672). De Gaulle reconnut que le président Kennedy avait eu

pourrai vous montrer : Burin des Roziers, le chef de cabinet de de Gaulle, je crois [13], y disait à Segonzac ce que de Gaulle pensait vraiment de Kennedy : de son vivant, Kennedy avait été le leader de l'Occident. Cela ne plaisait peut-être pas toujours à de Gaulle, mais il avait de l'admiration pour lui. Puis apparemment – Bobby m'a raconté ça plus tard – Bohlen [14] ou un autre a tenté de dire que Johnson ferait très bien l'affaire, puisque Kennedy l'avait choisi comme vice-président, pour le rassurer, les premiers jours. Et un mois plus tard, de Gaulle a répliqué : « Kennedy a pu se tromper », ou « Vous vous êtes peut-être trompés sur le compte de cet homme ». Autrement dit, son opinion de Johnson est tombée très bas. Je pense que, du vivant de Jack, il n'aurait jamais osé reconnaître la Chine communiste. Il y a beaucoup de petites choses de ce genre qu'il ne se serait pas permises, parce qu'il respectait Jack.

Le Président parlait-il parfois de l'unification européenne, de Jean Monnet, par exemple ?

Au tout début, il pensa à Jean Monnet pour l'une des premières médailles de la Liberté, il pensait que c'était un

---

une grande influence à travers le monde. Soucieuse du moindre détail, Jacqueline avait appelé le conservateur de la Maison Blanche ce matin-là à six heures, avant de se rendre à l'office à l'église St Matthew's. Elle voulait qu'il remplaçât les Cézanne du salon Ovale par des aquatintes américaines du XIXe siècle ; l'atmosphère de son entrevue avec de Gaulle et d'autres dirigeants étrangers ne devait pas être française mais américaine. Les relations de de Gaulle avec John F. Kennedy n'avaient pas été uniquement négatives. Pendant la crise des missiles, quand Dean Acheson proposa de montrer au président français les photographies prouvant que les missiles soviétiques étaient à Cuba, de Gaulle répondit que la parole de Kennedy lui suffisait.

13. Étienne Burin des Roziers (1913-) avait combattu sous les ordres de de Gaulle durant la Seconde Guerre mondiale.

14. Charles « Chip » Bohlen (1904-1974), spécialiste de l'Union soviétique, devint le deuxième ambassadeur de John F. Kennedy en France.

Funérailles du président John F. Kennedy

homme tout à fait extraordinaire, qui avait énormément travaillé en faveur de ses convictions [15]. Il trouvait que l'Union européenne était une idée merveilleuse, mais il n'a jamais pris la peine de m'en parler spécialement, même s'il y était favorable.

Oui, il y était très favorable, tout en s'intéressant beaucoup moins qu'un tas de gens du Département d'État aux questions de structure. Avec raison, selon moi, parce qu'il savait que cette unité se ferait par ses propres moyens, et qu'il ne fallait pas se focaliser sur les questions tactiques. Cela devait lui sembler historiquement inévitable.

Il m'a dit une chose très intéressante. Ah, si seulement j'avais noté tout cela, j'oublie tout ! À Nassau, Macmillan lui avait dit pourquoi de Gaulle s'était opposé à l'entrée de la Grande-Bretagne dans le Marché commun, Macmillan venait d'aller à Rambouillet deux semaines auparavant [16]. Tout semblait aller bien, jusqu'au moment où il y a eu un petit incident typiquement français, comme Hervé qui est toujours furieux qu'on ne lui accorde pas la préséance. Tel pays ou telle personne a fait quelque chose qui lui avait déplu, et voilà, il a changé d'avis.

À Rambouillet, Macmillan n'avait rien dit à de Gaulle concernant l'accord de Nassau. De Gaulle ne savait pas que tout avait été élaboré dans l'avion en route vers Nassau, il a cru que

15. Jean Monnet (1888-1979) était considéré comme l'architecte de l'Europe unie d'après la Seconde Guerre mondiale. Contrarié de constater qu'il n'existait de récompense que pour les hauts faits militaires, le président Kennedy avait créé en 1963 la médaille présidentielle de la Liberté, mais il n'eut pas le temps de la remettre à ses premiers destinataires, dont Jean Monnet, en décembre 1963.

16. De Gaulle accueillit Macmillan au château de Rambouillet en décembre 1962.

Macmillan était au courant depuis le début et lui avait caché cela. C'est ce que m'ont laissé entendre les Français qui sont ici : de Gaulle s'était senti personnellement trahi.

Voilà pourquoi il a mis son veto, alors qu'à Rambouillet tout s'était bien passé.

C'est pour cela qu'il a négocié cette affaire de manière aussi brutale. En tout cas, je pense qu'il aurait pu agir de façon bien moins méprisante. Venons-en aux autres dirigeants européens. Fanfani est venu ici deux ou trois fois ; quand je l'ai rencontré, il m'a rappelé qu'il avait fait la connaissance du Président lors de la convention de Chicago, en 1956[17].

Jack appréciait Fanfani. C'est une sorte d'ouverture sur la gauche. Ils s'entendaient bien, mais il ne l'inspirait pas plus que cela. Je ne vois pas d'autres dirigeants européens. Tito était très fiévreux lorsqu'ils se sont rencontrés, ce fut difficile[18]. Je n'y étais pas. Je pense que le pauvre homme avait plus de 40 °C de fièvre et ne pouvait rien manger. La rencontre fut très polie, mais sans plus.

Comment était venue l'idée du voyage en Inde que vous avez entrepris avec Lee ?

C'est Nehru qui l'a proposé lorsqu'il était ici, pendant un dîner. Ken Galbraith a sauté sur l'occasion. Le voyage a été retardé plusieurs fois. J'étais encore horriblement fatiguée après John et je ne voulais pas me mettre en route. Mais

17. Amintore Fanfani (1908-1999) fut Premier ministre italien pendant l'essentiel des années Kennedy, pour le troisième de ses cinq mandats à ce poste. Leader du parti chrétien démocrate, il avait assisté à la convention démocrate de 1956.

18. Josip Broz Tito (1892-1980), fondateur et homme fort de la Yougoslavie, fut invité à déjeuner par John F. Kennedy à la Maison Blanche en octobre 1963. Jacqueline était encore en Grèce.

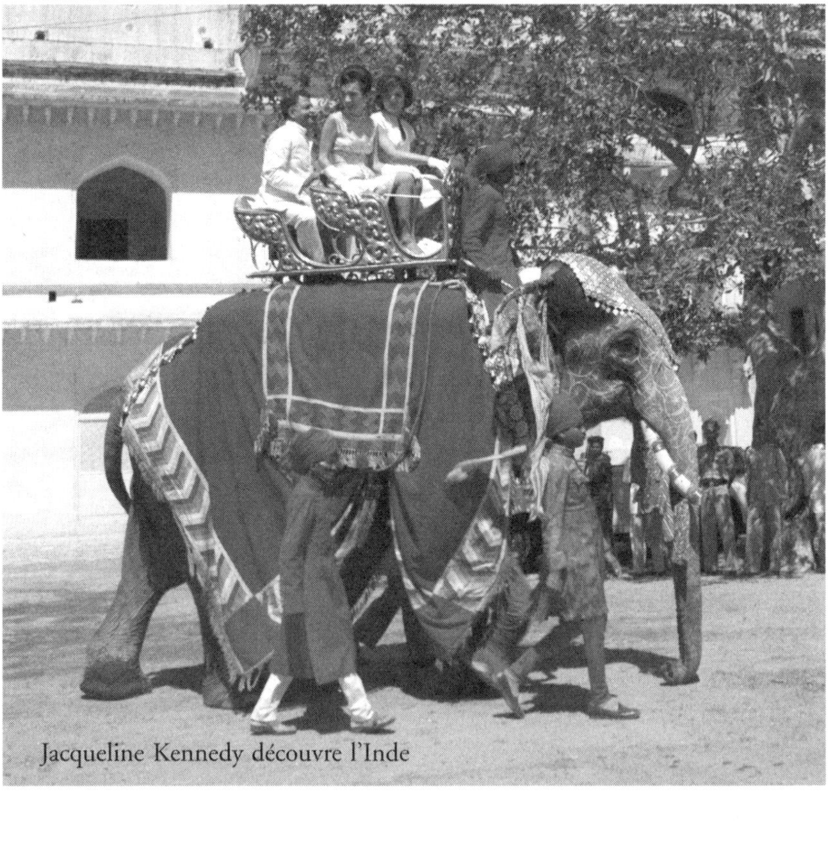

Jacqueline Kennedy découvre l'Inde

j'avais envie de voir l'Inde. Il y a eu plusieurs incidents qui nous ont obligés à reporter le départ. Peut-être Cuba ? Je ne sais plus. Encore une preuve de la gentillesse de Jack. Le programme fut repoussé de deux semaines. Un voyage à travers toute l'Inde ! Mon Dieu, cela l'aurait tué, en pleine campagne ! Il y a eu tout un échange de courrier, pour essayer de changer les dates, Ken disait que les enfants de Mysore tressaient des guirlandes... Finalement, avec une carte, nous avons réduit la visite à un tout petit séjour, avec surtout le Rajasthan. Un jour, nous étions en Floride, c'était Pâques, ou l'anniversaire de Washington, j'oublie, Jack a parlé à Ken Galbraith qui protestait au téléphone, il a passé tout le dernier jour de ses petites vacances à crier à Ken (la ligne était mauvaise) : « Ce sera trop pour elle. Ken, ça m'est égal. Tout le monde se plaint. C'est ce qu'ils disent pendant les campagnes quand on leur répond qu'on ne peut pas. Je ne la laisserai pas partir. Elle est fatiguée. » Il s'est vraiment battu pour faire raccourcir ce voyage. Et il y est arrivé. C'est formidable, d'aller en Inde, peu lui importait réellement que j'y aille ou pas, mais il devait penser que ce serait agréable.

Je pense qu'il fut ravi, très fier de cette réussite. Comme vous l'avez dit à propos de la France, indépendamment du plaisir que vous procuraient ces vacances loin de Washington, cela aidait le pays et aidait le Président sur certains points importants.

Vous savez, c'est très drôle, la différence entre l'Inde et le Pakistan, parce que l'Inde commençait seulement à connaître Nehru, qui nous aimait bien, Lee et moi. Et jamais nous n'avons mentionné le Pakistan. Et puis il y avait Ken Galbraith, B.K. Nehru, Mme Pandit et sa sœur [19]. C'était plutôt

19. Vijay Lakshmi Pandit (1900-1990) fut envoyée par son frère, le Premier ministre Nehru, comme ambassadeur à Londres, à Moscou et à Washington.

Le président pakistanais Ayoub Khan offre un cheval
à Jacqueline Kennedy

une sorte de groupe familial. Les repas étaient charmants. Et quand nous sommes arrivées au Pakistan… bien sûr, au fond, je trouvais les Pakistanais plus sympathiques que les Indiens. Ils sont plus virils, et Ayoub n'arrêtait pas de parler politique, de dire qu'il détestait Nehru et ne pouvait pas le supporter [20]. J'ai reçu un message du Département d'État, de Ken qui

20. Mohammed Ayoub Khan (1907-1974), président du Pakistan de 1958 à 1969, est l'homme d'État pour qui les Kennedy avaient organisé un splendide dîner à Mount Vernon en 1961.

voulait donner l'impression que McConaughy[21] était un vieil ami de Jack. En tant qu'ambassadeur, McConaughy était arrivé un jour avant moi, alors j'ai essayé de dire devant Ayoub qu'ils se connaissaient depuis longtemps. Et là, devant Ayoub, McConaughy a protesté : « Ah non, ce n'est pas du tout vrai, Mme Kennedy. J'ai rencontré le Président pour la première fois il y a deux semaines, quand j'ai donné... » C'est alors que j'ai écrit à Jack ma seule lettre, en descendant la Khyber Pass, et je la lui ai donnée une fois à la maison. Je lui expliquais que McConaughy était un ambassadeur lamentable, en expliquant ce que devait être selon moi notre ambassadeur au Pakistan : un gentleman, un soldat et un ami du Président. Je suggérais quelques noms, Bill Blair, Bill Battle[22]. Jack fut si impressionné qu'il la montra à Dean Rusk, qui avait imposé McConaughy, en disant : « Voilà le genre de lettre que devraient m'adresser les inspecteurs des ambassades. » Il n'avait jamais été favorable à McConaughy, qui était gentil, mais tellement... À l'arrivée à Rawalpindi, un journaliste de *Paris Match* a hurlé alors que nous sortions de l'avion : « Bonjour, Jacqueline ! » Ce soir-là, McConaughy a dit à Ayoub Khan : « Monsieur le président, j'ai été surpris d'entendre autant parler français à l'aéroport aujourd'hui. Je ne me rendais pas compte que l'influence française était aussi forte au Pakistan. » Ayoub l'a regardé et a répondu : « Vous comprendrez, je pense, que l'influence a surtout été britannique, ici. » Mais vous savez, Dean Rusk ! Enfin, c'était mon

21. Walter McConaughy (1908-2000) avait travaillé pour le Département d'État en Birmanie et en Corée du Sud. Il fut ambassadeur au Pakistan de 1962 à 1966. Le Département d'État voulait suggérer que, comme pour New Delhi, le Président avait envoyé un vieil ami à Islamabad.

22. William McCormick Blair (1916-) était héritier d'une banque d'investissement et un proche collaborateur de Stevenson. Il devint l'ambassadeur de Kennedy au Danemark. William Battle (1920-2008) qui avait aidé à sauver John F. Kennedy dans le Pacifique sud pendant la Seconde Guerre mondiale, était son ambassadeur en Australie.

voyage. Et ce voyage fut si fatigant qu'au Pakistan, nous saignions du nez de jour comme de nuit, Lee et moi. Nous sommes rentrées épuisées.

Le Président parlait-il beaucoup de l'Afrique ? Du Congo ?

Oui. Un jour, à propos d'Ed Gullion et de Bill Attwood – Attwood était tombé malade là-bas, nous étions désolés pour lui – il a dit : « Ce sont des lieux où il est tellement plus important d'être aujourd'hui comme diplomate. Londres, Paris, tout ça ne compte plus. Il y a le téléphone, et c'est comme ça qu'on travaille. Mais tous ces endroits reculés d'Afrique sont les endroits les plus passionnants pour un diplomate, c'est là qu'on peut faire le maximum. » Il avait toujours eu une affection particulière pour Ed Gullion. Quand il a prononcé son discours sur l'Indochine – c'était l'année qui a précédé notre mariage, parce que j'avais dû le dactylographier cet été-là, j'avais dû traduire tous ces livres français – Ed Gullion était le seul membre du Département d'État qui parlait à Jack et qui disait réellement à quel point les choses se dégradaient en Indochine[23]. Je pense qu'il a été renvoyé à cause de cela.

On lui a confié des responsabilités tout à fait différentes.

Oui, ils lui ont donné un poste lamentable. Nous le voyions constamment, et le fait que Jack l'ait nommé au Congo montre bien ce qu'il pensait de lui. Il le trouvait vraiment exceptionnel.

---

23. La République du Congo connut des troubles pendant les années Kennedy. Edmund Gullion (1913-1998) et William Attwood (1919-1989) étaient les ambassadeurs de John F. Kennedy au Congo et en Guinée, respectivement. En 1963, Kennedy envisagea de nommer Gullion ambassadeur au Sud-Vietnam, avant de choisir Henry Cabot Lodge Jr, qu'il avait battu pour le poste de sénateur en 1952.

En 1963, l'un des sujets de préoccupation du Président était bien sûr le Vietnam, avec Diem et Mme Nhu[24].

Oui, cela couvait depuis longtemps, je n'en parlais jamais à Jack quand il rentrait à la maison. J'oublie depuis combien de temps Lodge y était avant que ça ne tourne mal.

Je pense qu'il était arrivé trois mois avant que Diem soit renversé.

Il s'est mis à agir assez bizarrement, il ne répondait pas aux télégrammes, comme s'il se chargeait lui-même de toute l'affaire. Et quand le coup d'État est arrivé, Jack en était malade. Je sais qu'il avait essayé d'empêcher Lodge d'agir, de l'arrêter à temps. Je n'ai appris l'essentiel que plus tard, mais il avait essayé d'arrêter les choses. Quand Diem fut assassiné, Jack a eu cette mine affreuse qu'il avait eue au moment de la baie des Cochons. Il était si blessé, il secouait la tête. Dans notre chambre à la Maison Blanche, il disait : « Oh ! Non ! Pourquoi ? » Diem luttait depuis vingt ans contre le communisme, ça n'aurait pas dû se terminer ainsi. Il était écœuré.

24. À l'été 1963, le président Diem lança la répression contre ses opposants, les bouddhistes en particulier. Quand un prêtre bouddhiste s'immola par le feu dans une rue de Saigon, la belle-sœur de Diem, Tran Le Xuan (1924-2011), connue sous le nom de Mme Nhu, déclara froidement que c'était « un barbecue ». Au cours de l'été et de l'automne, le Président fut forcé de réfléchir à l'emploi qu'il voulait faire de la force militaire américaine pour soutenir un régime sud-vietnamien qui, bien qu'anticommuniste, devenait de plus en plus autoritaire et corrompu. Il approuva le coup d'État, mais les militaires qui l'avaient préparé en perdirent le contrôle, et les événements culminèrent avec l'assassinat des frères Diem. Mme Nhu accusa Kennedy d'avoir commandité le meurtre de son mari et de son beau-frère. Quand John F. Kennedy mourut, la politique étrangère des États-Unis concernant le Vietnam était à un tournant. Rétrospectivement, ce moment historique ressemble à celui sur lequel Kennedy avait interrogé le professeur Donald. Pour Lincoln, il s'agissait des décisions qu'il aurait prises quant à la reconstruction, s'il avait vécu. Pour Kennedy, il s'agissait du Vietnam.

Mme Nhu racontait des tas de choses sur lui, je pense que cela devait l'agacer encore plus. Mais quand je lui ai demandé : « Pourquoi ces femmes comme elle et Clare Luce, qui plaisent évidemment aux hommes, pourquoi ont-elles cet étrange goût du pouvoir ? » Elle était tout ce que Jack trouvait déplaisant, tout ce que je trouvais déplaisant chez une femme. Il a répondu : « C'est curieux, mais c'est parce qu'elles sont mécontentes de devoir aux hommes leur pouvoir. » Elles en viennent ainsi à détester les hommes, en sorte. Elle était assez comme Clare Luce. Je ne serais pas étonnée qu'elles soient lesbiennes.

Clare Luce a écrit sur vous un article très favorable, vous vous rappelez ?

Oui, mais Clare Luce était venue un jour déjeuner avec Jack à la Maison Blanche, quand Tish était encore là [25]. Elle avait tellement envie de venir le voir comme l'aurait fait un homme. Elle voulait le voir dans son bureau. Donc un déjeuner « entre hommes » avait été arrangé, et Tish m'a raconté qu'elle était si nerveuse qu'elle avait dû prendre trois Martinis ce matin-là [26]. J'étais si furieuse, j'ai réussi à me trouver juste à côté de notre salle à manger, je faisais semblant de m'occuper dans mon bureau, et je l'ai ignorée ; quand Jack nous a présentées, je suis restée les mains le long du corps, puis je suis repartie. Par la suite, il m'a dit : « Tu sais, si tu dois battre froid à quelqu'un, chérie – il était touché par ma fidélité parce que cela allait pousser Mme Luce à être encore plus

25. Lors de leur déjeuner en 1962, Mme Luce lui déclara avec aplomb que tout président pouvait être résumé « en une phrase » (Ralph Martin, *A Hero for Our Time*, Macmillan, 1983, p. 431) et qu'elle se demandait ce que cette phrase serait dans son cas.

26. Tish Baldrige avait travaillé pour Mme Luce à Rome. Elle n'avait pas envie de voir son ancienne employeuse se battre avec son employeur actuel au cours de ce déjeuner.

méchante envers moi [27], mais il n'était pas très content que j'aie fait cela – fais-le naturellement, ne viens pas te planter là pour leur tendre un piège. » Apparemment, pendant ce déjeuner, Mme Luce, qui devait avoir un peu trop bu, l'a attaqué sur un tas de points. À la fin, lui qui était toujours si courtois avec les dames, a dit : « Eh bien, je suis désolé, Mme Luce, mais malheureusement vous n'êtes pas en position d'y faire quoi que ce soit, alors que moi, oui. » Et c'est ainsi que ça s'est terminé. Le plus triste, c'est qu'ils avaient été amis, qu'elle avait été amie de M. Kennedy et qu'il l'avait beaucoup aidée. Vous savez, avec Morse, quand elle n'est pas allée au Brésil [28] ? Eh bien, Harry Luce et M. Kennedy lui avaient dit qu'elle ne devrait pas y aller, Jack l'a appelée exprès pour lui dire : « Vous savez, ils se trompent. Vous serez bien plus heureuse là-bas. Vous avez besoin de vous occuper. Toute l'affaire va retomber et je vous conseille vraiment d'accepter cette offre. Mon père est plus âgé, c'est ainsi qu'il voit les choses. » Elle n'a pas accepté et je pense que Jack avait entièrement raison. Ensuite elle est allée dans l'Arizona fabriquer de petites tables en mosaïque, elle est devenue de plus en plus aigrie, de plus en plus venimeuse [29]. Jack a essayé de l'aider. Si elle s'est retournée contre lui, cela montre bien, là encore, cette haine des hommes.

---

27. Et cela lui aurait valu l'hostilité du puissant époux de Mme Luce.

28. Wayne Morse (1900-1974), sénateur démocrate de l'Oregon et collègue de John F. Kennedy au Comité sénatorial pour les relations extérieures. Après le séjour de Mme Luce en Italie, Eisenhower l'avait nommée ambassadrice au Brésil ; elle déclara alors publiquement que si Morse avait commis l'erreur de s'opposer à cette nomination, c'était parce qu'en 1951, « un cheval lui avait donné un coup dans la tête » (*Life*, 11 mai 1959 ; Morse avait été grièvement blessé lors de cet accident). Face à l'indignation d'autres sénateurs, elle refusa de retirer cette insulte et préféra demander à Ike de revenir sur sa nomination.

29. Les Luce avaient construit une maison à Phoenix. Elle s'était aussi mise à la plongée sous-marine.

Avec Harry Luce, le Président était resté en bons termes.

Je sais que Jack l'a revu deux ou trois fois et que tout s'est bien passé. Il lui reprochait certaines choses, mais leur relation n'a jamais dégénéré comme avec elle.

Comment Luce avait-il été choisi pour écrire la préface de Why England Slept *?*

Jack avait d'abord sollicité Arthur Krock. M. Kennedy a pensé que cela donnerait l'impression qu'Arthur Krock avait écrit le livre, parce que c'était un vieil ami de la famille ; il valait mieux que ce soit Henry Luce. Ils ont donc changé à mi-parcours, et c'est une chose qu'Arthur Krock n'a jamais pardonnée à Jack. La dernière fois que nous l'avons vu, il en a même reparlé. Du moins, il ne l'a jamais pardonné à M. Kennedy. C'était vraiment un affront. C'est de là que vient cette étrange inimitié de Krock à son égard ; il avait connu Jack quand il n'était qu'un enfant, il avait un peu été son mentor, pas exactement, mais il l'avait pris sous son aile. Et c'est là que cette amertume a commencé, parce que M. Kennedy a préféré demander la préface à un autre.

Je me rappelle le premier hiver, le dîner à la Maison Blanche, les Krock étaient là, donc il y avait encore une relation, mais après ça, Krock est devenu un cas désespéré.

Oui, on essaye toujours de conserver ses amis. Il avait aussi été le mien quand j'étais jeune, il m'a trouvé mon emploi au *Times-Herald*, il avait toujours été l'ami de mon grand-père, nous nous écrivions des poèmes. On essaye toujours de conserver ses vieux amis, mais chaque fois on se prend une claque, et on finit par abandonner. Il était trop aigri, il ne supportait pas de voir un jeune réussir. Nous nous donnions beaucoup de mal pour être gentils, nous sommes même allés dîner chez eux, quand Jack était président [30].

Au sujet du Vietnam, c'est assez intéressant que le Président y ait envoyé Cabot Lodge, qu'il avait vaincu au Sénat en 1952 et qui fut son adversaire comme colistier en 1960. Avait-il maintenu des relations personnelles avec Lodge ?

Non, la seule occasion dont je me souvienne, c'est quand nous avons invité Lodge à dîner avec Abboud, du Soudan. Lodge fut charmant, ce soir-là. Jack l'avait toujours trouvé arrogant et déplaisant, mais il semblait si touché d'être là qu'il en était devenu poli. Jack l'a raccompagné à la porte. Une fois devenu président, il avait ces attentions extraordinaires. Lodge avait été très bien, et quand nous sommes montés nous coucher, j'ai dit qu'il s'était très bien conduit ce soir-là, Jack a répondu : « Oui. » Ça devait lui sembler une bonne idée, comme le Vietnam était une situation désespérée, d'y nommer un républicain. Je ne sais pas, c'est ce que j'ai lu dans les journaux. Je ne lui ai jamais demandé pourquoi il avait envoyé Lodge là-bas.

Je suis sûr que cela a dû compter. Je pense que c'était une suggestion de Rusk ; le Président a dû accepter en partie pour cette raison, en partie parce que Lodge avait été agent de liaison avec l'armée française pendant la Seconde Guerre mondiale et parlait très bien le français. Et aussi en partie parce qu'il voulait prouver que nous avions assez de prestige pour reprendre au général Harkins [31] *et à l'armée le contrôle de notre politique. Par ailleurs, je pense que l'Amérique latine aussi comptait beaucoup pour le Président. Vous avez mentionné son admiration pour Betancourt*

30. En avril 1961.
31. Paul Harkins (1904-1984), commandant américain au Vietnam.

et pour Lleras Camargo. Avez-vous rencontré Frondizi, l'Argentin ?

Non, ce fut un déjeuner entre hommes.

Et un voyage au Brésil était prévu, mais toujours repoussé.

Oui, nous avions toujours nos bagages prêts. Et je me rappelle une chose très intéressante que Jack a dite quand Quadros[32] a démissionné. Jack était dégoûté : « On n'a pas le droit de faire ça. On n'est pas obligé d'être candidat à la réélection, mais on n'a pas le droit, une fois qu'on est là, de sortir de la cuisine dès qu'il commence à y faire trop chaud. » Je pense que tout le monde avait placé beaucoup d'espoirs en Quadros. Jack fut… non, pas horrifié, le mot est trop fort, mais ce n'était pas sa façon d'agir lorsqu'il acceptait une responsabilité. Je ne crois pas qu'il aurait perdu, mais il disait toujours qu'il était prêt à perdre l'élection à cause des droits civiques. Parfois, quand ça allait mal, il disait : « Eh bien, peut-être », mais on savait qu'il n'avait pas le choix. On ne peut pas être un grand président si l'on n'est pas prêt à être détesté ou à perdre pour une chose importante. C'est ce que dit *Le Courage dans la politique*, et c'est exactement le contraire de ce qu'était Quadros.

Vous rappelez-vous sa réaction à Goulart[33] ?

Non, j'étais malade le jour où il est venu déjeuner. Jack considérait Goulart comme un personnage insaisissable, qui était

32. Janio Quadros (1917-1992) fut président du Brésil de janvier 1961 jusqu'à sa démission en août de la même année.

33. João Goulart (1918-1976) fut président du Brésil de 1961 à 1964. John F. Kennedy ne fut pas ravi de voir Goulart inclure des sympathisants communistes dans son gouvernement, pas plus que par son opposition aux sanctions américaines contre Castro et ses efforts visant à améliorer les relations avec les pays du bloc soviétique.

en train de tout gâcher, sur le plan économique et avec les communistes. Il le considérait comme un escroc, comme un imposteur, je pense, mais je n'en suis pas sûre.

Quelle était son attitude par rapport au Pérou ?

Prado était venu en visite officielle. C'était vraiment un personnage comique. Quand il fut renversé, tout le monde a dit que les États-Unis avaient reconnu trop vite la junte brésilienne, parce que nous avons suspendu les relations diplomatiques et arrêté l'aide. Ensuite, Rosita Prado – Pat [34] était allée à l'école avec elle – a écrit à Jack une lettre qui disait : « Vous avez sauvé la vie de mon père », parce que Prado et sa femme allaient être exécutés. À cause de ce que nous avons fait, ils l'ont relâché et l'ont laissé aller à Paris. Il y avait eu un moment difficile, mais à long terme, cela valait mieux que de s'écrier : « Hourrah, hourrah, ils ont renversé le régime ! »....

Nous avons suspendu l'aide en disant : nous reprendrons si vous promettez de faire certaines choses, comme accorder la liberté politique aux partis, restaurer la liberté de la presse, organiser des élections. Ils ont fini par accepter et nous avons repris les relations diplomatiques, et cela a fait une grande différence.

Et au Brésil, à l'instant où la junte a pris le pouvoir, tout le monde a applaudi, mais quelle désillusion ! Betancourt m'en parlait ici, il y a deux mois. La moitié de leur Parlement, tous les grands écrivains, ils ont tous perdu leurs libertés civiles. C'était l'une des choses les plus désespérantes en Amérique latine, la différence entre Kennedy et Johnson. Cela a affecté tous les pays. Jack n'aurait jamais agi ainsi.

34. La sœur de John F. Kennedy, Patricia Kennedy Lawford (1924-2006), était mariée à l'acteur britannique Peter Lawford (1923-1984).

Charlie Bartlett a joué un rôle en négociant ces conditions avec le nouveau gouvernement péruvien. Je pense qu'il a arrangé ça avec Berckemeyer[35]*. Vous rappelez-vous quoi que ce soit de particulier en rapport avec la République dominicaine ? John Bartlow Martin ou Bosch*[36] *?*

Jack disait simplement que les problèmes de Bosch allaient être insurmontables. Il espérait tellement que ça marcherait, mais ça n'a pas marché.

Quel était son sentiment général à propos du Foreign Service, et du Département d'État ?

Il était désespéré, et il en parlait tout le temps. Au début, il avait de grands espoirs pour Rusk, en lisant son dossier. Et l'individu lui était sympathique. Bien sûr, Rusk n'est pas méchant, mais Jack a compris que cet homme était incapable de prendre la moindre décision. Certains soirs, il me disait en rentrant : « Bon sang, nous en faisons plus, Bundy et moi, en une journée à la Maison Blanche qu'ils n'en font en six mois au Département d'État. » Un jour, ils avaient demandé qu'un message soit envoyé en Russie, un message sans importance, des vœux pour l'anniversaire de Khrouchtchev ou quelque chose d'un peu plus important, et il s'est écoulé six ou onze semaines sans que rien ne soit fait. Puis, très récemment, quand je suis revenue du Maroc, j'ai parlé à Jack de ce jeune homme brillant qui travaillait à notre ambassade, rattaché au service de sécurité présidentielle, qui avait appris toutes les langues berbères ; il était là depuis deux ans et il

35. Fernando Berckemeyer était l'ambassadeur du Pérou.

36. John Bartlow Martin (1915-1987), journaliste et jadis collaborateur de Stevenson, fut l'ambassadeur de John F. Kennedy en République dominicaine. Avant d'être déposé par un coup d'État militaire, Juan Bosch Gaviño (1909-2001), premier président légitimement élu, dirigea le pays pendant sept mois en 1963.

allait être transféré aux Caraïbes, alors qu'il voulait rester dans cette partie du monde, en Algérie par exemple. Jack était furieux : « J'ai écrit à Rusk un rapport à ce sujet il y a six mois, il ne faut pas déplacer les gens tous les deux ans. Il vaut tellement mieux les laisser accumuler l'expérience. » Il disait toujours qu'envoyer un ordre à Rusk au Département d'État revenait à « le jeter dans la boîte aux lettres mortes ». Vous m'avez demandé un jour ce qu'il prévoyait de faire après l'élection ? Il comptait bien se débarrasser de Dean Rusk[37]. Mais il avait horreur de blesser les gens. J'ai dit : « Il pourrait peut-être retourner à la fondation Rockefeller ? » Jack a répondu tristement : « Non, non, il a renoncé à tout ça. Il a vraiment brûlé ses vaisseaux. » Et je pense qu'il envisageait de mettre McNamara à sa place, mais je ne sais pas s'il trouvait McNamara idéal pour la politique étrangère. Et il ne voulait pas non plus se séparer de Bundy, dont il avait besoin. Mais il lui fallait quelqu'un comme McNamara ou Bobby, qui pourrait faire déguerpir tous ces… C'est drôle, un jour, trois ambassadeurs sont venir lui dire au revoir, ils avaient tous des chemises rayées à col et poignets blancs, très anglais, le parapluie sur le bras, et deux d'entre eux portaient ce que Jack appelait des bracelets d'esclave. Je ne sais pas s'il voulait parler de bracelets d'identité ou tressés en poil d'éléphant. L'un d'eux partait pour l'Afrique, un autre pour le Proche-Orient, le Liban ou la Turquie, je ne sais plus. Ces beaux messieurs sont entrés dans le bureau, et ce n'était vraiment pas le genre d'individus que Jack avait envie d'envoyer à l'étranger pour nous représenter. Il voulait donner une image plus virile de l'Amérique. Dès que le dernier des trois eut tourné les talons, Jack a appelé Rusk – je pense qu'ils ne sont pas venus tous les

37. Dans ses mémoires de 1991, Rusk affirmait que John F. Kennedy et lui s'étaient entendus d'emblée : il ne pourrait faire qu'un mandat au Département d'État. Si c'était vrai, Jacqueline l'ignorait évidemment, et Rusk changea d'avis, puisqu'il continua pendant cinq mois, sous le président Johnson.

trois le même jour, mais plutôt en l'espace d'une semaine – et il a dit : « Je veux que vous envoyiez à tous les membres du Foreign Service une note interdisant à tous les membres de porter des bracelets d'esclave [38] ». Mais finalement, ce sont ces gens-là qui ont remplacé Rusk. Mais Rusk n'a jamais été impliqué dans quoi que ce soit de sérieux, ni dans la crise des missiles, ni rien d'autre.

Rusk n'était pas allé à Nassau parce qu'il participait à un dîner donné aux ambassadeurs étrangers, le dîner diplomatique annuel à Washington.

Jack a dit quelque chose d'extraordinaire au sujet d'Angie Duke, dont il était si fier en un sens, parce qu'Angie a les manières les plus élégantes qui soient, ce qui aidait beaucoup. Mais Angie ne voulait plus être chef du protocole et Jack a été très surpris d'apprendre où il voulait aller : au Tanganyika ! Jack pensait qu'il aurait voulu aller au Danemark, être toujours invité à des réceptions, comme Bill Blair – qui avait beaucoup déçu Jack à cause de cela. Jack a dit : « Je ne suis pas sûr qu'Angie soit vraiment à la hauteur pour le Tanganyika. » Mais il était très impressionné de savoir qu'il voulait aller dans un pays où la vie était difficile, et comme je l'ai dit : « Et les Africains, ils sont à la hauteur ? » Autre chose à propos de Dean Rusk. Vous savez, Jack était très à cheval sur les manières, il n'appelait jamais personne par son prénom tant qu'il ne connaissait pas bien les gens. Et Dean Rusk était le seul membre de son cabinet – sans doute parce qu'il était plus âgé et parce qu'il ne le connaissait pas avant – qu'il a appelé « monsieur Rusk » jusqu'à la dernière année. Et soudain, un jour, la glace s'est brisée et il l'a appelé « Dean ».

38. Les négriers nigérians utilisaient jadis des pièces portugaises pour créer des « bracelets d'esclave » décoratifs ; ce n'était sans doute pas la métaphore la plus habile de la part d'un diplomate américaine en pleine période de troubles liés aux droits civiques.

Mais les gens ne savent pas qu'il était comme ça. Cela tenait à son admiration pour tout ce qui est anglais. Il n'aimait jamais qu'on l'appelle « Jack », ou qu'on m'appelle « Jackie », sauf durant la campagne, quand les gens hurlent votre nom, mais cela prouve qu'ils vous aiment. Et il appelait toujours ma mère et mon beau-père « monsieur et madame Auchincloss ». Il appelait ma mère « Mummy », comme pour plaisanter, mais il appelait toujours mon père « monsieur Bouvier ».

Il n'a jamais appelé votre mère « Janet » ?

Jamais. Pourtant, il les connaissait si bien. Mais il ne trouvait pas cela correct.

Et les autres membres du Département d'État ? George Ball[39] *?*

Je ne sais plus pourquoi, mais je me rappelle qu'il n'était pas entièrement satisfait de George Ball.

Ni de ce pauvre Chester, bien sûr.

Ah, Chester ! Pendant une réunion, Bowles n'en finissait pas de parler en faisant de grandes phrases pleine de longs mots, cela durait des heures, et Jack disait : « Oui, Chester, mais ce n'est pas ce que je vous demande. Je vous demande ce qu'il faut faire pour tel problème. » Une chose simple, et Chester n'avait jamais de réponse. Jack était très impatient de le virer.

Il appréciait Averell.

39. Homme au discours ampoulé, Chester Bowles fut le premier sous-secrétaire d'État de Kennedy, et George Ball le second.

Tout à fait. Quant à Walt Rostow[40], je me rappelle un soir où j'assistais à un séminaire chez les Dillon. Jack était en déplacement, il faisait un discours quelque part, il m'a téléphoné et il a demandé : « Qui parle dans ce séminaire ? » J'ai répondu : « Walt Rostow parle des pays sous-développés. » Et il y avait là beaucoup de gens, comme vous, Bundy, tout le monde. Jack a dit très fort, j'ai dû mettre ma main sur l'écouteur : « Bon Dieu ! Walt Rostow a piégé tous ces gens, qui sont obligés de l'écouter ? » Parce qu'il pensait vraiment que Walt Rostow parlait des heures et était pénible à écouter. « Je suis bien content de ne pas être à ce séminaire. » Mais il aimait Rostow, il n'a jamais rien dit de méchant contre lui. Il disait que Jerome Wiesner regardait toujours à la porte[41]. Il arrivait par le bureau de Mme Lincoln et il regardait, Jack disait que ça le rendait furieux. Chaque fois que la porte était ouverte, Wiesner passait la tête, et Jack finissait par dire : « C'est bon, entrez ou allez-vous-en », et en général il n'avait rien d'important à annoncer.

Pourtant, il aimait Wiesner, je croix. Quand il fallait choisir un ambassadeur, le Département d'État voulait toujours nommer un membre du Foreign Service, et la Maison Blanche voulait toujours quelqu'un d'extérieur au Foreign Service, quelqu'un comme Bill Attwood, par exemple. Le Président commentait-il parfois ce problème ?

Les ambassadeurs venant du Foreign Service était en général horribles. Et parfois, on était obligé d'en envoyer un. On ne pouvait pas démoraliser totalement le Département d'État. Il est allé leur parler un jour, il avait vraiment préparé son

40. Walt Rostow (1916-2003), économiste au Massachusetts Institute of Technology, fut l'adjoint de Bundy avant de devenir directeur du planning au Département d'État.

41. Jerome Wiesner (1915-1994) était président du MIT quand John F. Kennedy le nomma conseiller scientifique.

discours. Au Département d'État, les gens sont formés pour ne jamais prendre position, dans un sens ou dans l'autre, mais lorsqu'ils arrivent en haut de la hiérarchie – et Jack disait que les jeunes auraient dû gravir les échelons plus vite – ils sont incapables de répondre autre chose qu'une réponse qui n'en est pas une, sans jamais prendre de risque. Le sens du discours de Jack était donc qu'il faut être prêt à prendre parti, être prêt à aller au Congrès. Leur formation n'était pas la bonne, c'était un lavage de cerveau, ils étaient trop raffinés pour être efficaces. Et je vais vous dire une chose intéressante et injuste à propos de quelqu'un qui était un ami ; Jack ne me l'a jamais dit mais je l'ai vu plus tard, cet hiver quand il est venu me voir. Il s'agit de Chip Bohlen, qu'il adorait. Parfois je taquinais Chip Bohlen, je lui disais qu'il était coincé, qu'il ressemblait trop aux gens du Département d'État. Mais il a été nommé ambassadeur à Paris vers l'époque de la crise des missiles. Bobby lui a demandé de rester, je pense que Jack lui a demandé, mais vaguement, alors que Chip Bohlen était très pressé de partir [42]. Cet hiver, je lui ai dit, quand il est venu me voir ici : « Pourquoi n'étiez-vous pas là ? » Bobby m'a révélé pourquoi il avait tellement voulu que Chip Bohlen reste : il était depuis si longtemps leur conseiller pour la Russie et Llewellyn Thompson venait d'arriver, ils ne le connaissaient pas bien. Ils allaient donc entrer dans cette crise avec un nouvel expert. Mais Bohlen devait prendre le bateau, il n'allait même pas prendre l'avion. Alors je lui ai dit : « Vous

42. Llewellyn « Tommy » Thompson (1904-1972), fils d'éleveurs de moutons du Colorado, entra au Foreign Service du Département d'État en 1929 et devint spécialiste de l'Union soviétique. Il fut ambassadeur à Moscou de 1957 à 1962. Au début de la crise des missiles, John F. Kennedy avait voulu que Bohlen retarde son départ. Il connaissait bien Bohlen ; ambassadeur à Moscou de 1953 à 1957, Bohlen avait fini par bien connaître Khrouchtchev et son cercle. Mais c'est Thompson qui conseilla John F. Kennedy pendant la crise des missiles. Le Président ne le connaissait guère mais cet homme effacé pouvait offrir sur les dirigeants soviétiques des informations plus récentes que celles de Bohlen.

n'êtes pas triste ? Pourquoi êtes-vous parti ? » Il a répondu : « Oh, ça ne me semblait pas si important, pas si grave. Je pensais que je serais plus utile là-bas, de l'autre côté de l'Atlantique. » Ce qui n'avait aucun sens, parce qu'il venait d'arriver là-bas. « Était-ce vraiment si grave ? Je n'ai pas eu cette impression. » Alors j'ai pensé : « Mon Dieu, c'est la chose la plus terrible qui soit arrivée de notre vivant, et tout ce qu'il trouve à dire, c'est que ce n'était pas grave ? » Même Chip Bohlen, cet homme brillant, était tellement imprégné du style de pensée du Département d'État que la seule chose qui comptait pour lui, c'était d'être enfin nommé ambassadeur à Paris, où il espérait rester, sous Johnson. Mais quand c'est arrivé, peu lui importait, il voulait y aller. Je trouve ça triste. J'apprécie Bohlen, mais cela le fait baisser dans mon estime.

Je sais, c'est très curieux. Je l'ai interviewé et il a évoqué cet épisode. Je lui ai posé la question et j'ai obtenu la même réponse peu convaincante : « Eh bien, tout était arrangé, et en allant à Paris je pourrais leur expliquer notre politique. » Mais il adorait le Président et il a dit une chose merveilleuse, qui est sur l'enregistrement : « Quand le Président a été tué et que Johnson est arrivé, j'ai eu l'impression que l'avenir cédait la place au présent ou au passé. »

Une autre chose qui m'a déçue chez lui : il était là, lors de la cérémonie par laquelle on a donné le nom de Jack à une rue dans Paris et il m'a envoyé son discours. Il disait que, même si ce jour avait « une certaine tristesse », le baptême de cette rue était un grand pas en avant pour les relations franco-américaines. J'ai pensé : oui, « une certaine tristesse », c'est bien le mot. J'ai eu envie de lui répondre, mais le pauvre m'avait envoyé son discours, il faisait de son mieux. Une certaine tristesse ? C'est tout ce à quoi il pense un jour pareil ? On croirait entendre Hervé, avec ses « relations franco-américaines » ! Bohlen avait beaucoup d'atouts, mais il lui manquait un petit quelque chose.

C'est le meilleur des agents du Foreign Service, mais même lui a été un peu déformé par le moule.

Lui qui est si brillant, il aurait pu devenir secrétaire d'État, mais cela n'aurait pas été une bonne chose car il aurait protégé les gens proches de lui, et c'est justement ce à quoi Jack voulait mettre fin, le fait que les gens protègent toujours leurs amis.

Et en matière de politique économique, que pensait-il de Walter Heller[43] *?*

Je ne sais pas du tout. Il n'avait pas la même personnalité que Walter Heller. Nous invitions Galbraith et tout le monde à la maison ou pour dîner, mais jamais Walter Heller. Je pense qu'il est responsable de beaucoup d'indiscrétions, il parlait trop à la presse. Je n'ai jamais entendu Jack dire quoi que ce soit contre Walter Heller, que j'ai toujours trouvé bizarre. Je n'ai jamais pu croire que ce soit un économiste si brillant que ça.

Il a fait du bon travail, et il a connu ensuite de grands malheurs.

Jack et moi, nous ne parlions pas vraiment d'économie, je suppose qu'il devait avoir confiance en lui.

Et la Cour suprême ?

---

43. Walter Heller (1915-1987), natif de Buffalo, fils d'immigrés allemands, économiste à l'université du Minnesota, fut nommé à la tête du Conseil économique.

Jack adorait Douglas Dillon, et il pensait beaucoup de bien de Dave Bell.

Oui, il se reposait beaucoup sur Dave Bell. Quand Kermit Gordon est devenu directeur du Budget, quelle a été sa réaction[44] *? Dave Bell a dû quitter son poste lorsqu'il a été chargé de l'AID.*

Le départ de Dave Bell l'a vraiment attristé.

Il pensait que Dave était le seul homme capable de redresser la situation de l'AID[45]*. Vous vous rappelez ce qu'en avait fait Fowler Hamilton*[46]*.*

Oui, tout cela attristait beaucoup Jack. On avait l'impression que Labouisse avait été renvoyé pour incompétence[47], et Jack aurait voulu au contraire que sa nomination comme ambassadeur en Grèce soit perçue comme une promotion. Cela montre encore une fois combien il était charitable.

Le Président a nommé deux personnes à la Cour suprême, Byron White[48] *et Arthur Goldberg. Parlait-il beaucoup de la Cour ?*

---

44. David Bell (1919-2000) et Kermit Gordon (1916-1976) furent successivement chefs de ce qu'on appelait alors le Bureau du budget.

45. En novembre 1961, John F. Kennedy avait créé l'Agence pour le développement international (AID), censée dispenser une aide aux pays étrangers, dont les débuts furent difficiles.

46. Fowler Hamilton (1911-1984) fut le premier administrateur de l'AID.

47. Henry Labouisse (1904-1987), dit « Harry », connaissance des Kennedy, avait dirigé l'ancêtre de l'AID et devint en 1962 ambassadeur en Grèce.

48. Byron White (1917-2002), grand adepte du football américain durant sa jeunesse dans le Colorado, était étudiant à Londres, titulaire d'une bourse Rhodes, lorsque John F. Kennedy le rencontra avant la Seconde Guerre mondiale. Par coïncidence, il était l'un des officiers du renseignement naval qui rédigèrent des rapports sur l'héroïsme de Kennedy à

Je me rappelle qu'il était vraiment heureux d'avoir eu ces deux nominations en son pouvoir, et je crois qu'il pensait avoir fait de très bons choix. Et il savait que le juge Frankfurter aurait voulu qu'il nomme Paul Freund [49]. Il a rendu visite à Frankfurter deux ou trois fois, puis l'a fait venir dans son bureau, mais Jack préférait nommer Goldberg.

Bill Douglas était un grand ami de M. Kennedy [50].

Oui, et surtout de Bobby. Ils passaient des heures à parler de la Russie, de tout ça, ensemble. Nous ne voyions pas souvent Bill Douglas, mais je pense que Jack l'appréciait.

Il n'était pas souvent à la Maison Blanche.

Non, jamais. Mais les autres non plus. Arthur Goldberg venait souvent chez nous à Georgetown, à l'époque de la loi sur le droit du travail, mais toujours pour le petit déjeuner. Et un jour, après un dîner où j'avais été assise à côté d'Arthur Goldberg, j'ai dit à Jack : « C'est le plus grand égocentrique que j'aie vu dans ma vie. » C'est vrai, je n'ai jamais vu un autre homme qui parle tout le temps de lui-même.

Il le fait avec une certaine innocence joyeuse, mais c'est pénible.

---

la tête du PT-109. White rejoignit la Cour suprême en avril 1962 et se révéla plus conservateur que Kennedy et son équipe ne l'avaient prévu.

49. Paul Freund (1908-1992), professeur de droit à Harvard et géant du droit constitutionnel, déclina l'invitation du président Kennedy de devenir *solicitor general*. John F. Kennedy envisagea aussi de le nommer à la Cour suprême avant de choisir Arthur Goldberg.

50. William O. Douglas (1898-1980), libéral, défenseur des libertés civiles, écologiste, était un proche de la famille Kennedy depuis qu'il avait travaillé avec Joseph Kennedy à la Commission des opérations de bourse dans les années 1930.

Je trouve ça horripilant. Je me demande si Jack n'a pas commis une erreur en le nommant à la Cour suprême parce que c'est le genre de poste qui donne aux gens l'impression qu'ils sont exceptionnels.

Et comme la presse ne parle jamais d'eux, ils se croient obligés de se rattraper en parlant beaucoup.

Cet hiver, j'ai réfléchi à cette décision de justice qui a été prise après la mort de Jack, et qui permet d'imprimer n'importe quoi dans la presse, même des calomnies. C'est un peu plus compliqué que ça, mais vous vous rappelez, dans l'affaire du *New York Times*. Goldberg est l'un de ceux qui ont ajouté qu'il pouvait même s'agir de propos mensongers et malfaisants. Et je me suis dit : c'est bien ça, en repensant à cette publicité parue le jour où nous étions à Dallas, avec une photo de Jack et la légende : « Recherché pour trahison ». Et Goldberg, que Jack avait nommé, vient nous dire qu'on a le droit de tout imprimer dans les journaux ? Mais c'est parce que la Cour suprême est si isolée. Ils ne sont jamais touchés par la presse. Dans quelques années, Arthur Goldberg aura la tête encore un peu plus enflée. Jack disait qu'il n'y avait jamais eu aucun juriste plus brillant en matière de droit du travail.

En dehors de Charlie Bartlett et de Ben Bradlee, quels étaient les rapports du Président avec la presse ?

Avant la Maison Blanche, nous avions tellement d'amis journalistes : Rowlie Evans, Hugh Sidey, et Bill Lawrence avec qui Jack jouait au golf[51]. Il aimait les journalistes. J'ai toujours pensé qu'à Washington, la politique et la presse travaillent ensemble. En Floride, Bill Kent venait parfois nous

51. Rowland Evans du *New York Herald Tribune*, Hugh Sidey (1927-2005) de *Time*, et William Lawrence (1916-1972) du *New York Times* puis d'ABC News.

voir. Jack aimait le bavardage léger qu'on peut avoir avec ces gens-là. Beaucoup plus qu'avec ses collègues du Congrès. Les gens disaient toujours qu'il était trop sensible à ce que disait la presse, mais ce n'était pas vrai. C'est drôle, parce qu'un soir Ben Bradlee le taquinait... Non, Jack disait à Ben Bradlee que la presse avait publié quelque chose de faux. Ben Bradlee est arrivé un soir absolument furieux parce que sa belle-mère, très conservatrice, avait lu dans un obscur petit bulletin républicain un paragraphe écrit par Ralph de Toledano, qui écrivait pour Nixon [52]. Ce Toledano avait écrit des méchancetés sur Ben Bradlee, mais à voir sa réaction, on aurait cru que c'était à la une du *New York Times*. Une ou deux phrases, et Ben était en rage. Jack n'a pas retourné le couteau dans la plaie, mais il a pris un air amusé et a dit : « Eh bien, vous voyez ce que vous ressentez, vous autres, quand on écrit des choses injustes. » Je pense qu'il avouait avoir fait une erreur en renonçant au *Herald Tribune* [53]. Il était surtout comme ça au début, mais à la fin, il ne mentionnait jamais les articles défavorables. Quand je disais : « Je trouve qu'Untel est horrible », il répondait : « N'y pense pas. Ne lis pas ces choses-là. » Il acceptait cela, c'était inévitable, et quand il y avait un bon article, il n'en parlait pas non plus. C'est moi qui disais : « C'est merveilleux, ce que X a dit aujourd'hui. »

Que pensait-il des grands hommes de la presse, comme Lippmann, Scotty, et les autres ? De Joe Alsop ?

Joe était son ami. Reston était affreusement moralisateur, ils n'ont jamais été proches. Enfin, je suis sûre que Jack les recevait dans son bureau, et bien sûr, ils lui en voulaient parce que pour

52. Ralph de Toledano (1916-2007), fondateur de la *National Review* du conservateur William F. Buckley, était proche de Nixon.

53. Las des critiques de la presse new-yorkaise, qu'il soupçonnait de vouloir soutenir Nelson Rockefeller pour 1964, Kennedy annula son abonnement, ce qui suscita un certain émoi dans Washington.

la première fois, un président était plus intelligent qu'eux, plus jeune. Lippmann en voulait à Jack pour deux raisons : à cause de son père et parce qu'il était catholique, curieusement.

Je pense que la femme de Lippmann était une ex-catholique. Elle avait été élevée dans un couvent, puis elle avait rompu avec l'Église. Pourtant, en 1960, Lippmann écrivait des chroniques formidables.

Je ne me rappelle pas vraiment ce que les uns et les autres ont pu écrire. En tout cas, Jack ne cherchait jamais à leur faire plaisir. Il ne les flattait pas. Dans la presse, il y avait des gens qu'il aimait vraiment. Des gens amusants comme Bill Lawrence.

Mais il n'était pas anormalement sensible à l'opinion de la presse. Beaucoup de gens ont dit qu'aucune administration ne s'était davantage intéressée à sa propre image, pour utiliser ce terme détestable[54].

Oh, c'est tellement faux, j'ai l'impression qu'on ne parle pas de Jack. On a aussi parlé du service de relations publiques que nous avions monté avant la campagne, mais je n'ai jamais envisagé cela comme une question d'image. Personne n'a jamais été chargé des relations publiques. Charlie Bartlett disait toujours : « Vous faites trop d'articles. » Mais Jack répondait : « Vous savez, je pars avec un tel handicap. Dans d'autres circonstances, ce ne serait pas forcément le meilleur moyen, mais pour parvenir à la nomination, il faut que je devienne de plus en plus connu, que je les bombarde. » Donc quand la presse demandait des interviews, il les accordait. Mais personne ne l'a jamais conseillé pour les relations publiques, il n'a jamais pensé à notre image. Rendez-vous compte, j'ai toujours été un handicap

54. Au début des années 1960, cette pratique, devenue normale pour les présidents modernes, semblait si nouvelle que lors d'une presse conférence, John F. Kennedy fut interrogé sur ses efforts visant à « gérer l'information ».

Le Président et la Première Dame accueillent des invités à la Maison Blanche, lors de la réception célébrant le centenaire de la Proclamation d'émancipation des esclaves, le jour de l'anniversaire de Lincoln, 1963

pour lui, jusqu'au moment où nous sommes arrivés à la Maison Blanche. Et il ne m'a jamais demandé de changer quoi que ce soit. Tout le monde pensait que j'étais une snob de Newport, avec ma coiffure et mes robes venant de France, et que je détestais la politique. Et comme je me suis mise à avoir des bébés, je n'ai pas pu faire campagne, l'accompagner autant que j'aurais pu. Il était très contrarié quand on lançait contre moi ce genre d'accusations. Parfois je disais : « Oh, Jack, je suis tellement désolée d'être un boulet pour toi ! » Il savait que ce n'était pas vrai et il ne voulait pas que je change. Il savait que je l'aimais et que je faisais tout mon possible ; quand je faisais campagne avec lui, je me donnais à fond, je parlais français dans tout le Massachusetts pour contrer Henry Cabot Lodge, à tel point que les gens finissaient par être surpris que je sache parler anglais ! Il était fier, mais j'étais le pire de ses handicaps, et il y avait aussi Lee, qui était princesse Radziwill et tout ça. J'étais si heureuse, je me rappelle avoir pensé : « Une fois que nous serons à la Maison Blanche, nous verrons si tout ce qu'on dit de la femme du Président est vrai. » Tout ce qui était mauvais devient tout à coup nouveau, et donc intéressant. Alors, le fait de servir de la bonne cuisine française devient un plus, au lieu de passer ses journées à la cuisine à faire du ragoût irlandais. Et quand j'ai fait la visite guidée de la Maison Blanche, Jack était tellement fier. Il montrait le film et interrogeait les gens à ce sujet. Ensuite, j'ai publié le guide malgré les objections de tout le monde. Dans l'aile ouest, ils disaient tous que ce serait affreux de faire du commerce à la Maison Blanche [55]. Mais Jack était fier de moi, et j'étais si heureuse de pouvoir enfin faire quelque chose dont il pouvait être fier. Cela montre qu'il ne pensait pas à son image, sinon il m'aurait obligée à me faire faire une petite permanente frisée comme Pat Nixon. Vous savez, « Pat et Dick »… Nous ne nous donnions jamais la main en public, il ne plaçait jamais son bras autour de mes épaules, parce que cela lui déplaisait naturellement, comme pour tout couple marié. Il ne faisait rien pour son image. Et il me disait parfois que j'aurais dû porter des chapeaux plutôt que des foulards [56]. Ah, et toutes ces lettres sur mes jupes trop courtes ! Je disais : « Mais elles ne sont pas trop courtes », et il répondait : « Tu dois avoir raison. » Mais il ne disait jamais : « Rallonge-les. »

---

55. Ayant visité la Maison Blanche en 1940, la toute jeune Jackie avait été déçue de ne pouvoir se procurer un guide imprimé.

56. Pour les femmes, John F. Kennedy préférait les chapeaux aux foulards.

Le Président, le vice-président et la Première Dame accueillent l'astronaute Gordon Cooper à la Maison Blanche, 1963

Il n'a jamais essayé de vous demander de cesser d'être vous-même pour des raisons politiques, pour les relations publiques ?

Non. Et je pense qu'il aimait ce que j'étais. Il savait que j'étais moi-même et que j'aimais rester à l'arrière-plan. Je pense qu'il appréciait cela chez une épouse. Il m'avait épousée pour ce que j'étais, mais quand cela s'est révélé un problème politiquement, il ne m'a jamais demandé de changer, ce que je trouve tellement aimable de sa part. Il ne trichait sur rien, il ne trichait pas au sujet de ses enfants, il n'embrassait pas les bébés, donc tout ça a été écrit par des gens qui ne le comprenaient pas. Ce que les gens ne pouvaient pas comprendre, et ce qui me rendait triste pour le pauvre Nixon qui était si

John F. Kennedy préside un dîner privé
à la Maison Blanche, 9 février 1962

Le Président et la Première Dame parlent à Isaac Stern lors d'un dîner en l'honneur d'André Malraux, 1962

désavantagé, c'est que Jack était l'individu le moins conscient de ses propres atouts. Dans une foule, dans une pièce, il était naturellement l'homme le plus séduisant. Ça ne le gênait pas de se promener vêtu d'une simple serviette. Si elle tombait, il la remettait… Il y a tellement de gens qui sont anxieux en public, soucieux des apparences. Nixon l'était, il transpirait. Donc les gens qui n'étaient pas sûrs d'eux, qui n'avaient pas la merveilleuse aisance de Jack, lui attribuaient toutes sortes de travers. Alors qu'en réalité, il était toujours si naturel.

Que pensait-il de l'équipe de la Maison Blanche ? De Pierre Salinger et des autres ?

Il les adorait. Pierre me rendait folle parce qu'il avait l'art d'en rajouter, et cela ne protégeait pas vraiment mes

Le président Kennedy parle avec Pearl Buck,
et Jacqueline avec Robert Frost, lors d'un dîner en l'honneur
des lauréats du prix Nobel, 1962

enfants. Un jour, il a donné une longue interview à propos d'un lapin ivre[57]. Je m'en prenais à Pierre, mais ensuite je disais à Jack : « Voilà ce qui est charmant avec Pierre, on peut lui dire les pires horreurs – comme je le faisais parfois – et il n'est jamais rancunier. » Jack en était très reconnaissant à Pierre. Et quand j'y repense, sans Jack, je m'aperçois que l'équipe de la Maison Blanche est un rassemblement invraisemblable de gens extrêmement différents, qui ne s'aiment pas entre eux. Enfin, ils s'appréciaient peut-être mais on ne le savait pas. Il y avait

57. Soucieuse de préserver la vie privée de ses enfants, Jacqueline fut horrifiée quand Salinger parla à un journaliste d'un de leurs animaux domestiques, un lapin nommé Zsa Zsa, qui aimait la bière.

la mafia irlandaise, il y avait Pierre, il y avait Mme Lincoln, qui était jalouse de tous ceux qui s'approchaient de Jack. Il y avait les professeurs, vous savez : vous, Bundy, Ralph Dungan, Mike Feldman [58]. Tous adoraient Jack. Et puis il y avait moi, notre vie privée et nos amis. Tous étaient unis parce qu'ils savaient qu'il avait une haute opinion d'eux tous, et qu'ils faisaient de leur mieux. Il les adorait tous et ils l'adoraient tous. Jack tenait réuni ce groupe hétéroclite, dont certains membres – les Irlandais, notamment – sont maintenant si aigris contre tous les autres [59]. Mais on ne le voyait pas.

Il régnait alors une harmonie exceptionnelle. Tout le monde m'avait prévenu qu'il y aurait des conflits larvés, des gens à couteaux tirés. Mais je pense que le Président a su ménager toutes les susceptibilités.

On dit souvent que l'amour d'une mère est infini et que lorsqu'on a neuf enfants, on les aime tous autant. Il n'y avait ni jalousies ni favoris. Personne n'a jamais pensé que Jack avait un favori, sauf peut-être Dave Powers, et tout le monde espérait qu'il aurait justement un favori avec qui se détendre. Mais il n'avait pas de favori. Comme ça, ils pouvaient tous travailler ensemble. Il n'y avait pas d'intrigues pour être dans « le premier cercle ». Et il n'avait pas mis Kenny en position d'être le seul homme par l'intermédiaire duquel on pouvait voir le Président. On pouvait se glisser par la porte de Mme Lincoln, on pouvait demander

58. Ralph Dungan (1923-) et Myer Feldman (1914-2007) appartenaient tous deux au personnel de la Maison Blanche.

59. Elle fait particulièrement allusion à Ken O'Donnell, qui n'aimait ni Sorensen ni Schlesinger. Signe que Kennedy parvenait à faire travailler ensemble ces différentes factions, il ne nomma jamais personne à la tête de son équipe. Craignant toujours d'être tenu « en laisse » (Schlesinger, *Les Mille Jours de Kennedy*, p. 120) par un assistant, il tenait à ce que ses hauts fonctionnaires soient responsables directement devant lui.

à Tish, il y avait bien des façons de le voir. Il était si accessible, et pourtant il réussissait à abattre tant de besogne. Il était accessible, mais quand il travaillait, il travaillait vraiment.

Quand le Président voyait-il ses enfants ?

Je crois vous avoir raconté le déroulement d'une de ses journées, non ? Le matin, George Thomas frappait à la porte de notre chambre vers huit heures moins le quart, Jack allait dans sa chambre et les enfants entraient. Soit ils allumaient la télévision, avec le son à fond, et Jack prenait son petit déjeuner sur un plateau, dans un fauteuil, tout en lisant la presse du matin, en feuilletant des pages dactylographiées, son programme pour la journée.

Il faisait cela avant de s'habiller ? Il était en robe de chambre ?

Non, il prenait d'abord un bain, et les enfants arrivaient pendant qu'il se baignait. Je vous ai dit que tous les jouets de John étaient à côté de la baignoire. Jack prenait ensuite son petit déjeuner en sous-vêtements. La télévision marchait à fond, et parfois j'aimais rester au lit jusqu'à neuf heures, mais parfois je venais m'asseoir à côté de lui. Il y avait des dessins animés, et cet affreux bonhomme, Jack LaLanne qui disait à Caroline et John de faire les exercices de gymnastique qu'il montrait à l'écran, alors les enfants s'allongeaient par terre. Parfois Jack se touchait les doigts de pied avec John, il leur faisait faire des cabrioles, c'était très sensuel. Et il venait toujours dans le jardin à l'heure de la pause du matin, il frappait des mains et tous les petits de l'école accouraient [60]. Il

60. Lorsqu'elle habitait à la Maison Blanche, Caroline était élève dans une école créée par sa mère dans le solarium de la Maison Blanche. Les autres élèves étaient les enfants de membres de l'administration Kennedy.

L'école de la Maison Blanche

appelait ses deux chouchous, Caroline et Mary Warner. La maîtresse disait que ce n'était pas bien de leur distribuer des bonbons. Elle disait à Caroline qu'elle n'aurait de bonbons que s'il y en avait pour toute la classe. Alors Mme Lincoln avait une boîte entière de bonbons Barracini. Ou si j'étais avec John, il nous faisait venir dans son bureau, et John jouait sur la machine à écrire de Mme Lincoln. Les enfants revenaient le soir, quand il terminait sa journée, et ils jouaient dans son bureau. Vous connaissez cette merveilleuse photo où ils parlent de Berlin, une crise horrible, et John sort de sous le bureau de Jack. L'un des derniers jours dont je me souviens, Charlie le chien est entré et a mordu le nez de John, Bundy a dû appeler le Dr Burkley[61]. Vous savez, les enfants n'étaient jamais capricieux, mais il aimait les avoir dans ses jambes, puis il les emmenait nager. Ou bien quand il montait avant le dîner, quels que soient nos invités ce soir-là, les enfants venaient. Ils passaient un moment avec lui quand ils étaient en pyjama. Il jouait d'abord avec eux, même quand il y avait un dîner officiel, ou un déjeuner entre hommes. D'habitude, il me faisait venir dans la pièce et me disait : « Va chercher les enfants ! » Et bien sûr, c'était l'heure de la sieste, ils étaient en sous-vêtements, et je devais les amener comme ça parce qu'il ne prévenait jamais. Mais il adorait les avoir près de lui. Il a vraiment appris à Caroline à nager. Il la faisait sauter du grand plongeoir. Le dernier Noël, en Floride, il lui faisait traverser toute la piscine d'un bout à l'autre. Elle avait fait un quart du trajet et elle se reposait sous l'eau, et il disait : « Allez, tu peux y arriver ! » Il faisait tant de choses avec eux. Et il leur racontait des tas d'histoires. Il

61. George Burkley (1902-1991), amiral, devint le médecin du Président quand le Dr Travell fut démise de ses fonctions (conformément à l'accord passé avec le Dr Kraus), même si Travell conserva son titre officiel.

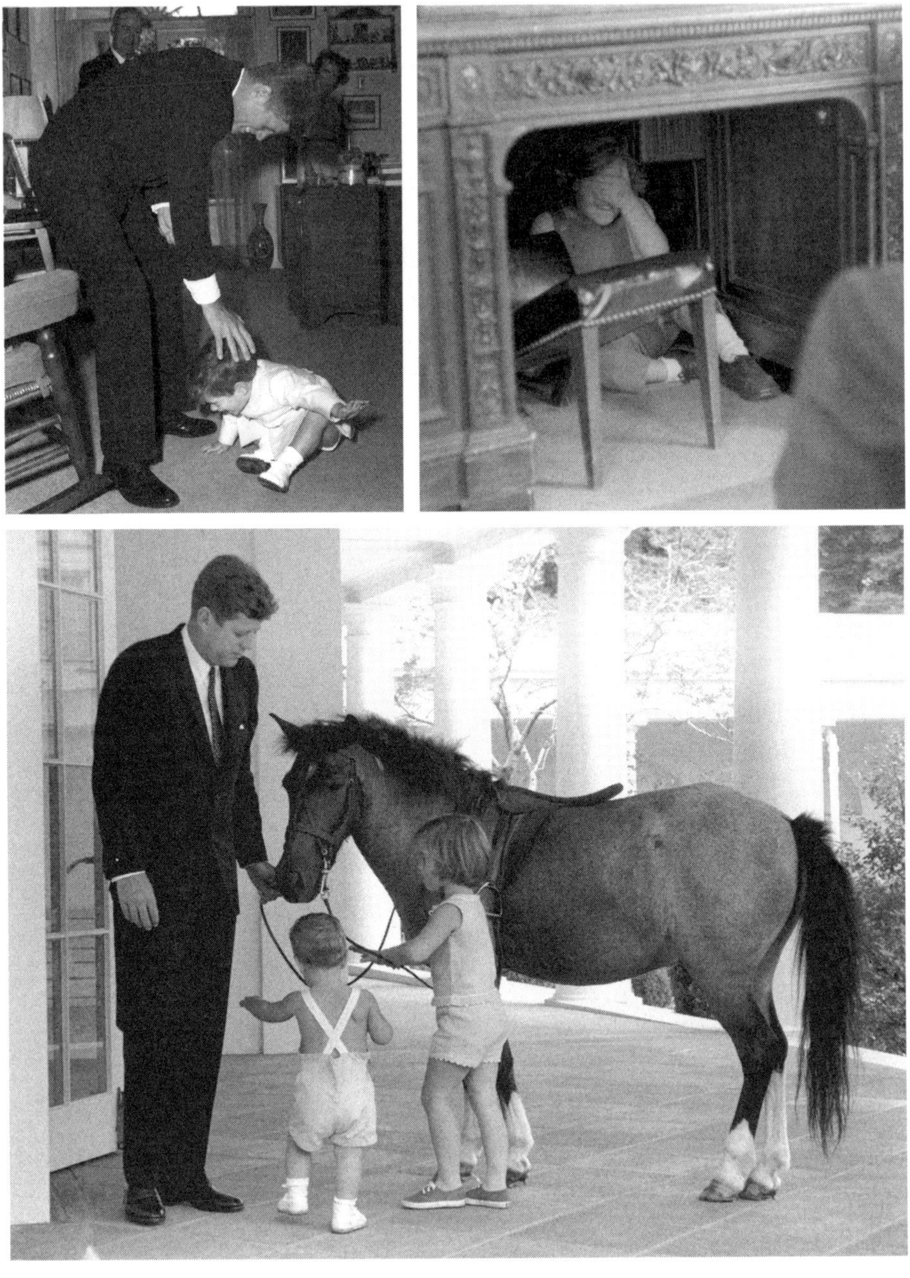

John et Caroline viennent voir leur père à son travail

inventait « Le requin blanc et le requin noir », « Bobo le Lobo », « Maybelle », l'histoire d'une petite fille cachée dans les bois. Un jour, en désespoir de cause, il a dit : « Bon sang, il faut que tu me trouves des livres, je suis à court d'histoires pour les enfants. Je viens de raconter à Caroline comment elle et moi nous avions abattu trois avions de combat japonais. »

Y avait-il des livres qu'il aimait lire ou que les enfants lui demandaient de lire ?

Non, il n'aimait pas leur lire des histoires, il préférait les inventer. Mais il en inventait de formidables, qui les captivaient. Et il y avait les poneys de Caroline, White Star et Black Star. Caroline m'a dit : « Papa me laissait toujours choisir quel poney je voulais monter et quel poney ma copine monterait. » Puis il organisait une course et il laissait toujours Caroline gagner. Mlle Shaw était beaucoup avec eux, c'en était même ridicule, et Mme Throttlebottom participait à la course. Caroline allait à la chasse à courre, elle a participé à la course du Grand National, ils faisaient des choses extraordinaires dans leur petit monde. John avait sa vedette lance-torpilles et il a abattu un destroyer japonais. Mais Jack ne s'impatientait jamais, même quand les enfants venaient dans son lit.

Quand vous alliez à Hyannis Port, Newport ou Palm Beach, il avait plus de temps à leur consacrer. Bien sûr, il ne pouvait pas les soulever, ou jouer lui-même avec eux, à cause de son dos ?

Il s'allongeait sur le sol et il pouvait se rouler par terre avec eux. Il soulevait Caroline, un peu, il la lançait beaucoup en l'air avant que nous arrivions à la Maison Blanche[62]. Ils

62. Après s'être blessé au dos en plantant un arbre à Ottawa, John F. Kennedy prédit un jour en privé que John serait capable de soulever son père avant qu'il soit capable de soulever son fils.

venaient dans notre chambre le matin, il nageait avec eux pendant environ une heure, et il voulait toujours qu'ils viennent sur le bateau avec nous. Très souvent, même quand ils étaient très jeunes. Ils étaient très ronchons quand ils ne faisaient pas la sieste. Mais il tenait toujours à ce qu'ils viennent, alors on les couchait pour une heure, ils pleurnichaient, mais il tenait toujours à les avoir. Ou à Camp David, on vivait dehors, on dînait avec eux, ou bien on courait sur la pelouse…

Dans quel endroit le Président se détendait-il le plus ?

C'est vraiment en bateau qu'il se relaxait le mieux. Avant d'être Président, sa meilleure détente, c'était de partir sur le bateau de son père, le *Marlin*, et ensuite sur le *Honey Fitz*. Et la raison, c'est qu'il n'y avait pas de téléphone. Il était terrible, avec le téléphone. Chaque fois que ça sonnait, Jack décrochait. On recevait des appels, ou bien il parlait à dix personnes au téléphone. Qu'il pleuve ou qu'il vente, je me rappelle qu'il avait emmené Adlai Stevenson à bord du *Honey Fitz*, un jour, fin octobre, à Newport, la saison des ouragans. J'ai emprunté à mon beau-père deux manteaux pour Adlai et un casque colonial. Jack était assis à l'arrière, en pull noir, le vent soufflait dans ses cheveux, il était heureux de manger du ragoût de poisson. Et moi j'étais dans la cabine, sous deux couvertures, à boire de la soupe chaude. Il faisait si froid ! Jack pensait que tout le monde aimerait ce bateau parce qu'il y était loin de ses soucis. C'était pour lui ce que monter à cheval était pour moi, en plein air, sans téléphone. Je ne suis pas folle de cheval ou de chasse, mais ça libère de la tension. Il adorait le soleil, l'eau, l'absence de téléphone. Et nous avions toujours des amis à bord, car il n'utilisait jamais le bateau pour travailler, il invitait les gens avec qui il voulait se détendre.

La famille Kennedy,
Hyannis Port, 1963

Le *Honey Fitz*

Que pensait-il de toutes ces caricatures, comme The First Family[63] *? Les écoutait-il ?*

Je pense qu'il les écoutait. Je ne suis pas sûre qu'il ait écouté ce disque en entier. J'en ai écouté une face, puis je l'ai jeté parce que je ne voulais pas que mes enfants le voient. Et je pense que Jack l'a récupéré. Je pense qu'il acceptait ces choses-là. Évidemment ça ne lui plaisait pas, mais c'est moi qui était la plus énervée. Je trouvais ça si mesquin. Peu m'importait qu'on se moque de moi, mais quand on se moquait de petits enfants… La première année de sa présidence, je suis allée au dîner du Women's Press Club. Jack avait de la fièvre ce soir-là, alors Lyndon m'a emmenée. C'est une tradition, pour le Président et son épouse, d'y aller, et une certaine Bonnie Angelo est arrivée en tricycle, dans le

63. *The First Family*, du comique Vaughn Meader, battit un record dans l'histoire des ventes de disques, puisqu'il s'en écoula 7,5 millions d'exemplaires. Comme le dit Kennedy lors d'une conférence de presse, il trouvait que l'imitation de Meader ressemblait « plus à Teddy qu'à moi ».

Le Président et Jacqueline avec sa mère et son beau-père,
au large de Newport, 1962

rôle de Caroline et a chanté une chanson atroce[64]. L'année suivante, j'ai refusé d'y aller, Bonnie Angelo était présidente. Pierre a vraiment été contrarié. Je lui ai dit : « Je n'irai pas, et vous pouvez soit leur dire que c'est à cause de ce qu'ils ont fait l'an dernier, soit inventer l'excuse qu'il vous plaira. » J'ai expliqué ça à Jack. Je voulais tellement protéger nos enfants. C'est assez difficile dans la famille Kennedy, où certains de leurs cousins, surtout les enfants d'Eunice, étaient si conscients de leur situation, ils portaient toujours des insignes portant le nom des Kennedy et ils écoutaient ce disque, « Mon papa est président, et toi, ton papa fait quoi[65] ? » ou *The First Family.* J'ai caché tout ça à mes

64. Bonnie Angelo (1924-) assurait la couverture de la Première Dame pour le magazine *Time.*

65. En 1962, *My Daddy Is President*, par « Little Jo Ann » Morse, sept ans, gazouillis puéril sur un rythme de bossa nova, devint l'un des tubes préférés des juke-box. Citons un extrait des paroles : « Peu importe ce que je fais, ça devient la une des journaux / Parce que mon papa est le Président. »

Le Président et Caroline à bord du *Honey Fitz*

enfants et je leur ai toujours appris que la Maison Blanche, c'était temporaire. J'en suis bien contente, vu la manière dont ça s'est terminé. Ça ne durerait que le temps de la présidence de Papa, et d'autres présidents y avaient habité. Je leur racontais quand Franklin Roosevelt venait dîner, Mme Longworth ou le président Truman. Je leur racontais de petites histoires sur les autres présidents, qu'il y aurait un autre président après Papa, et qu'alors nous vivrions à Hyannis. Pour qu'ils ne s'imaginent pas que ça durerait toujours. Toutes ces caricatures me contrariaient, mais Jack n'aimait pas me voir contrariée. Il savait que cela faisait partie des fonctions de président. Et parce que nous étions une famille jeune et différente, nous inspirions tellement plus de caricatures, comme il me l'a dit un jour, non sans ironie.

Le Président parlait-il souvent de ce qu'il aurait voulu faire ? Vous avez évoqué un nouveau secrétaire d'État.

Je sais qu'il voulait se débarrasser de J. Edgar Hoover. Dès qu'il serait réélu, il pourrait renvoyer Hoover et Allen Dulles.

Parlait-il parfois de ce qu'il ferait du FBI ?

Non, il n'en parlait pas, et puis Bobby allait quitter le ministère de la Justice. Je pense qu'il aurait mis Nick Katzenbach [66] à sa place, mais je n'en suis pas sûre. Et je sais qu'il allait y avoir une force de sécurité intérieure, mais je pense que cela avait déjà démarré. Et il avait un projet de lutte contre la pauvreté [67]. Il me parlait du Kentucky, où nous devions aller,

66. Nicholas Katzenbach (1922-), prisonnier de guerre des Italiens et des Allemands pendant deux ans lors de la Seconde Guerre mondiale, fut l'adjoint de Robert F. Kennedy, puis son successeur sous Johnson.

67. C'est finalement Lyndon B. Johnson qui créa « Volunteers in Service to America » (VISTA) en 1964, dans le cadre de sa « guerre contre la pauvreté », qui adaptait certaines des idées sur lesquelles John F. Kennedy réfléchissait à l'époque de sa mort. Craignant que les allégements fiscaux

je sais qu'il fut question des Appalaches[68]. Et il irait en Russie, au cours de son second mandat ; ça aurait été un voyage incroyable. Nous devions aussi aller en Extrême-Orient. Je pensais qu'il partirait en décembre, mais comme il n'en parlait pas, à cause de l'Indonésie, notamment…

Je pense qu'il prévoyait de partir en avril, au printemps, pour l'Extrême-Orient.

Ça aurait été incroyable pour lui d'aller au Japon, quand on pense qu'Eisenhower n'avait pas pu y aller[69], les foules et tout ça. Si ça devait arriver, je regrette qu'il n'ait pas pu voir le résultat de tous les efforts qu'il avait produits. La loi sur la fiscalité, la loi sur les droits civiques, l'économie en pleine croissance. Pensez à tous ces hommes d'affaires qui continuent à dire des horreurs sur lui, alors que la fuite de l'or a été complètement arrêtée et que le PNB n'a jamais été aussi élevé. Aller au Japon et en Russie. Si seulement il avait pu voir tout cela, et gagner. S'il avait pu gagner, il priait tellement pour avoir Goldwater en face de lui. Il disait : « Laissez Barry tranquille, il se débrouille très bien. » Si seulement il avait pu voir certains résultats de son action !

Il aurait aimé être candidat contre Goldwater[70], pourquoi ?

---

ne fussent pas d'un grand secours pour les chômeurs et les nécessiteux, Kennedy avait voulu aider les familles pauvres comme celles qui l'avaient tant affecté durant sa campagne en Virginie-Occidentale en 1960. L'ayant appris, le nouveau président Johnson reprit l'idée à son compte. En janvier 1964, lors de son premier discours sur l'état de l'Union, largement écrit par Sorensen, Johnson déclara « une guerre inconditionnelle à la pauvreté en Amérique ».

68. Et en 1964, le président Johnson posa pour des photos avec des familles pauvres des Appalaches.

69. Un voyage au Japon prévu par Eisenhower en juin 1960 fut annulé juste avant la date d'arrivée prévue, à cause d'émeutes anti-américaines.

70. Barry Goldwater (1909-1998) était sénateur républicain de l'Arizona et le conservateur le plus en vue de son temps. John F. Kennedy

C'était tout bonnement trop beau pour être vrai. Au début, il y a longtemps, il pensait que ce serait Romney, et Romney l'inquiétait parce qu'il disait qu'il serait dur [71]. Mais par la suite, il ne craignait plus tant Romney. Je ne sais pas qui il s'attendait à avoir pour adversaire.

Parlait-il parfois de Rockefeller ?

Oui, il disait que c'était un lâche, parce qu'il aurait dû faire comme Jack et participer aux primaires [72]. Mais il a dû avoir peur de ne pas aller dans le New Hampshire : s'il y était allé, il aurait été président.

---

avait rencontré Goldwater avant la Seconde Guerre mondiale, lorsqu'il était allé dans un camp de plein air près de Phoenix, et ils restèrent bons amis jusqu'au bout. Kennedy supposait que les électeurs trouveraient Goldwater si extrême que s'il était désigné comme candidat républicain pour la présidentielle de 1964, il serait battu à plate couture (de fait, Johnson fut élu avec une très forte majorité face à Goldwater). Par la suite, Goldwater affirma que John F. Kennedy avait accepté, s'ils se retrouvaient face à face en 1964, de débattre ensemble dans tout le pays, presque comme Lincoln et Stephen Douglas en 1858. Quand Goldwater proposa l'idée, le Président eut sans doute une réaction positive, mais il paraît peu probable qu'en 1964, soucieux de remporter la victoire la plus éclatante possible, John F. Kennedy aurait donné à un adversaire aussi faible que Goldwater l'avantage d'être vu partout discutant d'égal à égal avec le Président. Kennedy s'était cependant engagé à affronter son adversaire dans des débats télévisés comme ceux de 1960 avec Nixon.

71. George Romney (1907-1995) était président d'American Motors avant son élection comme gouverneur républicain du Michigan en 1962. En 1964, Robert F. Kennedy se rappelait que Romney avait été un moment l'adversaire que son frère « redoutait le plus [...]. Il pensait qu'il devait en appeler à [...] Dieu et au pays [...]. Il parlait bien, il présentait bien. Il lui causerait peut-être des soucis dans le Sud, où nous étions en difficulté de toute manière [à cause des droits civiques.] C'est pourquoi [...] nous ne parlions jamais de Romney ».

72. Nelson Rockefeller (1908-1979) fut élu gouverneur de l'État de New York en 1958. Deux ans plus tard, il envisagea sérieusement de s'opposer à Nixon, qu'il détestait, lors des primaires républicaines, mais il décida de s'abstenir. John F. Kennedy craignait qu'il ne fût un puissant adversaire lorsqu'il se présenterait à la réélection ; Rockefeller divorça et

Le Président sentait bien que si Rockefeller avait obtenu la nomination en 1960, il aurait été élu.

Je ne sais pas s'il manquait de culot ou de jugement, s'il était pusillanime. Maintenant ce pauvre homme réessaye mais ce n'est plus du tout le moment. Je ne sais pas si Jack pensait beaucoup à Rockefeller, mais il n'a jamais rien dit de méchant sur lui. Il n'aimait pas Nixon, qu'il trouvait vraiment dangereux. Vous savez, il le trouvait malade [73].

Et Scranton ?

Je ne me rappelle pas l'avoir entendu parler de Scranton [74]. C'était une personnalité montante, il avait peut-être du potentiel.

Attendait-il avec impatience la campagne de 1964 ?

Oui, et moi aussi. Nous aurions pu la faire ensemble. Faire campagne quand on est déjà président, c'est très différent. Nous n'aurions pas eu à parcourir le Wisconsin, pour obliger

---

se remaria en mai 1963 avec une femme plus jeune, ce qui était alors un péché mortel en politique présidentielle.

73. Après la campagne de 1960, John F. Kennedy dit à Bradlee que Nixon était « mentalement dérangé », et « malade, malade, malade » (Bradlee, *Conversations avec Kennedy*, p. 35, note 1). Quand Nixon fut vaincu en 1962 pour le poste de gouverneur de Californie, Kennedy appela le vainqueur, Edmund « Pat » Brown (1905-1996) – le magnétophone caché du Président était allumé –, et s'étonna que le perdant eût déclaré aux journalistes de Los Angeles qu'ils ne l'auraient plus « comme victime préférée » parce que c'était sa « dernière conférence de presse ». John F. Kennedy expliqua à Brown : « Vous l'avez condamné à l'asile de fous. » Brown acquiesça : « Je pense qu'il est vraiment psychotique. C'est un homme compétent, mais dingue. » (Enregistrement d'une conversation téléphonique de John F. Kennedy avec le gouverneur Edmund Brown, 7 novembre 1962, bibliothèque Kennedy.)

74. William Scranton (1917-) était républicain modéré au Congrès lorsqu'il fut élu gouverneur de Pennsylvanie en 1962.

les gens à nous serrer la main. Il l'attendait vraiment, cette campagne, il voulait la gagner et consolider son pouvoir. Il n'y avait plus tant de choses à faire, mais il y aurait eu les relations avec d'autres pays : l'Amérique latine, la Russie, de Gaulle n'aurait jamais reconnu la Chine communiste, tout cela, si Jack était resté en vie.

Évoquait-il parfois ce qu'il voulait faire pendant ce voyage en Russie ?

Il pensait simplement aux foules fantastiques. Quand les choses se sont arrangées avec Khrouchtchev, après la détente[75], rappelez-vous ce qu'il a dit après Vienne : Khrouchtchev était réellement un gangster, il ne fallait pas s'y tromper. Mais si on se montre ferme avec lui, c'est différent. Il ne voulait pas qu'on prenne Khrouchtchev pour un gentil, pour un homme bienveillant et sans danger.

Parlait-il parfois des lettres qu'il échangeait avec Khrouchtchev[76] ?

Il ne m'en révélait jamais le contenu. Je ne lui demandais pas de quoi ils se parlaient. Si j'avais posé la question, j'aurais pu voir les lettres, parce que chaque fois, il répondait : « Demande à Bundy de te montrer. » Pendant quelques mois, Bundy m'a envoyé tout le renseignement, les briefings, tout. Finalement cela m'a tellement ennuyée, non, découragée. J'ai dit : « S'il vous plaît, ne m'envoyez plus rien. » Quand je lisais toutes ces choses que Jack devait feuilleter tous les jours,

75. Allusion à la détente entre Washington et Moscou qui commença après la crise des missiles et s'épanouit avec le traité d'interdiction des essais nucléaires à l'été 1963.

76. John F. Kennedy entretenait une correspondance privée avec le dirigeant soviétique, et Bundy évoquait avec ironie cette « amitié par lettres ».

je ne voyais pas comment il pouvait être aussi joyeux le soir, prendre un verre ou partir sur le *Honey Fitz*, alors qu'il venait de lire vingt pages de problèmes. J'ai pensé : « Je ferais mieux de ne plus les lire, parce que je peux lire autre chose et être de bonne humeur pour l'accueillir. » Je me rappelle un petit dîner que nous avons donné, un dîner d'adieu pour Ros Gilpatric. Mme Gilpatric a passé la soirée à dire à Jack – c'était l'époque du TFX – « Tous les soirs quand il rentre, je dis à Ross : "Comment peuvent-ils dire des choses pareilles sur toi ? C'est horrible[77]." » Jack lui a répondu : « Mon Dieu, vous ne dites pas ça à votre mari quand il rentre le soir ? Vous ne devriez pas lui parler de ça. Trouvez une bonne nouvelle à lui annoncer et dites : "C'est formidable, hein ?" ou n'importe quoi qui le rendra heureux. » Je sentais qu'il voulait que je sois comme ça, voilà pourquoi j'ai arrêté de lire tous ces documents, parce que je ne voulais pas avoir à m'inquiéter.

L'un de ses plus grands dons était sa capacité à passer d'une chose à une autre sans se laisser poursuivre par les problèmes, il arrivait à les mettre de côté quand il savait qu'il ne pouvait plus rien y faire pour le moment.

Ça me rappelle une histoire : j'avais mon bureau dans le salon Ouest, où nous nous installions toujours, et il était couvert de piles de dossiers, ces maudits dossiers que m'envoyait Tish. Quand nous étions bien ensemble, un

77. En 1963, le Comité d'enquête du Sénat étudia l'attribution à General Dynamics d'un contrat de 6,5 milliards de dollars, le plus lucratif de l'histoire des États-Unis, pour construire un nouvel avion de combat TFX. Avant sa nomination comme adjoint de McNamara, Gilpatric avait été conseiller pour General Dynamics et il lui fut reproché d'avoir pris part à la décision concernant le TFX. En mars 1963, Gilpatric avait annoncé son retour au droit, mais il resta au Pentagone jusqu'en janvier 1964, pour tâcher de laver sa réputation.

messager arrivait en courant, alors Jack a dit : « Mets ton bureau à l'extérieur de la pièce », dans la salle des Traités. Moi je n'arrivais pas à oublier les problèmes, mais lui il s'endormait toujours, ce qui me semblait si important. Il était capable de se déconnecter. Je pense que c'est vrai de Lyndon Johnson et que ce l'était peut-être aussi d'Adlai Stevenson : ces choses vous obsèdent, vous n'arrivez pas à vous décider, et vous ne pouvez plus fermer l'œil. Je pensais qu'un président était forcément insomniaque. Mais Jack avait en lui ce dont Reardon [78] m'avait parlé, comme les soldats dans un trou de combat. Quand il était temps de dormir, il y parvenait toujours. Et c'était l'une de ses plus grandes forces, c'était une chance.

---

78. Timothy Reardon (1915-1993) était l'assistant administratif de John F. Kennedy au Congrès et au Sénat, et assistant spécial à la Maison Blanche.

Le Président et la Première Dame,
Washington, 3 mai 1961

Crédits des illustrations

© 2000 Mark Shaw/mptvimages.com : 4, 76, 235
AP Photo/Henry Burroughs : 198
John F. Kennedy Library and Museum, Boston : 38, 41, 42, 47, 63, 71, 89, 91, 97, 109, 110, 171, 178 (haut et bas), 187 (gauche et droite), 189, 260, 269, 275 (gauche), 352 (haut)

AP/John F. Kennedy Presidential Library and Museum, Boston : 134

CBS Photo Archive/Getty Images/John F. Kennedy Library and Museum, Boston : 183

Fay Foto Service/John F. Kennedy Library and Museum, Boston : 94, 125

Caroline Kennedy/John F. Kennedy Library and Museum, Boston : 55

Robert Knudsen, White House/John F. Kennedy Library and Museum, Boston : 179 (bas), 214 (haut), 217, 221, 277, 377, 380-381, 383, 386 (haut et bas), 388 (haut gauche, haut droite et bas), 393

Dan McElleney/BettmannCORBIS/John F. Kennedy Library and Museum, Boston : 51

President's Office Files, Speech Files Series, « Inaugural address, 20, 1961 », Box 34/John F. Kennedy Library and Museum, Boston : 191

Abbie Rowe, National Park Service/John F. Kennedy Library and Museum, Boston : 58, 153, 161, 177, 179 (haut), 219, 293, 328, 348-349

Bob Sandberg, *Look* magazine/John F. Kennedy Library and Museum, Boston : 140, 394

Paul Schutzer, *Time & Life* Pictures/Getty Images/John F. Kennedy Presidential Library and Museum, Boston : 200

Cecil Stoughton, White House/John F. Kennedy Library and Museum, Boston : 24, 60, 142, 185, 205, 211, 212, 214 (bas), 242, 249, 270, 322, 341, 352 (bas), 354, 379, 382, 391, 392

Stanley Tretick/BettmannCORBIS/John F. Kennedy Library and Museum, Boston : 402-403

U.S. Army Signal Corps/John F. Kennedy Library and Museum, Boston : 196-197

U.S. Dept. of State/John F. Kennedy Library and Museum, Boston : 275 (droite), 302

USIS/John F. Kennedy Library and Museum, Boston : 296

Hank Walker, *Time & Life* Pictures/Getty Images/John F. Kennedy Library and Museum, Boston : 120-121

George Tames/*The New York Times*/Redux : 23

Index

Les numéros de page en italiques renvoient aux illustrations. La lettre « n » désigne les notes de bas de page.

Remerciements

Par leur soutien et leurs encouragements, beaucoup de gens m'ont énormément aidée pendant la préparation de ce projet. Je remercie d'abord et surtout mon mari et mes enfants, pour leur amour, leur intégrité et leur intérêt. J'aimerais aussi remercier la famille d'Arthur M. Schlesinger Jr, en particulier Alexandra Schlesinger, pour son enthousiasme charmant, et Bill van den Heuvel pour les conseils avisés et l'optimisme qui l'avaient rendu si cher à ma mère. Je n'aurais pas pu mener à bien ce projet sans l'aide de Lauren Lipani, qui a lu, écouté et vérifié tous les détails.

Je suis reconnaissante envers Tom Putnam, directeur du John F. Kennedy Presidential Library and Museum, ainsi qu'envers ses archivistes dévoués, Karen Adler Abramson, Jaimie Quaglino, Maura Porter et Jenny Beaton. Les photos peu connues qui apportent tant à ce livre sont le fruit des efforts et du savoir de Laurie Austin et de Maryrose Grossman. Merci aussi à Sharon Kelly, Jane Silva et Stephen Plotkin pour leur assistance dans les recherches. Je dois aussi beaucoup à Tom McNaught, directeur de la John F. Kennedy Library Foundation ; à Rachel Day, qui a coordonné les demandes et s'est chargée des nouvelles technologies en relation avec ce livre ; et à tout le personnel de la fondation pour leur désir d'excellence dans tout ce qu'ils ont fait pour renforcer l'héritage de mes parents.

Pour leurs conseils juridiques et éditoriaux, j'aimerais remercier Bob Barnett, Deneen Howell, Jim Fuller, Tom Hentoff et Esther Newberg.

Avec John F. Kennedy

Les gens ont toujours fait de leur mieux pour ma mère, et ce projet ne fait pas exception à la règle. Elle aurait été particulièrement fière de savoir que l'équipe talentueuse de chez Hyperion est entièrement féminine : Sharon Kitter, Linda Prather, Kristin Kiser, Jill Sansone, Marie Coolman, SallyAnne McCartin et Ellen Archer. Pour leur travail sur la restauration et la production des bandes audio, je suis reconnaissante envers Marcos Sueiro, sans oublier Paul Fowlie et Karen Dziekonski.

Je regrette que ma mère n'ait pas eu la chance de travailler avec Gretchen Young, qui est exactement le genre d'éditrice qu'elle était elle-même ; avec Shubhani Sarkar, qui a apporté sa créativité et son intelligence au projet ; et avec Norn Johnson, qui l'a accompagné du début à la fin. Pour leur sagesse, je souhaite remercier Ranny Cooper et Stephanie Cutter, et pour leur compétence, Debra Reed et Amy Weiss.

Enfin, j'ai une dette envers Michael Beschloss, pour son introduction éclairante et pour ses notes exhaustives, qui enrichissent considérablement ce volume.

Caroline KENNEDY

Table

Mise en page par Meta-systems
59100 Roubaix

Cet ouvrage a été achevé d'imprimer en septembre 2011
dans les ateliers de Normandie Roto Impression s.a.s.
61250 Lonrai
N° d'édition : L.01EHBN000444.A002
N° d'impression : 113616
Dépôt légal : septembre 2011

Imprimé en France